MAPPLE まっぷる 哈日情報誌

岐阜 飛驒高山・白川鄉

 附錄 地圖①

附順道拜訪景點導覽！

岐阜兜風MAP

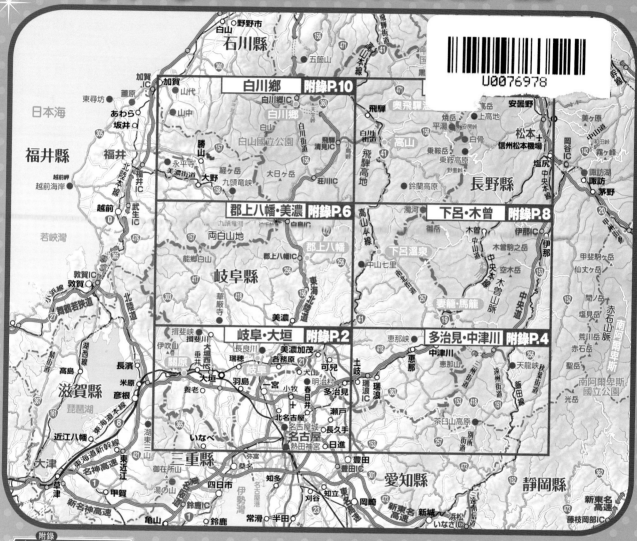

U0076978

地圖上標示：

白川鄉　附錄P.10
郡上八幡・美濃　附錄P.6
下呂・木曽　附錄P.8
岐阜・大垣　附錄P.2
多治見・中津川　附錄P.4

附錄 ② 起的地圖範例

● 景點　　● 都道府縣廳
● 玩樂　　● 市公所
● 美食　　● 町村公所・政令市區公所
● 咖啡廳　● 溫泉
● 購物　　● 神社
● 溫泉　　● 寺院
● 住宿　　● 瞭望所
● 活動・祭典　● 滑雪場
● 公路休息站　● 海水浴場
　　　　　　★★ 櫻花・紅葉名勝
　　　　　　● 景點・紀念物

詳細地圖頁數
白川鄉 P.95

高速・付費道路
交流道　Service Area
　　　　Parking Area
新幹線
車站　隧道

國道
付費　步行道

JR線

都道府縣道
都道府縣道　付費　主要地方道
私鐵線

其他道路
付費　步行道
公路休息站

CONTENTS

兜風MAP
2 岐阜・大垣
4 多治見・中津川
6 郡上八幡・美濃
8 下呂・木曽
10 白川鄉
12 高山・奧飛驒

順道拜訪景點導覽
14 不住宿溫泉導覽
16 岐阜值得推薦的公路休息站

INFORMATION

● JARTIC《日本道路交通情報中心》… http://www.jartic.or.jp/
★ 全國統一電話號碼 ☎050-3369-6666
★ 手機短縮號碼 #8011

● NEXCO中日本… http://www.c-nexco.co.jp/
客服中心（24小時）☎0120-922-229
或 ☎052-223-0333

● 名古屋高速… http://www.nagoya-expressway.or.jp/
● Service Area資訊指南… http://sapa.c-nexco.co.jp/
● ドラぷら… http://www.driveplaza.com/

● この地図の作成に当たっては、国土地理院長の承認を得て、同院発行の20万分1地勢図　50万分1地方図、100万分1日本を使用した。（承認番号　平29情使、第47-283252号　平29情使、第48-283252号）
● 非經許可・禁止轉載複製。© Shobunsha Publications, Inc. 2017. 8

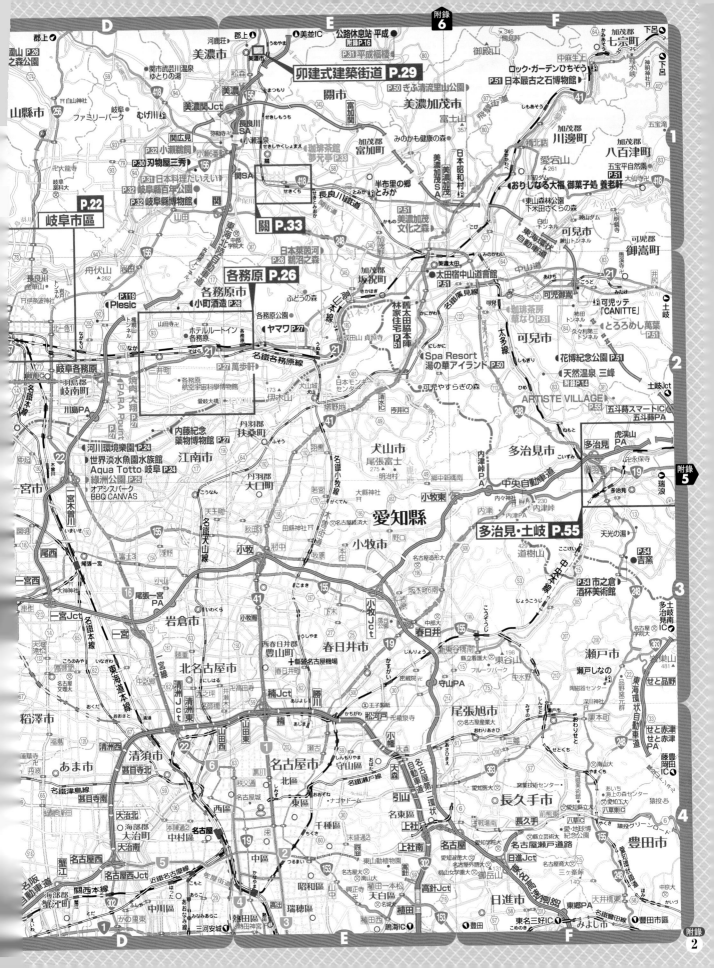

兜風MAP

岐阜・大垣

周邊圖 附錄P.1

10	12
6	8
2	4

1:200,000

岐阜・大垣

0　2km　4km　地圖上的1cm為2km

● 景點　● 玩樂　● 美食
● 咖啡廳　● 購物　● 溫泉
● 住宿　● 活動·祭典

伊吹山Driver way

全長17km的汽車專用道路。能見到花海或紅葉等四季不同的景觀，也能從山頂附近的停車場開始登山。

固有的高山植物群生於此。能駕車登峰的名山

伊吹山
1377

眺望琵琶湖

滋賀縣

米原市

久瀬温泉露天風呂 白龍の湯

森の文化博物館

揖斐郡
揖斐川町

揖斐峡

俯瞰岐阜市區的疾馳路

池田山
924

池田の森

從山頂的公園眺望濃尾平原。夜晚的夜景絕美

池田温泉 本館

揖斐郡
池田町

聚落以北是疾馳路

不破郡
垂井町

不破ノ滝

德山水壩

新北山トンネル

仁坂坂

車經名產「揖斐茶」的田間

竹中半兵衛陣谷·生誕の地

安八郡
神戸町

天然温泉ぬくいの湯

本巣郡
北方町

岐阜市科学館 P.20

小紅の渡し P.20

岐阜縣美術館 P.20

加賀一八幡神社的水井 P.44

墨俣一夜城 P.44
(大垣市墨俣歴史資料館)

大垣西 P.44 奧之細道終點紀念館

關原 P.49

關原鍾乳洞 P.49

大垣 P.44

P.44 大垣船町川湊

大垣市

さい川さくら公園

大垣的向日葵花海(墨俣町) P.44

大垣的向日葵花海(平町) P.44

橫藏寺 P.45
谷汲山 華嚴寺 P.45

夢さんさん谷汲

根尾川谷汲温泉

元湯谷汲温泉 満願の湯

岐阜縣

大野町

富有柿の里いとぬき

本巣市

瑞穂市

織部の里·もとす

岐阜市

古田紹欽記念館

文化の里

根尾

美濃竹鼻祭 P.10

ホテルルートイン大垣インター

養老Jct

自動車環状道路

名神高速道路

安八町

岐阜羽島

サンホテル岐阜羽島

羽島市

羽島PA

東海道新幹線

クレール平田

安八郡
輪之内町

養老公園

以養老瀑布為中心，有養老天地反轉地、兒童王國和樂市樂座·養老等。是著名的賞紅葉勝地。

養老溫泉湯仙之里撫子飯店
附錄P.14

養老瀑布 P.43

不破郡
關原町

伊吹PA

養老SA

養老郡
養老町

養老寺

養老山

靈仙山
1094

鍋尻山
838

日本昭和音楽村

緑の村公園

三方山
730

笙ヶ岳
908

養老公園 P.42
養老天命反轉地 P.42
樂市樂座·養老 P.43

千代保稲荷神社 P.46

海津市

海津市歴史民俗資料館

犬上郡
多賀町

烏帽子岳
865

三国岳
894

鞍掛峠
640

御池岳
1247

藤原岳

彦根
IC

陡峭傾斜的爽快車道

因幕府的巡檢使於視察之時路經而得名巡見街道

聖宝寺卍

中華ダム

卍来林寺

三重縣

員弁市

さぼう遊学館

月見の里南濃

南濃温泉 水晶の湯

千代保稲荷神社

以「おちょぼさん」的暱稱而聞名，日本全國有眾多為了祈求生意興隆和考運順利的信眾到來。在參道可邊走邊吃。

東近江市

桑名市

多度大社

桑名東IC

木曽三川公園
鶯金香祭

木曽三川公園センター

愛西市

津島

立田ふれあいの里

弥富

飛驒せせらぎ街道
從郡上八幡往高山的兜風路線。沿著吉田川和木曾川的支流延續，綠意優美的爽快道路。

郡上八幡
市區北部至今仍遺留著色彩濃厚的繁榮城下町往昔樣貌。敬請感受町家風情並漫步於此。

卯建式建築街道
街道被選定為國家重要傳統建築物群的保存地區，成排的富裕商家保留著往昔的樣貌。

提供香魚或甘子鮭魚的食堂聚集於此
P.33 繡球花道
沿著板取川河岸的道路

行駛於中美濃農村地帶的疾馳路

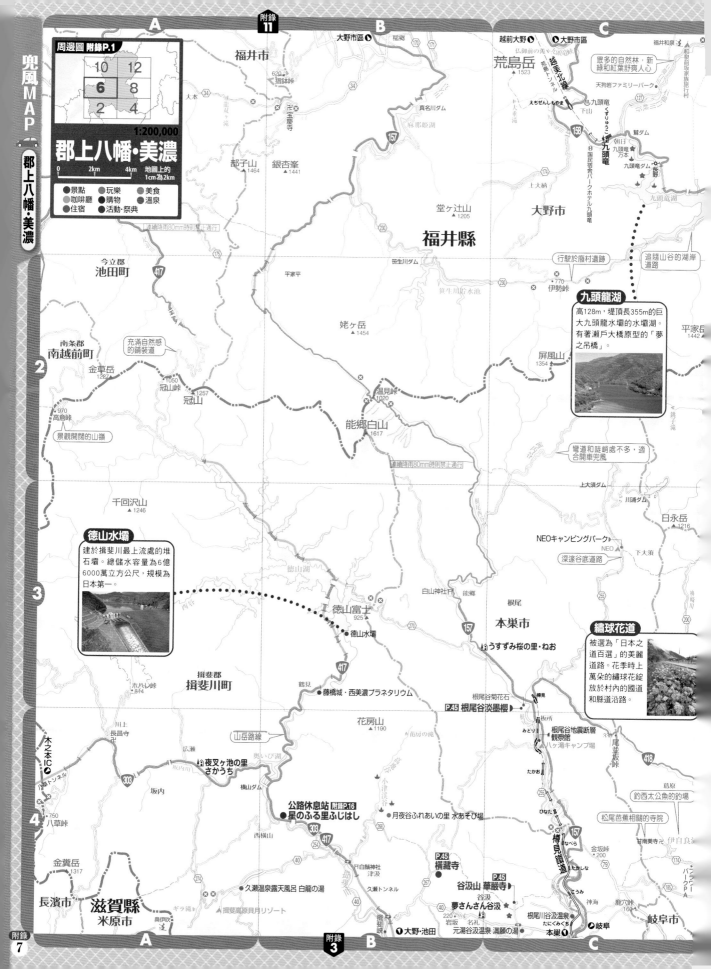

兜風MAP

郡上八幡・美濃

周邊圖 附錄P.1

10		12
6		8
2		4

1:200,000

郡上八幡・美濃

0　2km　4km　地圖上的1cm為2km

● 景點　● 玩樂　● 美食
● 咖啡廳　● 購物　● 溫泉
● 住宿　● 活動・祭典

大野市區

福井市

越前大野　大野市區

聚多的自然林，新綠和紅葉舒爽人心

荒島岳
▲1523

福井和泉

和泉村坂家族旅行村

仏御前の滝～九頭竜湖

天狗岩ファミリーパーク

越美北線

九頭竜トンネル

えちぜんおおの

下山

朝日　九頭竜万年

くずりゅうこ　伊勢

九頭竜湖

鷲ダム

九頭竜ダム

長野

稲霰

大野市區

真名川ダム

麻那姫湖

部子山
▲1464

銀杏峯
▲1441

卍宝慶寺

大本

堂ヶ辻山
▲1205

福井縣

大野市

行駛於廢村遺跡

國民宿舎パークホテル九頭竜

追隨山谷的湖岸道路

九頭竜湖

九頭龍湖

高128m，堤頂長355m的巨大九頭龍水壩的水壩湖。有著瀨戶大橋原型的「夢之吊橋」。

今立郡
池田町

笹生川ダム

笹生川水池

平家平

伊勢峠

屏風山
▲1354

平家岳
▲1442

充滿自然感的鋪裝道

南条郡
南越前町

姥ヶ岳
▲1454

冠山峠

冠山
▲1257

金草岳
▲1227

高倉峠

景觀開闊的山嶺

溫見峠
▲1020

能鄉白山
1617

連續降雨80mm時禁止通行

彎道和陡峭處不多，適合開車兜風

上大須ダム

川浦ダム

日永岳
▲1216

千回沢山
▲1246

NEOキャンピングパーク

NEO

下大須

德山水壩

建於揖斐川最上流處的堆石壩。總儲水容量為6億6000萬立方公尺，規模為日本第一。

德山湖

德山富士
925

德山水壩

白山神社

能鄉

根尾

本巢市

うすずみ桜の里・ねお

深邃谷底道路

繡球花道

被選為「日本之道百選」的美麗道路。花季時上萬朵的繡球花綻放於村內的國道和縣道沿路。

木之本IC

川上長昌寺卍

揖斐郡
揖斐川町

鶴見

藤橋城・西美濃プラネタリウム

花房山
▲1190

根尾谷菊花石

樽見

根尾谷地震斷層觀察館

P.45 根尾谷淡墨櫻

ハケ滝キャンプ場

尾並坂峠

山岳路線

廣瀬

夜叉ヶ池の里さかうち

奥いび湖

横山ダム

みどり

たかお

418

釣場

釣西太公魚的釣場

鶴原

八草峠

公路休息站 附錄P.16
星のふる里ふじはし

西横山

月夜谷ふれあいの里　水あそび場

ひなた

松尾芭蕉相關的寺院

樽見

樽見鐵道

甘南美濃

伊白良水

フラワーパークA

金糞岳
▲1317

坂内

戸白鰍神社　津汲

久瀬トンネル

横藏寺

P.45

たかね

なべら

谷汲

金坂峠

長濱市

滋賀縣
米原市

久瀬温泉露天風呂 白龍の湯

揖斐高原貝月リゾート

揖斐峡

大野・池田

谷汲山 **華嚴寺 P.45**

夢さんさん谷汲

根尾川谷汲温泉
たにぐみくろ

本巢

元湯谷汲温泉 滿願の湯

岐阜市

岐阜

周邊圖 附錄P.1

10	12
6	**8**
2	4

1:200,000

下呂・木曾

0　2km　4km　地圖上的 1cm為2km

● 景點　● 玩樂　● 美食
● 咖啡廳　● 購物　● 溫泉
● 住宿　● 活動・祭典

寢覺之床
木曾川流經了花崗岩的柱狀節理所形成的奇岩。被指定為國家的名勝古蹟天然紀念物。

中央阿爾卑斯駒岳空中纜車
從駒岳登山口的白樺平到千疊敷（標高2612m）的空中纜車。從纜車車廂能欣賞到南阿爾卑斯。

妻籠 P.62
將脇本陣、高札場和枡形等歷史悠久建築保存或復原的宿場。有販售「圓形木盒」的傳統工藝店。

馬籠 P.60

妻籠 P.62

標高1200m的雄大高原。別墅增建中的親近自然名勝地

能見到令人讚嘆的山景

到標高2000m的御岳皆為車道。冬季化身為大型的滑雪場

行駛於舊飛驒街道和深山之中

乘鞍和木曾駒十分地美

深谷沿岸的道路

貫穿白樺林的恬靜道路・木曾古道

擁有高爾夫球場和溫泉，最近熱門的標高1000m的高原

開山歷史悠久、全國的駒岳的代表

高山植物的寶庫

沿著木曾川行駛於木曾道

心情舒暢的七彎八拐疾馳路

能感受往昔街道風情的山間恬靜道路

長野縣

開田高原
御岳高原

木曾郡 木祖村
木曾郡 木曾町
木曾郡 上松町
木曾郡 大桑村
木曾郡 南木曾町

鹽尻市
伊那市
宮田村
駒ヶ根市
飯島町
松川町
飯田市
高森町
豐丘村

木曾駒岳 2956
茶臼山 2653
將棊頭山 2730
寶劍岳 2931
三沢岳 2847
檜尾岳 2728
熊沢岳 2778
空木岳 2864
南駒ヶ岳 2841
越百山 2614
安平路山 2364
南木曾岳 1677
風越山 1535

附錄13

附錄P.15 飛驒川溫泉 Shimizu之湯

南飛驒小坂

附錄P.15 濁河溫泉 市營露天溫泉

高山市

小坂的瀑布巡禮

飛驒小坂鄉土館
湯屋
下呂的秘湯 湯屋溫泉 泉館
仙游館
朝六荘
巖立峽ひめしゃがの湯 附錄P.15

御岳空中纜車
從御嶽山的山腰到高山腰處的空中纜車。從瞭望台能欣賞到北阿爾卑斯和中央阿爾卑斯連峰的美景。

御岳

下呂溫泉
江戶的儒學者林羅山將下呂、有馬和草津並列為日本三名泉，岐阜縣下的知名溫泉。

禪昌寺 P.106

下呂市

木曽郡
王滝村

附錄P.15美輝の里 スパー美輝
美輝の里 ホテル美輝
南飛驒馬瀬川溫泉
馬瀬 美輝の里

下呂溫泉 P.110

P.107
乘政大滝

吉祥

下呂富士

鷄ちゃん 杉の子 P.108

湯けむりの森

P.106 中山七里

乘政リバーサイドオートキャンプ場

小秀山

ランプの宿 渡合溫泉

金山巨石群 P.107

中山七里
沿著飛驒川從飛驒金山到下呂溫泉，全長約28km的峽谷。清流、奇岩和怪石所交織而出絕美景致。

鳳凰座 P.107

附錄P.16 公路休息站 加子母

白雲座 P.107

筋骨巡禮 P.111

岐阜縣

加茂郡 東白川村

付知峽倉屋溫泉 Onpoi之湯 附錄P.14

横谷峽 P.106

飛驒金山 ぬく森の里溫泉

飛驒街道

三階山

茶の里 東白川

花街道付知

中津川市

白川町

美濃白川ふるさと体験村

飛水峽
長達約12km的斷崖溪谷，能見到因流水漩渦在堅固岩盤鑿出眾多洞穴的壺穴群。

清流白川クオーレの里
美濃白川
高山本線

つちのこ館

五木のやかた・かわうえ

七宗町

八百津町

附錄P.16 公路休息站 きりら坂下

中津川觀光栗園 いが栗の里

中津川市區

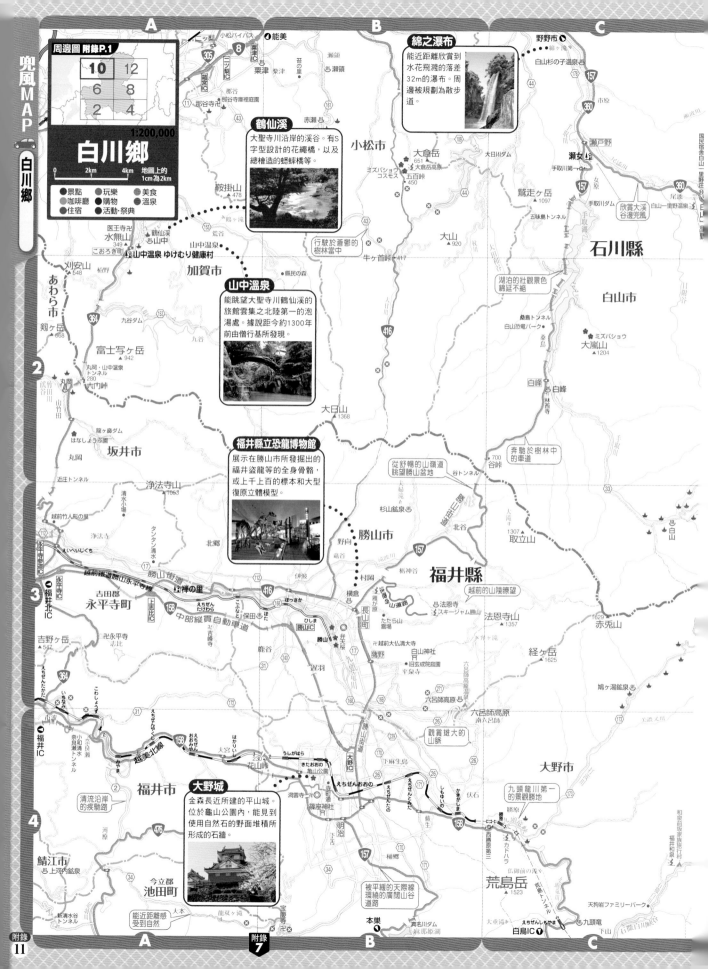

周邊圖 附錄P.1

10	12
6	8
2	4

1:200,000

白川鄉

0　2km　4km　地圖上的
1cm為2km

● 景點　　● 玩樂　　● 美食
● 咖啡廳　● 購物　　● 溫泉
● 住宿　　● 活動・祭典

綿之瀑布
能近距離欣賞到水花飛濺的落差32m的瀑布。周邊被規劃為散步道。

鶴仙溪
大聖寺川沿岸的溪谷。有S字型設計的花繩橋，以及總檜造的蟋蟀橋等。

山中溫泉
能眺望大聖寺川鶴仙溪的旅館雲集之北陸第一的泡湯處。據說距今約1300年前由僧行基所發現。

福井縣立恐龍博物館
展示在勝山市所發掘出的福井盜龍等的全身骨骼，或上千上百的標本和大型復原立體模型。

大野城
金森長近所建的平山城。位於龜山公園內，能見到使用自然石的野面堆積所形成的石牆。

行駛於蒼鬱的樹林當中

湖泊的壯觀景色綿延不絕

奔馳於樹林中的車道

欣賞大溪谷的兜風

從舒暢的山嶺道眺望勝山盆地

越前的山陵瞭望

觀賞雄大的山脈

清流沿岸的疾馳路

能近距離感受到自然

九頭龍川第一的景觀勝地

被平緩的天際線環繞的廣闊山谷道路

石川縣

小松市

加賀市

あわら市

坂井市

永平寺町

福井市

鯖江市

今立郡 池田町

福井縣

勝山市

大野市

荒島岳

周邊圖 附錄P.1

10	**12**
6	8
2	4

1:200,000

高山・奧飛驒

0 2km 4km
地圖上的
1cm為2km

● 景點　　● 玩樂　　● 美食
● 咖啡廳　● 購物　　● 溫泉
● 住宿　　● 活動・祭典

上高地 P.99

上高地
日本的代表性山岳景勝地。梓川沿岸規劃為散步道，能享受到欣賞大正池、河童橋和名神池等的散步樂趣。

奧飛驒溫泉鄉
位於穗高連峰西側的奧飛驒溫泉鄉是平湯、福地、新平湯、栃尾和新穗高5座溫泉的總稱。

乘鞍

上高地乘鞍
仰望穗高連峰的絕美景色

乘鞍和穗高連峰的景觀絕美

從瞭望台眺望乘鞍岳

越往野麥峠時高度越高，新綠和紅葉的季節極美

奈良井宿
從位於鳥居峠登山口的鎮神社，沿著奈良井川往東北約1km的日本最長的宿場。

隔著赤石岳能見到富士岳

能見到令人驚嘆的山景

開田高原的景色在眼前

長野縣

高山・奧飛驒

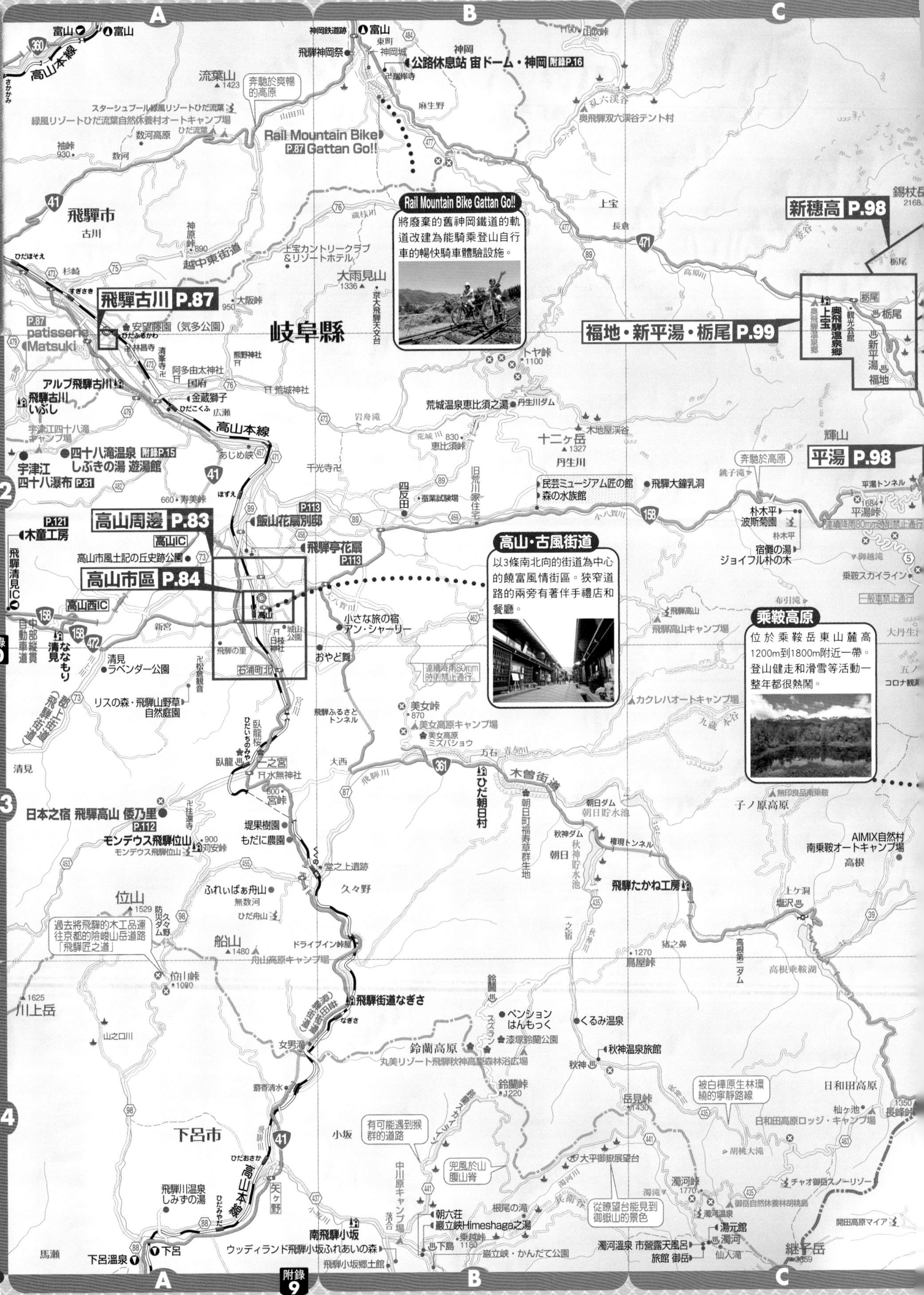

A　B　C

富山　富山
高山本線　360
飛驒神岡祭
飛驒市
古川
流葉山 1423
スターシュプール緑風リゾートひだ流葉
緑風リゾートひだ流葉自然休養村オートキャンプ場
数河高原
数河
袖峠 930
麻生野
奔馳於爽暢的高原

神岡鉄道跡
東町
神岡城
公路休息站 宙ドーム・神岡 附錄P.16

双六渓谷
奥飛驒双六渓谷テント村

Rail Mountain Bike P.87 **Gattan Go!!**

上宝
長倉

錫杖岳 2168

新穂高 P.98

栃尾
奥飛驒温泉郷
新平湯
福地

福地・新平湯・栃尾 P.99

Rail Mountain Bike Gattan Go!!
將廢棄的舊神岡鐵道的軌道改建為能騎乘登山自行車的暢快騎車體驗設施。

41
飛驒市
古川
越中東街道
杉崎
神原峠 890

飛驒古川 P.87
安望藤園（気多公園）
ひだふるかわ
patisserie Matsuki
林昌寺
清峯寺
阿多由太神社
国府
金蔵獅子
ひだこくふ
広瀬
大雨見山 1336
京大飛驒天文台

岐阜縣

荒城温泉恵比須の湯
荒城 830
恵比須川
丹生川ダム

トヤ峠 1100

高山川
471
輝山

平湯 P.98

平湯トンネル
1684 平湯峠
奔馳於高原
林木平
波斯菊園
林木平
乗鞍スカイライン

アルプ飛驒古川
飛驒古川 いぶし
宇津江四十八滝キャンプ場
四十八滝温泉 附錄P.15
しぶきの湯 遊湯館
宇津江四十八瀑布 P.81
木童工房 P.121
飛驒清見IC
飛驒清見IC

高山本線
あじめ峡
千光寺
四反田
蚕業試験場
旧岩川家住宅

十二ヶ岳 1327
丹生川
木地屋渓谷
民芸ミュージアム匠の館
森の水族館
飛驒大鐘乳洞
銚子滝
158
飛驒高山
飛驒高山キャンプ場

宿儺の湯
ジョイフル朴の木

高山周邊 P.83
高山IC
高山市風土記の丘史跡公園
飯山花扇別邸
飛驒亭花扇 P.113

高山市區 P.84
高山西IC
新宮
飛驒の里
城山
日枝神社
おやど舞

高山・古風街道
以3條南北向的街道為中心的饒富風情街道區。狹窄道路的兩旁有著伴手禮店和餐廳。

中部縦貫自動車道
清見
ななもり
清見
リス・森・飛驒山野草自然庭園
ラベンダー公園

美女峠 870
美女高原
美女高原キャンプ場
ミズバショウ

カクレハオートキャンプ場
九蔵

乗鞍高原
位於乗鞍岳東山麓高1200m到1800m附近一帶。登山健走和滑雪等活動一整年都很熱鬧。

コロナ観
五ノ

附錄10

日本之宿 飛驒高山 優乃里 P.112
モンデウス飛驒位山
位山
防災ダム
船山 1480
久々野
堤果樹園
もだに農園
ふれいばぁ舟山
無数山
堂之上遺跡
ドライブイン峠
舟山高原キャンプ場

木曽街道
361
ひだ朝日村
朝日町福寿草群生地
朝日ダム
朝日貯水池
朝日
権現トンネル
秋神ダム
秋神貯水池

飛驒たかね工房

AIMIX自然村
南乗鞍オートキャンプ場
高根
上ケ洞
塩沢

川上岳 1625
山之口川
位山峠 1090

飛驒街道なぎさ
なぎさ
女男滝
蔚香清水

鈴蘭高原
漆塚鈴蘭公園
ペンションはんもっく
丸美リゾート飛驒秋神高原森林浴場
鈴蘭高原
鈴蘭峠 1220

猪之鼻
屋�峠
1270
高根第一ダム
高根第二ダム
くるみ温泉
秋神温泉旅館
秋神

被白樺原生林環繞的寧靜路線
岳見峠 1430
日和田高原
日和田高原ロッジ・キャンプ場
柚ヶ池
長峰峠 1350

附錄10

下呂市
飛驒川温泉
しみずの湯
41
高山本線
ひだおさか
矢ヶ野

有可能遇到猴群的道路
小坂

兜風於山腹山脊

大平御嶽展望台

從瞭望台能見到御嶽山的景色

胡桃大滝
濁河峠 1770
濁河温泉 市営露天風呂
濁河館
濁河
チャオ御嶽スノーリゾート
御岳
湯元館
開田高原マイア

下呂温泉
馬瀬
下呂
ひだがわ
中川原キャンプ場
南飛驒小坂
ウッディランド飛驒小坂ふれあいの森
飛驒小坂郷土館
朝六荘
巌立峡Himeshaga の湯
巌立峡・かんだて公園
下呂島 1180
根尾の滝

仙人滝
継子岳 2859

不住宿溫泉
導覽

岐阜縣擁有眾多的溫泉地，能不住宿利用的溫泉也一應俱全。溫泉分布於恬靜的山野和優美的清流沿岸，能感受岐阜風情時享受泡湯樂趣。也有位於飛驒區域的下呂溫泉等，代表東海區域的知名溫泉。

養老町
MAP 附錄3B-3
養老溫泉湯仙之里撫子飯店
ようろうおんせん ゆせんのさと
☎0584-34-1313

💰本館泡湯費大人700日圓（週六日、假日800日圓）、3歲～12歲400日圓
🕐8:00～22:00（受理～21:00、溫熱療法館為10:00～）　限本館第4週四　養老町押越1522-1　養老鐵道養老站搭計程車5分（大垣站有接送服務）　P免費

位於溫熱療法館，以高9m的圓頂型三溫暖「養老汗蒸幕」自傲。仿效韓國傳統的石窯浴場「汗蒸幕」，藉由遠紅外線效果大量排汗與排出身體內的老廢物質。設有水中運動浴場「療法浴場さらさ」、岩盤浴和美容設施。本館設有源泉放流式的天然溫泉「みのり乃湯」和按摩設施，療癒和美容的服務選項一應俱全。

溫泉資訊
男女分別露天溫泉、男女分別內湯
【種類】遠紅外線三溫暖

關市
MAP 附錄6D-3
板取川溫泉浴場
いたどりがわおんせんバーデェハウス
☎0581-57-2822

💰大人600日圓、小學生300日圓
🕐10:00～21:00（12～3月為～20:00、受理皆為～閉館30分前）　週三（逢假日則翌日休、8月無休）　關市板取4175-9　名鐵岐阜站搭岐阜巴士往岐阜板取取1小時10分，在らどうでイプラザ轉乘板取ふれあい巴士往板取門原43分，板取川溫泉前下車即到　P免費

湧出於長良川的支流，清流板取川溪谷的溫泉。被大自然環抱的寬敞露天溫泉為魅力之處。

溫泉資訊
男女分別內湯、男女分別露天溫泉
【種類】沖擊泉、泡沫溫泉、按摩浴池

郡上市
MAP 附錄6E-4
日本正中心溫泉 子寶之湯
にほんまんまんなかおんせん こだからのゆ
☎0575-79-4126

💰大人600日圓、6～11歲300日圓
🕐10:00～21:00（受理～20:30）　週二（逢假日則翌日休）　郡上市美並町大原2709　長良川鐵道南子寶溫泉站到即到（車站內）　P免費

位於長良川鐵道南子寶溫泉站內的溫泉設施。除了內湯外，還有能將長良川一覽無遺的露天溫泉。由於設有知會車抵達的信號機，所以能利用等待時間輕鬆泡湯。

溫泉資訊
男女分別露天溫泉、男女分別內湯
【種類】遠紅外線三溫暖、噴射浴池、藥湯、檜湯泉、釜溫泉

郡上市
MAP 附錄6E-1
美人之湯白鳥
びじんのゆしろとり
☎0575-83-0126

💰大人750日圓、3歲～小學生300日圓
🕐10:30～21:00（受理～20:30、包租浴池11:00～17:00）　週四（逢假日則營業）　郡上市白鳥町那留字32　東海北陸道白鳥2km　P免費

模仿郡上一揆的唐傘連判狀的附屋頂岩湯，能悠閒泡湯的內湯不僅可飲用還有美膚效果，充滿了優質的溫泉。在私密空間享受泡湯的附包租浴池的包廂廣受好評。

溫泉資訊
男女分別露天溫泉、男女分別內湯、包租浴池4
【種類】遠紅外線三溫暖、檜湯泉、寢湯、沖擊泉

可兒市
MAP 附錄2F-2
天然溫泉 三峰
てんねんおんせんみつみね
☎0574-64-0126

💰大人700日圓、小學生350日圓（週六日、假日為大人800日圓、小學生400日圓）
🕐10:00～23:00（受理～22:30）　無休　可兒市大森1748-1　JR姬站搭計程車5分　P免費

除了源泉放流的浴池外，還有絲綢溫泉、高濃度碳酸泉和壺溫泉等豐富多樣的露天溫泉。內湯為開放寬敞的構造，能在泡湯的同時欣賞山形峭立的四季繽紛景色。

溫泉資訊
男女分別內湯、男女別天風呂
【種類】噴射浴池、檜溫泉、高濃度碳酸泉、壺溫泉、電氣溫泉、絲綢溫泉、遠紅外線三溫暖

惠那市
MAP 附錄5C-3
串原溫泉 百合之湯
くしはらおんせん ささゆりのゆ
☎0573-52-3131

💰大人600日圓、4歲～小學生400日圓
🕐10:00～21:00（受理～20:00）　週三（逢假日則營業）　惠那市串原3135-2　明知鐵道岩村站搭巴士往ささゆりの湯20分，終點下車即到　P免費

建於標高464m山頂上的不住宿溫泉。能將四季繽紛的山景一覽無遺的瞭望露天溫泉可謂絕世美景。設有內湯、藥湯、噴射浴池、泡沫溫泉和三溫暖，能徹底地放鬆歇息。

溫泉資訊
男女分別露天溫泉、男女分別內湯
【種類】噴射浴池、藥湯、遠紅外線三溫暖、泡沫溫泉

中津川市
MAP 附錄9C-3
付知峽倉屋溫泉 Onpoi之湯
つけちきょうくらやおんせん おんぽいのゆ
☎0573-82-5311

💰大人600日圓、小學生300日圓
🕐10:00～22:00（受理～21:00、年末期間有所變動）　第4週三（逢假日則翌日休）　中津川市付知町1929-1　JR中津川站搭北惠那交通巴士往加子母綜合事務所1小時，付知峽倉屋溫泉下車即到　P免費

袖珍小巧有著濃厚隱世溫泉色彩，但設備和裝潢又散發著現代感。寬敞的露天溫泉、瀰漫著木頭香氣的主浴池、步行浴等肌膚觸感滑順的鹼性泉質。

溫泉資訊
男女分別露天溫泉、男女分別內湯、無障礙包租浴池1
【種類】芬蘭式三溫暖、步行浴、檜湯泉、Rocky Sauna

中津川市
MAP 附錄4D-1
Cure Resort湯舟澤
クアリゾート ゆぶねさわ
☎0573-69-5000

💰大人600日圓、3歲～小學生300日圓、綜合利用（溫浴池等）大人1500日圓、3歲～小學生700日圓
🕐10:00～22:00（受理～20:30）　不定休（7～8月無休）　中津川市神坂280　JR中津川站搭計程車20分（有免費接駁巴士、定時便）　P免費

位於因作為木曾宿場町而知名的馬籠站附近。除了有設置13種機能浴池的可穿泳裝溫浴區和溫水泳池區外，還有附設能將惠那山脈一覽無遺的露天溫泉浴場。

溫泉資訊
男女分別內湯、男女分別露天溫泉、可穿泳裝的溫浴&泳池區
【種類】遠紅外線三溫暖、打瀨、噴射浴池、按摩浴池、寢湯

多治見市
MAP 附錄5A-3
天光之湯
てんこうのゆ
☎0572-24-4126

💰大人800日圓、0歲～小學生400日圓
🕐10:00～23:00（受理～22:00）　無休　多治見市大畑町6-105-1　JR多治見站搭東鐵巴士往下半田川15分，綜合体育館前下車步行5分　P免費

日式風情的庭園風格露天溫泉為特色。仰望著無垠天空的泡湯別有意境，滿天星斗的夜空宛如天象儀。pH9.5氫濃度高的療養泉，肌膚觸感光滑柔順。

溫泉資訊
男女分別露天溫泉、男女分別內湯、無障礙包租浴池
【種類】Action Spa、寢湯、碳酸泉、遠紅外線三溫暖、噴霧三溫暖、壺湯、足湯

高山市 ひだ荘川温泉 桜香の湯
MAP 附錄10E-3

にだしょうかわおんせん おうかのゆ

📞 05769-2-2044

💰 大人700日圓、4歲～小學生350日圓，包租浴池（1小時、需預約）1500日圓
🕙 10:00～20:30（受理～20:00）
🈴 週四（逢假日需確認）
🏠 高山市荘川町猿丸82-1
🚌 JR高山站搭濃飛巴士往荘川1小時，桜の郷荘川下車即到　🅿 免費

緊鄰於荘川IC即到的國道旁，公路休息站附設的溫泉設施。滑溜觸感的溫泉受到女性的歡迎，由於各種衛浴備品免費提供，所以可空手輕鬆前往。

溫泉資訊 男女分別露天溫泉、男女分別內湯、包租內湯（2處）
【種類】打湯、噴射浴池

高山市 平湯之森
MAP 98A

ひらゆのもり

📞 0578-89-3338

💰 大人500日圓、3～12歲400日圓
🕙 10:00～21:00（受理～20:30）
🈴 無休　🏠 高山市奧飛驒溫泉郷平湯763-1
🚌 JR高山站搭濃飛巴士往新穗高ロープウェイ58分，平湯溫泉バスターミナル下車即到　🅿 免費

岩溫泉、檜溫泉和打湯等特色豐富的溫泉令人不會感到煩膩。偶爾會變成乳白色的溫泉是對於手腳冰冷、神經痛和關節炎有療效的碳酸氫泉。館外的寵物專用溫泉也廣受好評。

溫泉資訊 男女分別露天溫泉、男女分別內湯、附包租露天浴池的內湯
【種類】檜溫泉、岩溫泉、釜溫泉、三溫暖

下呂市 濁河温泉 市営露天温泉
MAP 附錄9C-1

にごりごおんせんしえいろてんぶろ

📞 0576-62-3373

💰 大人500日圓、小學生300日圓
🕙 4月中旬～11月中旬的9:00～17:00
🈴 期間中無休　🏠 下呂市小坂町落合濁河溫泉
🚌 中央道中津川IC 106km　🅿 免費

湧泉於御嶽山7合目處的高海拔溫泉。湧出的溫泉接觸到空氣後產生氧化變化，而轉變為如其名的黃濁色濁湯。露天溫泉的周圍是茂盛的原生林。

溫泉資訊 男女分別露天溫泉

白川村 大白川温泉 白水之湯
MAP 附錄10E-2

おおしらかわおんせん しらみずのゆ

📞 05769-5-4126

💰 大人600日圓、小・國中生400日圓
🕙 夏季(4～11月)10:00～21:00、冬季(12～3月)11:00～20:00　週三（逢假日則營業）
🏠 大野郡白川村平瀬247-7
🚌 JR高山站搭濃飛巴士往白川郷1小時10分，平瀬溫泉下車步行10分　🅿 免費

將湧於靈峰白山山麓的源泉引流14km的溫泉，自古以來以「子寶之湯」而聞名，據說擁有女性喜愛的美膚效果。能欣賞到四季迥異景色的露天溫泉也大受歡迎。

溫泉資訊 男女分別露天溫泉、男女分別內湯
【種類】寢湯、按摩浴池、噴射浴池、檜溫泉

高山市 四十八滝温泉 しぶきの湯 遊湯館
MAP 附錄13A-2

しじゅうはちたきおんせん しぶきのゆ ゆうゆかん

📞 0577-72-5526

💰 大人600日圓、小學生400日圓、岩盤浴400日圓
🕙 10:00～21:30（受理～21:00、岩盤浴10:30～21:00），附季節而異　週日（逢假日則翌日休）
🏠 高山市国府町宇津江964　🚌 JR飛驒國府站搭計程車10分（國府站有接駁巴士、需確認）　🅿 免費

因四十八瀑布巡禮而聞名之地。前往瀑布的散步道規劃完善，藉由森林浴和飛濺的瀑布沐浴大量的負離子，之後在擁有豐富多樣浴池的溫泉和岩盤浴悠閒地度過時光。

溫泉資訊 男女分別露天溫泉、男女分別內湯
【種類】遠紅外線三溫暖、藥湯、檜溫泉、藥草溫泉（限週三）、鹽三溫暖、寢湯、氣泡湯、噴射浴池、按摩浴池

下呂市 美輝の里 スパー美輝
MAP 附錄9A-2

みきのさと スパーみき

📞 0576-47-2641

💰 大人700日圓、小・國中生400日圓
🕙 10:30～21:30（附用餐泡湯為11:00～14:30、17:00～19:30）　每年約4日不定休
🏠 下呂市馬瀬西村1695　🚌 JR飛驒萩原站搭濃飛巴士往美輝的里30分，美輝的里下車即到　🅿 免費

周圍的自然展現四季不同的樣貌，位於南飛驒山野間的綜合設施「美輝之里」的不住宿設施。擁有寢湯和氣泡浴等15種的浴池，在同時能進行森林浴的露天溫泉享受泡湯樂趣。

溫泉資訊 男女分別露天溫泉、男女分別內湯
【種類】氣泡湯、打湯、噴射浴池、寢湯、藥湯、蒸餾溫泉、噴霧溫泉、BodyShower、釜溫泉、遠紅外線三溫暖

下呂市 飛驒川温泉 Shimizu之湯
MAP 附錄9A-1

ひだがわおんせん しみずのゆ

📞 0576-56-4326

💰 大人650日圓、小學生300日圓（泡湯+泳池為大人700日圓、小學生400日圓）
🕙 10:30～21:30（7～8月為10:00～、受理～21:00）　週二　🏠 下呂市萩原町四美1426-1　🚌 JR飛驒萩原站搭萩原社區巴士往山ノ口15分，しみずの湯下車即到　🅿 免費

位於南飛驒國際健康保養地內的主要設施。提倡「健康和美容的主題樂園」，露天溫泉或能選擇藥草的包租浴池等溫泉設施具備萬全。有在溫泉泳池實施水中運動的免費體驗。

溫泉資訊 男女分別露天溫泉、男女分別內湯、包租內湯、穿泳裝的溫浴區
【種類】遠紅外線三溫暖、藥湯、步行浴、按摩浴等

下呂市 巌立峡ひめしゃがの湯
MAP 附錄9B-1

がんだてきょうひめしゃがのゆ

📞 0576-62-3434

💰 大人650日圓、小學生300日圓
🕙 10:00～21:00（受理～20:30）　週三（逢假日、黃金週、過年期間營業）　🏠 下呂市小坂町落合1656　🚌 JR飛驒小坂站搭濃飛巴士往鹿山15分，ひめしゃがの湯下車即到　🅿 免費

位於名勝巌立峽附近的溫泉設施。露天溫泉是直接使用源泉的碳酸泉，擁有美膚效果，飲用後能治癒腸胃疾病，以及在餐廳品嘗使用礦泉的餐點，正是所謂的3倍享受的溫泉。

溫泉資訊 男女分別露天溫泉、男女分別內湯
【種類】藥湯、蒸餾浴池、遠紅外線三溫暖、噴霧浴池、泡沫溫泉

地爐旁燒烤的紅點鮭、甘子鮭魚的串燒各1條400日圓，點餐為10:00～16:00

停地爐內的磨墨庵燃燒內的火每日不

馬一轟「立磨在墨占」地像內為特的燒徵名

因諾貝爾物理獎而受矚目!!
親身感受探究
宇宙神秘的研究
因地名而得名的超級神岡探測器，是因獲得諾貝爾物理獎而備受矚目的中微子觀測設施。親身感受探尋宇宙成立謎團的科學夢。

能和研究者監控相同的螢幕畫面，充滿魄力的中微子中心。

岐阜值得推薦的

公路休息站

岐阜縣內有共54座公路休息站，全日本數量僅次於北海道。能進行手工體驗或探尋宇宙奧祕等，在此介紹特色多元的公路休息站。

國道472

公路休息站 明寶
(磨墨之里公園)

心也暖呼呼
傳統的火焰溫暖
位於明寶地區的舊住宅，有著約800年從未熄滅過的地爐火焰。從這裡分得火種的「磨墨庵」的地爐中，傳統之火燃燒不盡。

●みちのえき するすみのさとこうえん
位於飛驒美濃せせらぎ街道沿路的中央處，被雄偉山脈所環抱的設施。占地內的免費休憩處「磨墨庵」，其內的地爐旁燒烤著當地捕撈的紅點鮭或甘子鮭魚。

☎0575-87-2395
🗺MAP 附錄6F-2
🕐9:00～18:00(磨墨庵～17:00)
休無休，磨墨庵為週二(逢假日則營業，有臨時休業)
🏠郡上市明寶大谷1015
🚗東海北陸道郡上八幡IC 16km
🅿150輛(免費)

國道471

公路休息站 宙ドーム・神岡

●みちのえき すかいドームかみおか
和位於神岡礦山地下約1000m的超級神岡探測器，藉由網路連線互動的公路休息站。有能實際體驗研究的大型畫面，或是可見到超級神岡探測器的複製品。

🗺MAP 附錄13B-1
☎0578-82-6777
🕐9:00～17:00(餐廳～19:00)
休無休 🏠飛驒市神岡町夕陽ヶ丘6
🚗中部縱貫道高山IC 42km 🅿53輛(免費)

揖斐川溫泉藤橋之湯。泡湯費150日圓

被綠意環繞的設施

牆面上描繪著星座的情報交流館

國道303

公路休息站 星のふる里ふじはし

●みちのえき ほしのふるさとふじはし
位於岐阜自傲的日本屈指可數的天體觀測景點藤橋地區，占地內的溫泉設施附有露天溫泉。晴朗的日子可以仰望星空羅曼蒂克地泡湯。

🗺MAP 附錄7B-4
☎0585-52-2020
🕐9:30～18:00(週六日為8:30～)，藤橋之湯為10:00～20:30(1～2月為～19:30)
(餐廳休週二、蕎麥麵店和藤橋之湯休週四)
♨泡湯費510日圓 🏠揖斐川町東橫山264-1
🚗名神高速大垣IC 40km
🅿129輛(免費)

徹底放鬆稍作歇息
享受天然溫泉!
附設天然溫泉的公路休息站，是能舒解車馬勞頓的療癒地點。由於占地內有能免費利用的足湯，請在此徹底放鬆充電吧。

五平餅體驗10支2700日圓～。需預約

製作中津川的名產吧
名產五平餅的手作體驗
五平餅是岐阜縣東濃的鄉土美食。將中津川產的越光米飯製成丸子狀，插在竹串塗上醬油燒烤。剛烤好熱騰騰的最好吃。

特製醬料芝麻和醬油的芳香撲鼻的

國道256

公路休息站 きりら坂下

●みちのえき きりらさかした
追求食品安全和食物原本的美味，在豐沛的自然自行栽種蕎麥果實。能嘗到現磨現打的蕎麥麵的餐廳，以及伴手禮用的蕎麥商品區等一應俱全。

🗺MAP 附錄9C-4
☎0573-70-0050
🕐8:30～17:00(週五六日為～21:00)
※視設施而異 休週三(逢假日則翌日休)
🏠中津川市坂下450-2
🚗中央道中津川IC 15km
🅿78輛(免費)

更多公路休息站 人氣美食也別錯過！

竹皮羊羹2條入650日圓

國道21

公路休息站 志野・織部

●みちのえき しの・おりべ
位於因美濃燒生產地而有名的土岐，陶瓷器相關商品應有盡有。當地的銘菓和醃製物一應俱全，其中以天然竹皮包裹紅豆，甜味恰到好處的竹皮羊羹很受歡迎。

🗺MAP 附錄5A-2
☎0572-55-3017
🕐9:00～18:00 休無休
🏠土岐市泉北山町2-13-1
🚗中央道土岐IC 3km
🅿38輛(免費)

竹皮芳香的高級和菓子

縣道33

公路休息站 おばあちゃん市・山岡

●みちのえき おばあちゃんいち・やまおか
緊鄰於小里川湖，作為散步的據點十分方便。最推薦的是名為からすみ的傳統雛菓子，有紫芋和魁嵩等自然的調色和樸素滋味，Q彈的口感讓人一吃上癮。

🗺MAP 附錄5B-3
☎0573-59-0051
🕐9:00～18:00(11～2月為～17:00) 休無休
🏠惠那市山岡町田代1565-169
🚗中央道瑞浪IC 11km
🅿55輛(免費)

東濃地區的傳統零嘴

からすみ1條300日圓。夏季有咖啡口味登場

縣道58

公路休息站 平成

●みちのえき へいせい
原木栽培的芳香香菇特別有名，附設餐廳平成福樓的眾多香菇料理極受歡迎。能在香菇園享受到採香菇(100g200日圓、需預約)的樂趣。

🗺MAP 附錄6F-4
☎0575-49-3750(エコピア平成)
🕐9:00～18:00(12～1月為～17:00)
※視店鋪而異(平成福樓為8:30～15:30) 休無休(平成福樓休週三)
🏠關市下之保2503-2
🚗東海環狀道富加關IC 9km
🅿150輛(免費)

厚實的新鮮香菇美食

香菇可樂餅1個250日圓

香菇米漢堡1個200日圓

加子母的蕨餅(1盒720日圓)使用稀少的本蕨粉

加子母的番茄汁1瓶650日圓

國道257

公路休息站 加子母

●みちのえき かしも
使用有名的品牌蔬菜，加子母番茄的加工品等，充滿鄉土愛的慢食販售大獲好評。堅持使用在地食材的鄉土料理，加子母三昧(1000日圓)也值得品嘗。

🗺MAP 附錄9B-3
☎0573-79-3319
🕐8:30～17:00 休無休
🏠中津川市加子母3900-29
🚗中央道中津川IC 34km
🅿39輛(免費)

嚴選的特產品應有盡有!

岐阜 飛驒高山 白川鄉 Contents

書前附錄 附順路逛逛導覽！
岐阜兜風自駕MAP
高山三町&白川鄉散步MAP

利用本書前請詳讀下列事項

■本書刊載的內容為2017年1月～5月時採訪、調查時的資訊。

本書出版後，餐廳的菜單與商品內容、費用等各種刊載資訊有可能變動，也可能依季節而有變動或售完、臨時休業、停止營業的情況。因為消費稅的調高，各項費用可能變動，因此會有部分設施的標示費用為稅外的情況，消費之前請務必事先確認。此外，因本書刊載內容而造成的糾紛和損害等，敝公司無法提供補償，請在確認此點之後再行購買。

■各種資訊使用以下的方式刊

✆電話號碼 刊載的電話號碼為各設施的洽詢電話號碼，因此可能會出現非當地號碼的情況。使用衛星導航設備查詢地圖時，可能會出現和實際不同的位置，敬請留意。

🕐營業時間、開館時間 營業時間、開館時間為實際上可以使用的時間。基本上餐飲店從開店到最後點餐時間，各種設施為開館到可入館的最終時間。

🈺公休日 原則上只標示出公休日，基本上省略過年期間、黃金週、盂蘭盆節和臨時休業等情況。

💰費用、價錢
●各種設施的使用費，基本上為大人1人份的費用。
●住宿費原則上是一般客房的1房費用，附餐飲時則標示2人1房時1人份的費用。金額包含各種稅金、服務費在內的費用，但可能依季節、星期、房型等而有所變動，預約時請務必確認。

🚃交通方式 原則上標示出最近的車站，所需時間僅為預估值，可能因季節、天候和交通機關的時刻表更動而有所不同。

🅿停車場 標示出是否有停車場。有的話基本上記載為「收費（或標示出費用）」、「免費」，收費的話僅為基本費用，無停車場的話則不標示。

圖示的範例
📷 景點　🍴 美食　🛍 購物
🎵 玩樂　☕ 咖啡廳　♨ 溫泉

並排於川原町的古老町家建築

昭文社

DiG JAPAN!

Japan.
Endless
Discovery.

免費 超值優惠券

 App Store 下載

下載就上  Google play

日本旅遊攻略APP！

收錄東京、大阪、京都、北海道、九州、沖繩等20個熱門旅遊區域！

 網羅了可以"體驗日本"的季節、
地域等各方面的最新資訊

 搜尋→出發→實際感受！！
有了它，安心暢快一把抓

 支援Online・Offline兩種使用方式！
下載版本運作快速

 超划算美食！購物！遊玩！
讓你的日本之旅更加超值的
優惠券大集合

繁體中文

日本旅遊情報網站

DiGJAPAN!

深度挖掘日本好玩、好吃、好看的旅遊資訊!!
無論您是旅遊日本的入門者還是重度使用者
DiGJAPAN! 都將帶給您最新鮮、有趣的精彩內容!

✔ 最新資訊滿載

人氣景點、觀光資訊、日本國內話題
商品以及賞櫻、賞楓等季節性活動,
快速掌握和發送日本最新且精彩
的旅遊情報。

✔ 高CP值行程規劃

多樣主題性的周遊行程規劃。教您
如何在有限的旅遊天數內,有效地
使用電車或巴士觀光、購物和享用
美食。

✔ 豐富的旅遊資訊

羽田機場到東京的交通方式、迴轉
壽司如何吃才道地、還有鞋子衣服
尺寸對應表,無論初次或多次旅遊
日本都可方便使用的實用資訊。

DiGJAPAN!	Search

https://digjapan.travel/zh_TW/

馬上來看DiGJAPAN!
精彩的日本旅遊資訊

 粉絲突破40萬人!每日發送日本最新旅遊情報!
日本旅遊達人, MAPPLE　https://www.facebook.com/mapple.tw

飛驒地區 P.65～

御嶽山、乘鞍岳和奧穗高岳等標高3000ｍ左右的高山相連成飛驒區域。往昔的風景仍保留至今，同時也是日本首屈一指的溫泉勝地。

白川鄉 P.88
しらかわごう

被登錄為世界遺產的白川鄉合掌聚落。田園景色中林立著茅草屋頂的合掌住宅，美好的日本往昔景觀映入眼簾。每年有150萬觀光客造訪的著名景點。

→使用白川鄉產的濁酒所製成的甜點也不容錯過

時間寧靜、和緩流逝的白川鄉合掌村

高山 P.66
たかやま

能享受在饒富風情的街區「三町」散步的樂趣。利用民家改建的咖啡廊、懷舊可愛的和風雜貨、以及邊走邊吃當地美食等觀光的魅力無窮。

↑漫步於仍遺留歷史與傳統至今的街區也是樂趣之一

↑置身於北阿爾卑斯壯闊景觀中的新穗高空中纜車（→P.100）

日本三大美祭之一的高山祭（→P.80）

下呂溫泉 P.104
げろおんせん

名列日本三名泉之一，因「美人の湯」而廣負盛名。足湯散布於溫泉街之中，伴手禮店和餐廳雲集於此。在地美食也是觀光重點。

鷺の足湯

有眾多能輕鬆泡到著名溫泉的足湯

↑使用在地產的食材的G午餐和G美食（→P.108）

還有還有

矚目的觀光景點
★飛驒古川…P.86

奧飛驒溫泉鄉 P.96
おくひだおんせんごう

由平湯、福地、新平湯、櫪尾和新穗高所組成的溫泉鄉。泉質和特徵各異其趣，能在雄偉的大自然環繞中享受泡湯。

↑享受富含野外樂趣的露天溫泉

出門前記得要Check!

日本的正中央

岐阜快速理解
區域

岐阜縣北部為連綿的雄偉山峰，有清澈的木曾三川流經，擁有豐富的自然環境。還有陶瓷器和刀具蓬勃發展的在地產業，能讓來訪者盡情觀光的魅力可說是無窮無盡。本書將岐阜分為北部的飛驒區域和南部的美濃區域，掌握各區域的特色，展開旅行的計畫吧！

新穗高空中纜車
新穗高溫泉
栃尾溫泉
471
新平湯溫泉
福地溫泉
奧飛驒溫泉鄉 →P.96
平湯溫泉
松本
158
66 山
約1小時10分
安房峠道路
平湯大瀑布
乘鞍高原
361
約1小時10分
小坂的瀑布巡禮
御岳
下呂溫泉 →P.104
257
鹽尻
256
約1小時30分
257
中津川
19
馬籠・妻籠 →P.60
惠那峽溫泉
中央自動車道
257
惠那
飯田
JR中央本線
中津川
中津川・惠那 →P.56
418
惠那
363
岩村城跡
418
明智
257
日本大正村

從岐阜城能眺望長良橋和岐阜市區。
信長應該也是如此描繪稱霸天下的壯志美夢吧

匯聚木曾川、長良川和揖斐川的木曾三川所流經的濃尾平原，擁有悠久歷史淵源的景點和活用自然豐富食材的美食等，是具有多采多姿魅力的區域。

美濃區域 P.11~

岐阜區域 P.12
ぎふタウン

與織田信長相關的岐阜城、從古傳承至今的傳統活動岐阜長良川鵜飼等，能令人感受到豐富多樣的歷史景點。此外，時髦的咖啡廳和雜貨商店讓新舊的魅力元素共存於此。

→擁有格子窗的掛山式傳統住家大多保留於此

→在岐阜站附近尋找優質的咖啡廳和商店吧
（→P.18）

馬籠・妻籠 P.60
まごめつまご

江戶時代的街道，中山道六十九次的代表性宿場町。在殘留著往昔風景的兩座宿場町享受一日散步，體驗往日旅人的心情感受。

←島崎藤村的淵源之地，馬籠（→P.60）。享受懷舊街道的散步吧

→在妻籠（→P.62）的古宅大啖和風甜點

還有還有 矚目的觀光景點
★ 各務原…P.24 ★ 蛭野高原…P.39 ★ 美濃加茂・可兒 P.50
★ 美濃…P.28 ★ 大垣・養老 P.42 ★ 多治見・土岐 P.52
★ 關…P.30 ★ 關原…P.48 ★ 中津川・惠那 P.56

這些是日本第一！ 岐阜的 小知識

多治見・土岐 P.52
陶瓷器的生產量
多治見和土岐自古以來就作為美濃燒之鎮而蓬勃發展，生產量特別多。

大垣市 P.42
枡酒杯的生產量
由於鄰近檜木產地的木曾和東濃，所以枡酒杯的製造蓬勃發展。生產量佔日本全國約80%。

關市 P.30
刀具的生產量
過往有許多刀匠居住於此，以日本第一的名刀產地而聞名。在此製造菜刀和剪刀等產品。

高山市 P.66
面積大小（市町村）
面積為2,177.61㎢，比香川縣、大阪府更大，甚至僅比東京都小一些。約92%為山林。

郡上八幡 P.34
ぐじょうはちまん

→饒富風情的谷中水之小路

往昔作為城下町而蓬勃發展的面貌仍保留至今。因為擁有清澈水流，故以名水之鎮而聞名。舉辦長達30晚的郡上舞為夏季的代表特色。

猪谷
飛驒古川 →P.8
約50分
白川鄉 →P.88
JR高山本線
高山
自動車道北陸
471
360
158
東海北陸
156
御母衣湖
飛驒清見
荘川桜
白山白川鄉白色公路
蛭野高原 →P.39
飛驒小坂
荘川
257
北濃
油坂峠
白鳥
高鷲
約2小時
下呂
中山七里
長良川鐵道
ぎふ大和
郡上八幡 →P.34
郡上八幡
256
417
川浦溪谷
美並
横谷峽
飛驒金山 →P.111
樽見
157
東海北陸自動車道
飛驒金山
飛水峽
418
樽見鐵道
41
303
谷汲山華嚴寺
建築卯建之道式
美濃 →P.28
美濃市
美加關
加茂關
美濃Jct
揖斐川
→P.12
岐阜市區
長良川溫泉川原町
美濃加茂・可兒 →P.50
美濃加茂
美濃太田
多治見
土岐
關
→P.30
JR太多線
可兒御嵩
山伊吹山
關之原古戰場
→P.48
關原
養老鐵道
JR東海道本線
岐阜
岐阜務務所
JR高山本線
各務原 →P.24
21
多治Jct
多治見・土岐 →P.52
多治見
岐阜羽島
京都
揖斐
養老
Jct
大垣西
21
大垣・養老 →P.42
小牧東
東海環狀自動車道
せと品野
米原Jct
養老公園
養老
岐阜羽島
尾西
一宮Jct
河川環境樂園
小牧
小牧Jct
春日井
19
多治土岐
東名高速道路
365
258
千代保稻荷神社 →P.46
長良川
揖斐川
東海道新幹線
一宮
清洲JCT
名古屋西
名古屋
豐田

範例
🚗 …駕車移動
※優先使用付費道路的所需標準時間

東名阪自動車道
四日市
伊勢灣

5

岐阜的美景

越過山間小路後所到達的是
白銀景色的合掌村聚落

擁有北阿爾卑斯和木曾三川等大自然的恩賜，有許多祥和寧靜的美景存在於岐阜縣當中。讓我們在此掌握觀賞美景的推薦季節和時間帶等重點吧。

美景 重點

能將聚落一覽無遺的荻町城跡展望台(→MAP P.95 B-1)是最推薦的觀景地點。可在此見到白雪皚皚的聚落美景，於1月可能有超過2m深的積雪。

有如感情深厚的三胞胎排排站的合掌房屋。最推薦窗戶有點燈的黃昏時分前來欣賞

若天氣良好時則能點點映照於水田上的逆合掌景觀

白川村

白川鄉

☆しらかわごう

最佳觀賞季節 冬 12月中旬～2月底

被登錄為世界遺產的合掌式建築聚落。白川村的荻町約保存有超過100間的合掌住宅，其中也有能入內參觀的住宅。傾斜的茅草屋頂是為了守護住宅不被厚重的積雪壓垮，是豪雪地區特有的技法。

MAP 95 **DATA→P.88**

從荻町城跡展望台所遠望的聚落整體景色。由於房屋目前仍有居民居住，請注意不要隨意打開房屋大門，或是進入田園之內

高山植物爭奇鬥艷
雄偉廣闊的花圃

美景 重點
從巴士轉運站一旁的小路能欣賞到花圃。即使夏季氣溫也不會超過20度，能感受到清涼微風而大受歡迎。

標高2700m的高山植物群生地
©飛驒乘鞍觀光協

〔高山市〕
乘鞍岳·疊平

★のりくらだけ·たたみだいら

最佳觀賞季節
夏 7月中旬～8月下旬

乘鞍山頂巴士轉運站周遭的平地被稱為疊平，能欣賞到伏毛銀蓮花和黑百合等高山植物。周圍的木道繞行一圈需30分。

MAP 附錄12D-3～13C-2
☎0577-78-2345（飛驒乘鞍觀光協會）
🏠高山市丹生川町　🚌從朴木平巴士轉運站或平湯巴士轉運站搭接駁巴士往乘鞍疊平45分～1小時，於乘鞍(疊平)下車即到
※往乘鞍疊平的路線，乘鞍Sky Line和乘鞍Echo Line有自駕車限制。11月1日～5月14日道路封閉

魔王岳或大黑岳等周圍的
雄偉景觀令人震懾

〔各務原市〕
新境川堤防櫻花

★しんさかいがわつつみのさくら

最佳觀賞季節
春 3月下旬～4月上旬

河川兩岸合計有1200株的櫻花綻放，是著名的櫻花隧道景點。又因當地出身的歌舞伎演員市川百十郎而得名「百十郎櫻」。

MAP 26A-1　**DATA➡P.26**

〔關市〕
根道神社（莫內之池）

★ねみちじんじゃ（モネのいけ）

位於關市板取地區的神社。鳥居旁的池塘為山泉湧水，水質極度透明。睡蓮等植物浮於水面，因貌似莫內的代表作品《睡蓮》而成為話題。

MAP 附錄6D-3
DATA➡P.32

在社群網路上引起話題！
清澈池面上漂浮的睡蓮

最佳觀賞季節
初夏 5月底～7月

池水清澈到連游動的鯉魚也看得一清二楚

美景 重點
最推薦睡蓮開花的5月底到7月，以及池塘周圍開繡球花的6月。上午因陽光直射池塘使得池水更加透明。

彷彿覆蓋清流般綻放的
櫻花

美景 重點
於新境川的橋樑當中，以花見橋和出逢橋上所見的櫻花特別漂亮。

櫻花的綻放期間會舉辦「各務原市櫻花祭」

美景 重點
引水的5月、綠意盎然的夏季、及稻穗結實纍纍的9月等，無論何時皆為美景。

覆蓋田地的綠意層層堆疊綿延

寧靜平穩的日本原野風景

〔八百津町〕
上代田梯田

★かみだいたたなだ

最佳觀賞季節
夏·秋 約5月～9月

位於町內西北部的山區，擁有5公頃面積的123座梯田。被選為日本梯田百選和岐阜梯田21選。

MAP 附錄5A-1
☎0574-43-2111（八百津町城鎮推廣室）　⌚自由參觀　🏠八百津町八百津北山　🚌東海環狀道可兒御嵩IC車程25分

〔高山市〕
新穗高空中纜車

★しんほたかロープウェイ

搭乘2座空中纜車約花費11分便能抵達山頂，標高為2156m。能欣賞到如春季櫻花或冬季雪景等四季截然不同的北阿爾卑斯美景。

MAP 98B　**DATA➡P.100**

最佳觀賞季節
秋 9月下旬～10月中旬

於雄偉的大自然中前進，
正是所謂的「空中散步」

美景 重點
以山頂展望台為最佳觀景點，能360度全覽北阿爾卑斯景色。推薦於空氣清澈、能眺望得更遠的上午時段前往。

〔郡上市〕
郡上八幡城

★ぐじょうはちまんじょう

最佳觀賞季節
冬 12～2月

為日本最古老的木造重建城，因浮於雲海上的景色而有「天空之城」的別名。冬季的凌晨溼度高又氣溫低，較有機會看到。

MAP 38B-1
DATA➡P.35

美景 重點
從城對面的東殿山或國道256號翻越峠能欣賞到，但由於沒有避車處和停車空間，需格外小心留意。

浮於雲間的夢幻
天空之城

需滿足天候等多個條件才能見到的珍貴景色

色彩繽紛的紅葉和
北阿爾卑斯山頂積雪相互鬥艷

某些第2空中纜車的車廂是日本唯一的雙層車廂

岐阜縣目前最為轟動的景點、最火熱的話題以及重新脫胎換骨的設施等最新資訊皆在此一併介紹。出門前做好確認，擬定岐阜旅行的計畫吧。

2017年7月DVD發售！
電影《你的名字》作品資訊

是有《秒速5公分》、《言葉之庭》等，以細膩的手法描繪優美風景和擦肩錯過的男女故事的新銳動畫導演新海誠，於2016年所推出的作品。住在鄉下的女高中生三葉(みつは)和東京的男高中生瀧(たき)，於夢境中互換身分的奇蹟般戀愛故事。

《你的名字》Blu-ray&DVD 2017年7月26日發售
DVD標準版 4104日圓
Blu-ray 標準版 5184日圓
發售・販售商：東寶　©2016「君の名は。」製作委員会

TOPICS 1

飛驒市乃聖地！?
因創下高票房紀錄的電影《你的名字》而備受矚目！

於2016年8月上映，創下高票房紀錄的電影《你的名字》，電影場景之一的飛驒市被眾多的影迷譽為「聖地」。巡遊電影中取景原型的JR飛驒古川站和飛驒圖書館等地的「聖地巡禮」很受歡迎。依據飛驒市提供的資訊，自從電影上映後到2017年3月為止的聖地巡禮人數約63000人。讓我們散步於小鎮中沉浸於電影的世界吧。

※請秉持著不造成當地居民困擾的原則進行巡禮。

攝影重點提示
列車停靠的位置要和電影中一致十分難得。每天僅1次，在9:57～58的1分鐘內才能看到，別錯過了按下快門的機會！

電影的畫面在此

JR飛驒古川站
★ジェイアールひだふるかわえき

瀧為了尋找三葉，搭乘「Wild View飛驒」到達的便是此處。從北側跨線橋所看到的景色和電影如出一轍！電影中停靠在站前圓環的宮川計程車也實際存在。

MAP 87B-1

飛驒市圖書館
★ひだしとしょかん

瀧調查糸守町資料的圖書館的原型。館內的樣貌完整地重現於電影中，瀧查資料的鄉土資料中心和電腦區也不容錯過。

MAP 87A-1
☎0577-73-5600
🏠飛驒市古川町本町2-22
🕘9:00～20:00(週日～17:00)　休週一
🚃JR飛驒古川站步行6分
Ｐ免費

攝影重點提示
只要在櫃台提出申請便能於館內攝影！(限9:00～17:00)

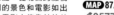
電影的畫面在此

關於飛驒市的《你的名字》相關觀光資訊請洽　飛驒市觀光課　☎0577-73-2111

信長公 ぶんこまる 450 プロジェクト GIFU CITY 岐阜命名 四百五十年的款待 —受け継ぐ信長公の心—

「信長公450 PROJECT」相關活動如火如荼！ 2017年的岐阜市超火熱！！

詳情請洽信長公450 PROJECT的官方網站
http://www.nobunaga450.jp/

被認定為日本遺產第一號的「信長公的用心款待」背後小故事是？

大多被描繪成冷酷形象的織田信長，在岐阜實行的卻是意外人情味濃厚的用心款待。在城的山麓處建設了被譽為「地上樂園」的宮殿，將原為軍事設施的城增添了「魅惑人心」的獨特性，把城下周圍營造為最高等級的款待空間。信長的用心款待也讓傳教士的路易斯・佛洛伊斯等國際的賓客如癡如醉。信長所形塑的文化至今仍存在於岐阜的城鎮當中。

何謂日本遺產？

文化廳於2015年度所創設的制度。透過地域歷史魅力和特色所訴說的日本文化與傳統的故事被認定為「日本遺產」，於2018年度為止有67件被認定的遺產。

日本遺產
JAPAN HERITAGE

建於標高329m山頂的岐阜城（→P.12）。信長邀請路易斯・佛洛伊斯至兼備軍事設施的岐阜城內部參觀。從山頂上所見能將濃尾平原一覽無遺的美景，從古至今皆值得一見。

照片提供：岐阜市

\\ 重點活動在這裡！ /

信長公藝廊

可參觀將信長公居館以CG影像重現的「款待劇場」，以及能學習信長公與岐阜知識的體驗型展示。

舉辦日：～2017年12月17日 10:00～18:00
（每月最後週二和9月25日～10月5日除外）
地點：大家的森林 岐阜媒體中心
MAP P.22B-3 大家的藝廊

信長公居館再現CG映像

於JR岐阜站北口站前廣場歡迎來賓的黃金織田信長像

擁有超過1300年歷史的岐阜長良川鵜飼（→P.16）。信長用觀賞鵜飼來款待賓客，其後也被德川家康・德川秀忠父子所稱道，世世代代受到妥善地保護傳承。

2017年為日本史上最著名歷史人物之一的織田信長以岐阜城作為基地，將地名從「井口（いのくち）」改為「岐阜」的第450周年，是值得紀念的一年。岐阜市於2017年12月底前推出「信長公450 PROJECT」，在市內各地舉辦如「信長公藝廊」等各式各樣的紀念活動。藉此機會造訪岐阜市，遙想往日信長公的豐功偉業吧。

各務原航空宇宙科學博物館於2018年3月脫胎換骨重新開幕！

各務原航空宇宙科學博物館
★かかみがはらこうくううちゅうかがくはくぶつかん
MAP 26A-2
詳細資訊→P.27

加重於各務原航空宇宙科學博物館的重新展幕，於2017年11月1日為止，將原有的展示面積擴建到約2倍的20000㎡，展覽室內之飛機增加為約82架、航空宇宙物品約250件。重點是於1.5㎡的全新展覽空間內可見到的飛機更為重要，飛行機或歷史的實機展示，各位大小朋友皆能同樂觀光。全家人實際感受飛之設施。

航空區重新改裝後的示意圖。為館內最大的區域，講解戰後日本的飛機產業

宇宙區重新改裝後的示意圖。也有介紹人類開發宇宙的展區

2016年12月、岐阜縣的3種祭典登錄為聯合國教科文的無形文化遺產！

高山祭
★たかやままつり

為春季的山王祭和秋季的八幡祭的總稱，名列日本三大美祭之一。有工藝技術的華麗神轎（屋台），以及精巧的機關人偶（からくり奉納）等諸多賣點。

MAP 83C-2・3
詳細資訊→P.80

古川祭
★ふるかわまつり

「動」和「靜」2種魅力共存的祭神儀式。被稱為天下奇祭的起太鼓，是由數百位上半身赤裸的男子扛起櫓台穿梭於城鎮中。豪華的神轎巡行也值得一見。

MAP 87A-1
詳細資訊→P.10

大垣祭
★おおがきまつり

流傳360多年至今的城下町祭典，大垣藩主所賜予的軕（神轎）和平民百姓所製作的軕共存的型態，在日本國內極為少見。共13輛的軕熱鬧地拖行於城鎮之內。

MAP 44A-1
詳細資訊→P.10

日本全國的「山・鉾・屋台儀式」等項岐阜縣的2016年12月被登錄為聯合國教科文組織的無形文化遺產，其中包括3項岐阜縣的「高山祭的屋台儀式」、「古川祭起太鼓・屋台儀式」和「大垣祭的軕（やま）儀式」。縣內的登錄遺產為繼「本美濃紙」後的第2項。

活動慶典 行事曆

在此確認於岐阜縣各地所舉辦的慶典活動！
祭典和夜間點燈等可讓旅行增添樂趣的活動多不勝數。

※提供的資訊為2018年12月所取得的情報。由於日期和時間可能有所變動，出發前請做好事先確認。

三寺參拜
★さんてらまいり★

MAP 87B-2
☎0577-74-1192（飛驒市觀光協會）
時期 每年1月15日
場所 飛驒市古川町 本光寺・圓光寺・真宗寺

緬懷親鸞聖人而舉行的參拜三座寺院的儀式，隨著時代的演進轉變為祈求戀愛結緣的參拜。身穿和服的女性和蠟燭的夢幻景象十分浩大。

排列於瀨戶川沿岸的蠟燭光芒

古川祭（起太鼓・屋台遊行）
★ふるかわまつり（おこしだいこ・やたいぎょうれつ）★

MAP 87A-1
☎0577-74-1192（飛驒市觀光協會）
時期 每年4月19～20日
場所 飛驒市 古川町市區

於4月19日半夜於櫓台上邊擊打大鼓，邊遊走於城鎮內的「起太鼓」。翌日的20日則是優雅的祭屋台遊行。

起太鼓和豪華絢爛的屋台

山王祭（春季高山祭）
★さんのうまつり（はるのたかやままつり）★

MAP 83C-3　→P.80
時期 每年4月14～15日

大垣祭
★おおがきまつり★

MAP 44A-1
☎0584-77-1535（大垣觀光協會）
時期 2018年為5月12～13日
場所 大垣市 大垣八幡神社為中心的舊市區周邊

以360多年傳統為傲的大垣城下祭典。13輛的軕（やま）隊伍巡遊於市區當中，展開華麗的祭典繪卷。

在城下町大垣宣告了初夏的到來

白鳥舞
★しろとりおどり★

MAP 附錄6E-1
☎0575-82-5900（白鳥觀光協會）
時期 2019年為7月9日～9月29日期間內舉辦（詳細日期時間需再確認）
場所 郡上市 白鳥町

演出種類眾多的熱門盆舞。在商店街以輕快的節奏起舞，從8月13日到15日會舉行「徹夜舞蹈」。

舞行於商店街種類之中豐富的舞蹈

郡上舞
★ぐじょうおどり★

MAP 38A-2　→P.36
時期 2019年為7月13日～9月7日期間內舉辦（詳細日期時間需再確認）

寒水掛踊
★かのみずのかけおどり★

MAP 附錄6E-1
☎0575-87-2844（明寶觀光協會）
時期 2019年為9月7～8日（預定）
場所 郡上市 明寶寒水白山神社

被指定為國選民俗藝能，由寒水白山神社延續超過300年的祭典。奴和花笠等約100位的表演者將組成龐大的隊伍。

表演舞蹈的傳統祭典儀式

關市刃物祭
★せきしはものまつり★

MAP 33A-1　→P.30
時期 2019年為10月12～13日

八幡祭（秋季高山祭）
★はちまんまつり（あきのたかやままつり）★

MAP 83C-2　→P.80
時期 每年10月9～10日

1月
2月
3月
4月
5月
6月
7月
8月
9月
10月
11月
12月

飛驒的名瀑布化身為巨大冰柱

平湯大瀑布結冰祭
★ひらゆおおたきけっぴょうまつり★

MAP 附錄12D-2
☎0578-89-3030（平湯溫泉觀光服務處）
時期 每年2月15～25日
場所 高山市 奧飛驒溫泉鄉 平湯溫泉 平湯大瀧・平湯地內整體

變身為巨大冰柱的平湯大瀑布夜間點燈。高64m，寬6m的名瀑布凍結為冰，燈光照明下的景色震懾人心。

多治見陶器祭
★たじみとうきまつり★

MAP 55A-2
☎0572-25-5588（多治見陶器卸商業協同組織）
時期 2018年為4月7～8日
場所 多治見市 本町（本町オリベストリート）

眾多的陶瓷器商社以本町オリベストリート為中心，開設成排的攤販販售陶瓷器。同時會舉辦街頭藝人等活動。

的集結多樣陶瓷器露天市集登場

美濃竹鼻祭
★みのたけはなまつり★

MAP 附錄3C-3
☎058-392-1111（竹鼻祭振興會）
時期 每年5月3日
場所 羽島市 八劍神社、竹鼻別院、竹鼻町周邊

從江戶時代延續至今的八劍神社例行祭典，作為縣重要有形民俗文化財的豪華山車會巡遊於市。同時舉辦藤花祭。

浩大的山車遊行和鮮豔藤花的協奏饗宴

岐阜長良川鵜飼
★ぎふながらがわうかい★

MAP 23B-1　→P.16
時期 每年 5月11～10月15日

下呂溫泉祭
★げろおんせんまつり★

MAP 110B-2
☎0576-25-4711（下呂市綜合觀光服務處）
時期 每年8月1～4日
場所 下呂市 下呂溫泉街周邊

湯之花神輿遊行等多采多姿的活動會炒熱氣氛。活動首日的看頭在於5頭神龍和椀神輿遊行巡走的「龍神火祭」。

的溫泉街熱鬧非凡4日祭典

岐阜信長祭
★ぎふのぶながまつり★

MAP 23B-3
☎058-265-3980（岐阜市商工觀光部）
時期 2018年為10月6～7日
場所 岐阜市 市區中心

緬懷以岐阜為基地，夢想一統天下的織田信長的祭典。武者隊伍和遊行等將岐阜市中心妝點成祭典色彩。

戰國武將為主角的熾熱遊行

白川鄉濁酒祭
★しらかわごうどぶろくまつり★

MAP 附錄10E-1　→P.91
時期 每年10月14～19日

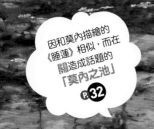

因和莫內描繪的《睡蓮》相似，而在關造成話題的「莫內之池」
P.32

美濃 みの

受惠於木曾三川的自然環境，東西為廣闊平原的美濃。除了有豐富的美食外，還有歷史悠久的街區和發揮工匠技術的傳統工藝等，令人感受到多采多姿的觀光魅力。

飛驒 P.65

美濃

蛭野高原 P.39
莊川IC
飛驒清見IC
北濃
156
高鷲IC
472
白鳥IC
明宝
高山站
下呂
在牧歌之里品嘗高原美食(P.39)
257
付知峽
在郡上挑戰製作食品模型！（P.37）
ぎふ大和IC
郡上八幡IC
郡上八幡
256
飛驒金山
板取
郡上八幡 P.34
157
256
木曾
樽見
美並IC
41
257
256
19
303
418
華嚴寺
樽見鐵道
卯建式建築街道
美濃市
257
257
256
馬籠・妻籠 P.60
417
伊吹山兒風道
157
美濃関Jct
関広見IC
中津川・惠那 P.56
美濃 P.28
美濃IC
中津川
関原 P.48
303
揖斐養老鐵道
関 P.30
富加関IC
美濃加茂・可兒 P.50
418
363
中央自動車道
惠那IC
惠那
京都站
岐阜市區 P.12
関
岐阜各務原IC
JR高山本線
可兒御嵩
瑞浪
岩村町
关原
21
岐阜
22
美濃加茂IC
41
多治見IC
明智
大垣・養老 P.42
JR東海道本線
各務原 P.24
美太田
土岐Jct
363
257
関原Jct
大垣
木曾川IC
尾西IC
小牧東IC
小牧IC
多治見南IC
東
多治見・土岐 P.52
365
養老Jct
養老
長良川IC
一宮IC
小牧Jct
名古屋站
せと品野IC
258
清洲Jct
名古屋IC
豐田藤岡IC

千代保稻荷神社 P.46

在多治見找尋鍾愛的美濃燒（P.52）

區域Contents

P.12 岐阜市區
起身前往岐阜城！… P.12
川原町悠閒街區漫步… P.14
岐阜長良川鵜飼… P.16
大啖香魚料理… P.17
岐阜站周邊的獨具特色商店… P.18
岐阜市區的推薦景點… P.20

P.24 各務原
Aqua Totto 岐阜… P.24
各務原的推薦景點… P.26
必吃的泡菜美食… P.27

P.28 美濃
認識美濃和紙之旅… P.28

P.30 関
認識刀具的美好… P.30
関的知名美食… P.31
関的推薦景點… P.32

P.34 郡上八幡
清流散步… P.34
郡上舞… P.36
郡上八幡的推薦景點… P.37

P.39 蛭野高原
牧歌之里… P.39
高原美食滿足口腹♪… P.40
蛭野高原的推薦景點… P.40

P.42 大垣・養老
徹底玩遍養老公園！… P.42
大垣・養老的推薦景點… P.44
稍微走遠一點 おちょぼさん參道散步… P.46

P.48 関原
在関原合戰之地感受歷史！… P.48
関原的推薦景點… P.49

P.50 美濃加茂・可兒
ぎふ清流里山公園… P.50
美濃加茂・可兒的推薦景點… P.51

P.52 多治見・土岐
多治見・本町オリベストリート輕旅行… P.52
多治見・土岐的推薦景點… P.54

P.56 中津川・惠那
日本大正村… P.56
尋購老字號的栗菓子… P.58
中津川・惠那的推薦景點… P.58

P.60 馬籠・妻籠
充滿江戶情懷的宿場町… P.60

P.64 美濃地區住宿選擇

岐阜市區 ・ぎふタウン

歷史感濃厚的城鎮，持續添加嶄新的魅力

✦是這樣的地方！

有悠久歷史的岐阜城和長良川鵜飼等傳統文化留存的金華山一帶，以及時髦咖啡廳與商店雲集的岐阜站周邊。擁有2種截然不同的面貌，是座魅力無窮的城鎮。

廣域MAP 附錄P.2・3
住宿資訊 P.64

觀光洽詢
岐阜市觀光會議課
☎058-265-4141
岐阜市觀光服務處
☎058-262-4415
羽島市商工觀光課
☎058-392-9943

郡上八幡
岐阜
多治見

ACCESS

電車	JR東海道本線特別快速・新快速		
	名古屋	⏱18分 ￥470日圓	岐阜
	名鐵名古屋本線快速特急・特急		
	名鐵名古屋	⏱29分 ￥550日圓	名鐵岐阜

開車	東海北陸自動車道	21 157	
	岐阜各務原IC	⏱約8km	岐阜市區

成為稱霸天下基地的織田信長相關之城

起身前往 岐阜城！

矗立於金華山山頂的岐阜城，以及位於山麓的岐阜公園等，皆是織田信長燃起統一天下野心的熾熱時代所遺留下來的景點。包括重現過往街道景觀的岐阜市歷史博物館等，讓我們遍訪各式各樣的觀光景點吧。

搭乘視野遼闊的纜車輕鬆登山

▶位於金華山山頂的天守閣

圖片提供：岐阜市

為遊客講解歷史和自然

推薦行程

JR岐阜站
↓ 岐阜巴士15分
岐阜公園 以此為據點
岐阜金華山空中纜車上行4分
↓
山頂站
下車即到
金華山松鼠村
↓ 步行8分
岐阜城
步行7分
展望餐廳
ポンシェル
步行即到
山頂站
岐阜金華山空中纜車下行4分
↓ 山麓站步行即到
岐阜市歷史博物館
步行即到
岐阜公園

首先為飽覽美景前往山頂

① 岐阜金華山空中纜車
★ぎふきんかざんロープウェー

MAP 23B-2
☎058-262-6784

搭乘視野廣闊的纜車約4分能到達山頂站。聆聽導覽人員的講解同時輕鬆登山。一般為每隔15分發車，逢週日與國定假日則會增加班次。

🕐9:00～17:00（有時期性變動，黃金週和夏季有夜間運行）📅無休 💰空中纜車單程620日圓、來回1080日圓 📍岐阜市千疊敷下257 🚃JR岐阜站搭岐阜巴士往長良橋15分，岐阜公園歷史博物館前下車步行5分 🅿1次300日圓（使用岐阜公園駐車場）

岐阜城周邊地圖

P.14
256
長良橋南
金華山纜車道
④ 岐阜公園
① 岐阜金華山空中纜車
② 岐阜城
織田信長居館跡
岐阜市
金華山
展望餐廳 ル・ボンディ・シェル
③ 岐阜市歷史博物館
山麓
岐阜站
正法寺大佛殿 禪林寺
岐阜大佛
金華山松鼠村
從山頂站往岐阜城步行8分
川原町

回程記得選購 信長商品！

在山麓站附設的商店，挑選當地的餅乾糖果和武將商品！

信長天下布武

刻有武將姓名的木曾檜木茶杯（320日圓）

のぶさま的玩偶（1080日圓）依信長的性格設計成日本狼

使用富有柿的愚者信長柿羊羹（1080日圓）附送葫蘆的種子

12

美濃

岐阜市

各務原

美濃

關

郡上八幡

飛驒高山

大垣

惠那

美濃加茂

可兒

多治見

中津川

馬籠

山頂可順道拜訪的景點!!

享受著名料理和美景

展望餐廳 ポンシェル
★てんぼうレストラン ポンシェル

將豬內臟和牛筋牛腱以當地的紅味噌燉煮而成的「信長土手蓋飯」，甜辣濃厚的滋味十分下飯。使用自製多蜜醬的「飛驒牛漢堡排」也很受歡迎。

信長土手蓋飯(750日圓)為岐阜市在地美食節的冠軍!

從窗戶所見的景色極美

MAP 23C-2
☎058-262-4928
⏰10:00～16:00、7月中旬～8月為～22:00 🈚無休 🚩岐阜金華山山頂 🚌岐阜金華山空中纜車山頂站下車即到

可愛的松鼠療癒心靈♥

和松鼠合照的絕佳機會!

金華山松鼠村
★きんかざんリスむら

能和約50隻放養的松鼠互動的設施。能在近距離觀察到精神奕奕四處奔跑的松鼠，可戴皮手套餵食飼料。

於山頂站下車後就近在眼前

MAP 23C-2
☎058-262-6784（岐阜金華山空中纜車）
⏰9:30～16:15 🈚無休 💴200日圓（含飼料費）🚩岐阜金華山山頂 🚌岐阜金華山空中纜車山頂站下車即到

能體驗試穿戰國時代的服飾與鎧甲

買得到信長&濃姫的原創商品喔!

のぶくんとのうひめちゃんの徽章各50日圓

親身體驗並學習岐阜的歷史
3 岐阜市歷史博物館
★ぎふしれきしはくぶつかん

介紹岐阜歷史和傳統工藝的博物館。將因信長的樂市樂座令而熱鬧非凡的一部分過往岐阜市區重現，從展覽內容能感受到當時人民的生活，可說是充滿了魅力。還能體驗穿著古代服飾。

MAP 23B-2
☎058-265-0010
⏰9:00～17:00（最後入館16:30）※試穿體驗為9:30～12:00、13:00～15:50 🈚週一（逢假日則開館）、假日翌日 💴300日圓（特別費用另計）🚩岐阜市大宮町2-18-1 🚌JR岐阜站搭岐阜巴士往長良橋20分，岐阜公園歷史博物館前下車即到 🅿1次300日圓（使用岐阜公園停車場）

最後在此悠閒散步
正在進行信長居館跡的挖掘調查
4 岐阜公園
★ぎふこうえん

位於金華山山麓，能享受到春夏秋冬不同自然風貌的公園。設有名和昆蟲博物館、和風庭園等景點，能悠閒地散步。也有兼具餐廳和休息處的岐阜公園綜合服務處。

MAP 23B-2
☎058-264-4865
（岐阜公園綜合服務處）
自由入園※岐阜公園綜合服務處9:00～16:00（12～2月為～17:00）🚩岐阜市大宮町1-39-1 🚌JR岐阜站搭岐阜巴士往長良橋15分，岐阜公園歷史博物館前下車即到 🅿1次300日圓（使用岐阜公園停車場）

可在正門前看到充滿躍動感的信長射箭英姿
年輕時的織田信長像

信長之庭
有以信長的印章「天下布武」為參考設計的廣場，以及長良川流域巨石等表現戰國時代兵荒馬亂的和風庭園

西麓據說原為信長之館，考古發現有使用巨石的通道和石牆

穿過模擬往昔型式的冠木門可通往織田信長居城遺跡
織田信長居城遺跡

年表

被指定為國家史蹟!

1201～1204年左右（建仁年間）	據說鎌倉幕府於金華山（舊名稻葉山）建造作為軍事據點的城堡
1533～1554年（天文年間）	齋藤道三成為城主
1567（永祿10）年	織田信長攻城，並將附近一帶的地名改為岐阜，以岐阜城為稱脫天下
1600（慶長5）年	於關原之戰的前哨戰被攻陷，隔年移至現今的加納城，而本城則被廢城
1889（明治22）年	被劃分為岐阜市
1910（明治43）年	模擬天守閣重建
1943（昭和18）年	建造復興天守閣
1956（昭和31）年	模擬天守閣火災燒毀
1984（昭和59）年	天守閣重建·首次的大型整修
1997（平成9）年	開始織田信長居館遺址的調查
2011（平成23）年	岐阜城跡被指定為國家史蹟

日本首座的復興建造天守閣
織田信長居留於此約9年
現在岐阜城的原點

信長作為基地的城會令人遙想戰國亂世
2 岐阜城
★ぎふじょう

矗立於標高329m山頂的城。織田信長於1567（永祿10）～1576（天正4）年約9年時間居住於此，作為一統天下踏板的軍事基地而聞名於世。1～3樓為史料展示室，頂樓則為展望台。

MAP 23C-2
☎058-263-4853
⏰8:30～17:30（視時期而異，有期間限定的夜間開館）🈚無休 💴200日圓 🚩岐阜市金華山天守閣18 🚌岐阜金華山空中纜車山頂站下車，步行8分

瞭解成為城主的齋藤道三和織田信長
↑於「城主之間」介紹歷代城主和相關人物

夢想一統天下的信長雄心仍遺留至今
↑織田信長公坐像(複製品)所坐鎮的「信長公之間」有著天下布武的印章(複製品)

信長十分重視收集情報!尤其善用忍者的諜報能力
↑展示手裏劍和撒菱等武器的「武具之間」

全景景觀
↓從展望台所見的360度全景景觀

川原町

往日景觀仍保留至今的民家街道
悠閒街區漫步

瀰漫著江戶和明治時代情懷的街道，
川原町林立著懷舊餐廳，及能感受到傳統、
文化的景點。由於鄰近岐阜城，
建議可順道拜訪遙想往昔的歷史。

能見到眾多帶有格子窗
的懸山式傳統民家

川原町是這樣的地方！

從長良橋往西延伸「湊町‧玉井町‧元濱町」的街區總稱。從織田信長的時代到昭和初期，作為長良川水運的河港而蓬勃發展，至今仍能見到木材批發商和美濃和紙批發等保留往昔樣貌的民家櫛比鱗次。還有岐阜扇子和香魚菓子等傳統的伴手禮店，最近幾年出現的時髦餐廳也不容錯過。

ACCESS
JR岐阜站搭岐
阜巴士往長良
橋15分，長良
橋下車即到

玄關一旁有
免費的手湯

傳承超過150年的老字號溫泉旅館

十八樓 ★じゅうはちろう

遠望長良川的「川之瀨」，明治時代倉庫梁柱重生的「藏之湯」等，眾多溫泉各異其趣。長良川溫泉是以茶褐色的濁泉為特徵。

MAP 23B-1
☎058-265-1551
不住宿溫泉14:00～20:00（使用時間為1小時）※週末、連假或滿房時不可使用 無休 不住宿溫泉1000日圓（附毛巾）岐阜市湊町10 JR岐阜站搭岐阜巴士往長良橋15分，長良橋下車即到 免費

面向十八樓的水琴窟。是滴下水滴發出聲響的一種日本庭園裝飾

鵜飼觀覽船的受理在這裡。也能在長良川沿岸的飯店或旅館預約觀覽船

鵜飼觀覽船
事務所→P.16

長良川鵜飼
博物館
→P.16

整年皆能體驗長良川鵜飼魅力的熱門景點

長良橋

長良川

繪有鵜飼圖案的塗扇（各1500日圓）、帶有涼意的水扇（3350日圓）

川原町

時季の蔵

住井冨次郎商店

玉井屋本舖
→P.118

因是以長良川的幼香魚為造型的岐阜銘菓「登り鮎」的創始店而聞名

長良川デパート湊町店
ORGANキモノ

256

停車場則是使用岐阜公園的堤外停車場（1次300日圓，1小時內免費）

停車場

周邊圖
MAP 23上

住井冨次郎商店
★すみいとみじろうしょうてん

傳承技術和心意的岐阜扇子老字號店鋪

傳統工藝品岐阜扇子的唯一專門店鋪，從明治中期營業至今。在竹子骨幹貼上美濃和紙，最後以卡秀漆完成的高級扇子任君選購。能在店內後方的製作現場看到第4代店長的技藝。

MAP 23B-1
☎058-264-4318
9:00～18:00（鵜飼期間7:00～21:00）週日（鵜飼期間無休）岐阜市湊町46 JR岐阜站搭岐阜巴士往長良橋15分，長良橋下車即到

川原町屋

餐廳改建自120年前的倉庫

川原町廣場

店前所掛的燈籠。散步時一邊尋找懷舊元素也是樂趣之一

全家

YAJIMA
COFFEE

岐阜公園正門

岐阜大佛

扇子全為專業工匠的手工製品。鵜飼觀光客大多會購買

YAJIMA COFFEE

香氣濃郁的咖啡是將嚴選的咖啡豆以每次少量的方式自家烘焙，客人點咖啡後才以手沖製作，用嚴選食材自製的塔類點心十分搭配。從大片玻璃窗所見的金華山和岐阜城的景色也是美不勝收。

★ヤジマコーヒー

也能購買在店內烘焙的新鮮咖啡豆（200g1200日圓～）

MAP 23B-2
☎058-215-6890
11:00～18:00 週二 岐阜市大宮町1-8 JR岐阜站搭岐阜巴士往長良橋15分，長良橋下車步行5分 免費

用古倉庫改建的時尚店內空間。後方有著咖啡烘焙機

請享用香氣四溢的自家烘焙咖啡

當日咖啡(450日圓)。和當日蛋糕搭配的套餐(900日圓～)也值得推薦

美濃

岐阜市

各務原

美濃

關

郡上八幡

蛭野高原

大垣

關原

美濃加茂 可兒

多治見 土岐

中津川 惠那

馬籠

宣揚岐阜的 嶄新魅力
NAGARAGAWA FLAVOR
★ナガラガワフレーバー

鄰近川原町，集結了咖啡廳、陶藝體驗教室、藝廊等6間店的複合施。在nagara tatin可品嘗到用岐阜縣產嚴選食材的手工麵包和甜點。

MAP 23A-2
☎058-263-3777
🕙10:00～18:00（7～9月為～19:00、僅咖啡廳9:00～）🈺週二（逢假日則營業）🚉JR岐阜站搭岐阜巴士往長良橋13分，材木町下車步行3分 🅿免費

能感受到岐阜的文化氣息，高質感的店鋪匯集於此

咖啡廳
季節義大利麵午餐（1100日圓～）。欣賞中庭景色的同時可享用美食

麵包店

甜點屋

瀰漫著小麥香的麵包店販售成排的法國麵包、吐司和三明治等

除了有岐阜縣產的蜂蜜年輪蛋糕（1080日圓～）外，還販售使用蛋、牛奶和蜂蜜等當地食材的甜點

川原町屋
★かわらまちや

將明治時代和紙批發的商家住宅改建為和風時尚的咖啡廳。在分為主屋、別館和倉庫等各異其趣的空間品嘗咖啡和蛋糕。店內有販售和風雜貨的藝廊空間。

MAP 23B-2
☎058-266-5144
🕙9:00～18:30（夏季～19:00）🈺不定休 🚉岐阜市玉井町28 🚃JR岐阜站搭岐阜巴士往長良橋15分，長良橋下車步行5分 🅿免費

可用令人懷念的紅色郵筒找尋商店

倉庫的2樓為沙發座。依空間的不同而各異其趣

享受風光明媚的景色和創作料理

以當季食材入菜，提供當月全餐料理（午晚餐皆為3240日圓～）

文化屋
★ぶんかや

位於能遠望長良川的地點，能品嘗到色彩繽紛的創作宴席料理。以法國料理為底的餐點和甜點，每一道皆是精粹極品。改建自古民宅的建築更提升了特別感。

MAP 23B-2
☎058-212-0132 🕙11:30～15:00、17:30～22:00（午晚餐皆需預約）🈺不定休 🚉岐阜市元浜町35 🚃JR岐阜站搭岐阜巴士往長良橋15分，長良橋下車步行8分 🅿免費

能近距離感受到長良川的潺潺水流，度過悠閒的時光

川原町倶楽部 la luna piena
★かわらまちくらぶ ラ・ルーナ ピエーナ

在義大利進修的廚師展現高超廚藝的餐廳。使用大量的岐阜食材，提供善用食材原味的各式料理。窗外的碧綠景色和岐阜城景觀也讓人大飽眼福。

MAP 23B-2
☎058-265-4881
🕙11:30～14:00、17:30～20:30 🈺週二（逢假日則營業）🚉岐阜市玉井町21-1 🚃JR岐阜站搭岐阜巴士往長良橋15分，長良橋下車步行5分 🅿免費

大啖使用當地食材的義大利料理

使用當季食材的鮮豔擺盤引人注意

從具有臨場感的開放式廚房提供現做料理

據說戰國時代齋藤道三的兒子義龍所建的庚申堂有著心型的手水鉢，作為戀愛景點而蔚為話題。不是狛犬而是狛猴的地藏也十分可愛

民家櫛比鱗次。從頭走到尾步行約6、7分

改建古建築而成的花店

川原町倶楽部
la luna piena

文化屋●

烤香魚的笹卷壽司（220日圓）可選擇外帶，適合邊走邊吃或是觀賞鵜飼時享用

川原町泉屋 →P.17

華久

有著倉庫的散步道

在民家咖啡廳悠閒放鬆

最適合在散步途中休息。有蛋糕套餐（1000日圓～）

美登里橋

霞橋

折戶橋

NAGARAGAWA FLAVOR

在連絡水路的橋樑當中歷史最悠久的霞橋，欄杆設計成燈籠

從長黑牆建築和「とうふ村」看板之間的小徑進入後，便能見到黑壁土藏建於玉石垣上的散步道

認識才知
博大精深

擁有超過一千三百年傳統的古典漁法技藝

岐阜長良川鵜飼

ながらがわうかい

每年5月11日～
10月15日舉辦

但中秋賞月和水位高漲
等無法進行鵜飼則中止

※中秋節：2019年為9月13日、
2020年為10月1日（預定）

漆黑的夜晚當中，於清流長良川的河面上映照出赤紅篝火。為鵜匠和鵜鳥合而為一呈獻的傳統技藝。包括織田信長等各時代的掌權者所鍾愛的「長良川鵜飼」是夏季的代表景色，在此傳承保留著。

搭乘觀覽船需事先申請！

A方案（18:15出船）大人3400日圓
B方案（18:45／19:15出船）大人3100日圓（週六日、假日3400日圓）

※舉辦煙火大會時僅限包船
※提供15～50人乘坐的包船（40800日圓～）
※有鵜飼乘船券和岐阜市內的旅館或飯店住宿合作的鵜飼套票。
詳情請洽岐阜長良川溫泉旅館協同組織☎058-297-2122

MAP 23B-1
☎058-262-0104（鵜飼觀覽船事務所）
⏰5月11日～10月15日的19:45左右～（鵜飼），觀覽船18:15～、18:45～、19:15～（視時期和活動有所變動） 🚫中秋節、水位高漲、颱風時 🚉岐阜市湊町1-2 搭JR岐阜站搭岐阜巴士往長良橋15分，長良橋下車即到 🅿1日300日圓

鵜飼觀賞的流程 ▼

17:45 受理
需提早於預約時間前到達鵜飼觀覽船事務所辦理手續

17:45 聆聽鵜匠的說明
可聽到鵜匠對於鵜飼的解說

18:00～ 停船・用餐
鵜飼開始前於河岸停船。並且在此用餐

乘船
從事務所旁的乘船處，搭上乘船券上記載的船同時前往觀賞地點

出船
欣賞長良川和金華山景色的船登場

19:45 鵜飼開始
當看到表示開始信號的煙火時，鵜飼即將登場

鵜飼觀賞
觀賞方式有和鵜船一同行駛渡河的「狩り下り」，或是停船欣賞的「付け見せ」。請注意鵜匠操縱鵜鳥捕魚時的手綱技巧

全員出動
6艘鵜船佔據河面一起將香魚驅趕至淺灘。鵜匠、鵜鳥和船夫的同心協力令人讚嘆！

有煙火！

高潮時刻！

20:30 下船
下船的時間依季節或觀覽船的數量而有所變動

※各時間會依當天的天候、船數或活動等有所變動

整年都能享受到鵜飼的樂趣！

長良川鵜飼博物館

★ながらがわうかいミュージアム

傳達長良川鵜飼的歷史、傳統和魅力的博物館。透過世界首座的繪卷型螢幕和展示，即使不是鵜飼舉辦期間也能體會到鵜飼的樂趣。淡季的週六日和國定假日有鵜匠的鵜飼演出及說明。

MAP 23C-1
☎058-210-1555 ⏰9:00～18:30（10月16日～翌年4月30日為～16:30） 🚫週二（5月1日～10月15日無休） 💴500日圓 🚉岐阜市長良51-2 搭JR岐阜站搭岐阜巴士往長良橋15分，鵜飼屋下車步行6分 🅿30分100日圓（參觀展示室則90分免費）

認明矗立於長良川河畔的脫俗型建築

加入音響效果充滿魄力的劇院值得一看

何謂鵜飼？

擁有超過1300年歷史傳統的漁法，於2015年被指定為日本首個重要無形民俗文化財。鵜匠敲打船舷激勵鵜鳥，巧妙地操縱鵜鳥捕捉香魚的「岐阜長良川鵜飼」，能搭乘觀覽船近距離觀賞。

鵜匠是國家公務員

正式名稱為「宮內廳式部職鵜匠」。擔任將鵜飼捕捉到的香魚獻給皇族享用的特殊職務。岐阜長良川鵜飼目前共有6位鵜匠，以世襲的方式擔任。

以這種裝扮進行鵜飼！

●鵜折烏帽子（かざおりえぼし）
保護頭髮不受篝火損傷

●胸當（むねあて）
避開火花和松脂

●漁服（りょうふく）
深藍或藍色的木棉

●腰蓑（こしみの）
彈開水花、由稻草製成

●足半（あしなか）
為了避免因魚的油脂滑倒，只有普通草鞋的一半長度

16

美濃

岐阜市

各務原

美濃

關

郡上八幡

蛭野高原

大垣

關原

美濃加茂

多治見

土岐

中津川

惠那

妻籠

馬籠

在鵜匠家統一經營的料理旅店嘗遍天然香魚料理！

5月11日～10月15日限定的天然鹽燒香魚（2000日圓～）。能品嘗到之所以被稱為香魚的獨特香味

將香魚的美味納入嘴中！鵜匠製作的雜炊美味絕倫

從燒烤的香魚中萃取高湯，充滿大量鮮美味道的奢侈滋味。香魚雜炊（～1000日圓）

鵜匠の家 すぎ山 ★うしょうのいえ すぎやま

位於長良川沿岸的料理旅店。能品嘗到新鮮的天然香魚料理。尤其鹽燒香魚於5、6月時魚身較小魚骨較軟，7、8月時成長的香魚肉質飽滿最值得一吃，每個時期都有不同的美味。

MAP 23C-1

☎058-231-0161

🕐餐廳11:30～13:30、17:00～19:30（晚餐需預約）　🈺無休　📍岐阜市長良73-1　🚉JR岐阜站搭岐阜巴士往長良橋15分，鵜飼屋下車即到　🅿免費

提供5種香魚料理的天然香魚宴席料理（10000日圓～）

非住宿客也能用餐的餐廳「かわせみ」

鵜の庵 鵜 ★うのいおり う

活躍於長良川鵜飼的鵜匠所經營的餐廳。除了炸香魚塊和熟壽司外，還有捕魚後鵜匠們吃的香魚雜炊。也只有在鵜匠的店才能近距離看到放養於中庭的鵜鳥。

MAP 23B-1

☎058-232-2839

🕐10:00～16:00　🈺第2、4週日，第1、3、5週一　📍岐阜市長良中鵜飼94-10　🚉JR岐阜站搭岐阜巴士往長良橋15分，鵜飼屋下車步行5分　🅿免費

傲氣十足的香魚四溢（～5人份）4968日圓（5人用需預約）

透過店內的大型落地窗能看到中庭。也能在鵜小屋旁用餐

大啖香魚料理

清流長良川所孕育的自然恩賜

鵜匠所經營，或擔任廚師展現廚藝的和食餐廳等，在此嚴選能奢侈享用到天然香魚料理的餐廳！

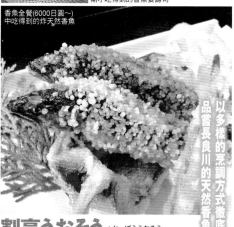

只有魚肉柔軟的幼香魚時期才吃得到的香魚姿壽司

長良川香魚

日本全國首屈一指的透明度，以高低差異大的地形為傲的長良川。吃清流中青苔長大的香魚特徵是帶有類似西瓜或瓜類的清爽香氣。天然香魚料理從每年捕魚解禁後的五月中旬開始能品嘗得到（依店家而有所不同）。

徹底了解香魚的鵜匠所提供的創意美食引起話題

香魚全餐（6000日圓～）中吃得到的炸天然香魚

割烹うおそう ★かっぽう うおそう

堅持使用當地食材，四季不同的和食別具魅力。5月到11月由店長親自前往市場，直接競標獲得的天然香魚，以鹽燒、油炸、姿壽司和雜炊等多樣化的烹飪方式提供。

以多樣的烹調方式徹底品嘗長良川的天然香魚

MAP 23A-2

☎058-262-1875

🕐11:30～14:00（需預約）、17:00～21:00　🈺第2・4・5週三　📍岐阜市矢島町1-3　🚉JR岐阜站搭岐阜巴士往長良橋10分，本町3丁目下車步行3分　🅿免費

也除了吧檯座位外，還有和式座位與坐椅座位

用炭火烤得酥脆的鹽烤香魚（1尾540日圓），從頭到尾連骨頭都能吃

川原町泉屋 ★かわらまちいずみや

除了炭火燒烤的鹽燒香魚外，以熟練廚藝和烹飪方法研發出使用香魚的拉麵和披薩。由於時常有冷凍香魚的存貨，不分季節皆能嘗到香魚料理令人開心。

以鹽燒為主，還有前菜與雜炊等滿滿香魚的特選香魚全餐（3240日圓～）

MAP 23B-2

☎058-263-6788

🕐11:30～14:00、17:00～20:00（鵜飼期間以外的晚餐需預約）　🈺週三（逢假日則翌日休），7～8月無休　📍岐阜市元浜町20　🚉JR岐阜站搭岐阜巴士往長良橋15分，長良橋下車步行5分　🅿免費

香魚拉麵（1215日圓，天然香魚2350日圓和10～6月限定的香魚披薩（1500日圓～）

長年木頭風格的空間能品嘗到傳承第5代店的熟練料理

岐阜站周邊的獨具特色商店

往日風情和嶄新魅力互相調和，更加增添味道的岐阜市中心區域。和「僅限此處」的特色邂逅，一窺嚴選商店的魅力之處吧！

新鮮草莓牛奶DX
（930日圓）
為冬季到初夏限定

赤鰐 ★あかわに

全國各地皆有粉絲，絡繹不絕的刨冰名店。冰的溫度和削冰塊的刀都有用心研究，以獨特製法製作的刨冰綿密到入口即化。也提供蕨餅和紅豆湯圓等甜點類品項。

MAP 23B-3
☎058-264-9552
🕐11:30～19:30（11月1日～3月20日為～17:30）
🈺週三、12、1月不定休、7、8月無休
📍岐阜市八幡町13
🚃名鐵岐阜站步行8分

享用使用當季水果和綜合咖啡歇息片刻的刨冰

入口綿密的刨冰，如消失般的口感令人感動！

裝滿到大碗極限的湯！
中華蕎麥（400日圓）

和100年前同樣的味道!?
受到當地喜愛的元祖中華蕎麥

丸デブ総本店 ★まるデブそうほんてん

1917(大正6)年創業。以被稱為日本拉麵原點的東京拉麵為源頭，守護著從古傳承至今的製法。使用雞骨熬成的高湯，湯頭是清爽的醬油口味，和滑溜的麵條十分搭配，是令人懷念的古早滋味。

MAP 23B-3
☎058-262-9573
🕐11:00～18:00（售完打烊）
🈺每月6、16、26日
📍岐阜市日ノ出町3-1
🚃JR岐阜站搭岐阜巴士往旦旦的島7分，金華橋通り柳ヶ瀬下車即到

甚至有5個世代的家族客人都來吃，有如岐阜靈魂美食般的存在

プティミュゼ シェドーム

玻璃吊燈和天花板畫妝點的店內，能讓人享受非日常生活感的舒適放鬆。使用老咖啡豆的深煎咖啡，能用店長嚴選的古典茶杯和茶碟享用。也推薦使用當季水果的蛋糕。

店內統一為新藝術風格，流逝著遠離日常生活的時間

添加當季水果和果醬的法式千層酥有酥脆爽口的口感。蛋糕套餐（1100日圓）

MAP 23C-4
☎058-263-4132
🕐10:00～17:00 🈺無休
📍岐阜市栗矢田町2-1
🚃名鐵岐阜站步行7分
💴免費

彷彿歐洲的美術館！
享受高級的咖啡時光

能輕鬆入內，享受和書本邂逅的二手書店

用牛的造型製成可愛的「牛和書」餅乾（180日圓）

展覽圖錄和繪本應有盡有

古書と古本 徒然舎 ★こしょとふるほん つれづれしゃ

播放著爵士音樂的店內有著繪本、生活用書、人文書和美術專門書等約10000本書。也販售小型出版社的書等等的少量新刊。

☎058-214-7243 **MAP 23B-3**
🕐12:00～20:00 🈺週二三
📍岐阜市美殿町40 矢沢ビル1F
🚃JR岐阜站搭岐阜巴士往長良橋5分，柳ヶ瀬下車即到

能帶著純觀賞心情隨意逛的時髦店鋪

於夜間點亮溫暖的瓦斯燈佇立於懷舊街區的街角一隅

美濃

岐阜市

各務原

美濃

關

郡上八幡

蛭野高原

大垣

養老

關原

美濃加茂

可兒

多治見

土岐

中津川

惠那

妻籠

馬籠

カレーの文化屋食堂

★カレーのぶんかやしょくどう

使用印度辛香料製作的咖哩。夏天讓人大汗淋漓，冬天則溫暖身心，依季節和天候來調配的咖哩帶有獨特的香氣與風味，從鼻子貫穿腦門的爽快感令人擋不住。

☎058-265-6647　**MAP** 23B-3

⏰11:30～15:00、17:00～21:00　休週一二（逢假日則營業）　所岐阜市徹明通2-4　交JR岐阜站搭岐阜巴士往旦の島6分，文化センター金神社前下車即到

降低照明營照出的沉穩氣氛。印度當地的音樂更增添了異國色彩

最受歡迎的覺醒喀什米爾咖哩（1180日圓）
有著爽口的辣度 ※不接受食物過敏調整

令人上癮的爽快感受！
讓頭腦清晰的「覺醒」咖哩

專用柴窯燒烤的
拿坡里披薩很受歡迎

瑪格麗特（M、950日圓）
午餐時段則附飲料和沙拉

PIZZERIA E TRATTORIA DA ACHIU

★ピッツェリア ェ トラットリア ダ アチュ

廚師曾在拿坡里當地名店學習，店內的拿坡里披薩十分受歡迎。特色為混合2種義大利產的小麥，放置一整天使其熟成的麵團。鬆軟的口感讓人越嚼越能感受到麵粉的香氣和甜味，不禁一片接著一片。

MAP 23B-4

☎058-266-1116　⏰11:30～14:00、17:30～22:00　休週一（逢假日則翌日休）、每月次不定休　所岐阜市神田町7-17 神田ビル1F　交名鐵岐阜站步行3分

廚師精準地用超過400℃的石窯燒烤，短時間便能香噴噴出爐

彷彿在義大利的開朗氛圍。也是「正宗拿坡里披薩協會」的認定店家

擁有深層魅力的岐阜代表性商店街
歡迎光臨 柳瀬商店街

●やながせしょうてんがい●

保留著曾極度繁華的昭和30年代到40年代的樣貌，往昔風格的咖啡廳、電影院和定食屋分布於此。近年來加入了年輕店主開設的食堂和雜貨屋，散發出獨特的魅力。

東南西北延續的懷舊拱型商店街。每月第3週日舉辦的「SUNDAY BUILDING MARKET」有眾多的創作家和甜點店會前來設店

無農藥栽培的蔬菜讓人精神飽滿！
ミツバチ食堂　★ミツバチしょくどう

使用從農家直送的無農藥栽培蔬菜和用自然農法培育的米等，再以自然調味料進行調味。因為是對身體有益的料理而受到不分世代的愛戴。

MAP 23B-3

☎058-266-5004　⏰11:00～14:30、18:00～22:00　休週一　午餐定食1050日圓～　所岐阜市日ノ出町2-5　交JR岐阜站搭岐阜巴士往長良橋5分，柳ヶ瀬下車即到

能享用到健康的定食

和菓子工匠まっちん所推出的大地的銅鑼燒（199日圓）

活用食材的順口味道大獲好評
ツバメヤ

使用十勝紅豆，放養雞的受精蛋和天然蘇打粉等，以嚴選食材製作的和菓子大獲好評。於2016年3月在大名古屋大廈開店，更是受到了各界矚目。

MAP 23B-3　**CHECK!** ➡P118

☎058-265-1278　⏰19:00～18:00（售完打烊）　休週一　所岐阜市日ノ出町1-20 ロイヤルビル1F　交JR岐阜站搭岐阜巴士往長良橋5分，柳ヶ瀬下車即到

瀰漫著昭和的氛圍，帶有懷舊風的店鋪

販售針織玩偶的「アトリエトコロテン」位於1號館1樓

在地創作家聚集的懷舊大樓
やながせ倉庫　★やながせそうこ

昭和30年代的大樓作為咖啡廳、雜貨店和雜創作家的工坊使用。約超過20間店鋪進駐，其中「やながせ倉庫団地」於平時展示150～200位作家的作品。

☎058-265-2123　**MAP** 23B-3

⏰視各店鋪而異　休不定休（視各店鋪而異）　所岐阜市弥生町10 金川ビル　交JR岐阜站搭岐阜巴士往長良橋5分，柳ヶ瀬下車即到

想輕鬆休息可推薦2號館的「ビッカフェ」或「A.L.C Cafe」

提升藝術心情
充滿感受性的藝廊

有貓造型的陶器等，販售的商品挑逗著喜愛雜貨的女性心窩

由於商品會定期更換，每次造訪時都會有新的心靈觸動

每月會舉辦1次小型的坐禪體驗會（需預約）

ease　★イーズ

陶藝家的店主抱持著「珍惜和至今相逢的人事物的緣分」的想法而開店。懷舊風的2層樓木造建築，展示著陶藝、玻璃、立體造型、繪畫和布小物等多元領域的作家作品。

☎058-266-5536　**MAP** 23B-4

⏰12:00～19:00　休週一～四、週五不定休　所岐阜市金町6-1-2　交名鐵岐阜站步行7分

| 複合設施 | MAP23A-4 |

岐阜City Tower43
●ぎふシティ・タワーよんじゅうさん
☎058-213-5043 ♪玩樂

食衣住雲集的岐阜地標

位於JR岐阜站西側的43層樓複合設施。2～4樓為餐廳和服飾店等多樣化的店鋪。從高152m的免費展望台能觀賞到金華山、長良川等大規模的岐阜街區和夜景。

🕐視店鋪而異，展望台10:00～22:00
🏖視店鋪而異
📍岐阜市橋本町2-52
🚃JR岐阜站步行3分
🅿30分150日圓(1日最多1200日圓)
●參考「岐阜燈籠」的造型外觀

| 寺院 | MAP23A-1 |

崇福寺
●そうふくじ
☎058-231-2613 景點

安放信長和信忠父子的牌位

織田信長的菩提寺，安放信長和信忠父子的牌位。本堂的血天花板原是岐阜城的地板，為悼念將士的亡魂，將沾染於地板上的血跡也保存下來。

🕐9:00～17:00、11～翌2月～16:30 🏖無休 ¥大人200日圓、中小學生150日圓 📍岐阜市長良福光2403-1 🚃JR岐阜站搭岐阜巴士市內循環左環線17分，長良川国際会議場北口下車即到 🅿14輛

為信長入城岐阜的同時成為菩提寺

| 賞花名勝 | MAP22B-3 |

梅林公園
●ばいりんこうえん
☎058-214-2184（岐阜市都市建設部公園整備課） 景點

種植了約50種1300株的梅樹。2～3月中旬為賞花季，3月中會舉辦梅花祭。

🕐自由入園 🏖無休 📍岐阜市梅林南町
🚃JR岐阜站搭岐阜巴士往北一色10分，梅林公園前下車步行3分

| 文化設施 | MAP22B-3 |

大家的森林 岐阜媒體中心
●みんなのもりぎふめでぃあこすもす
☎058-265-4101 景點

孕育「知識」「繫絆」「文化」的基地

設有市立中央圖書館等的複合設施。因很具設計感而造成話題。其中圖書館的近未來設計中，也能感受到自然的體貼空間，讓人悠閒地享受讀書樂趣。

🕐9:00～21:00(圖書館～20:00) 🏖最後週二，逢假日則翌日休 📍岐阜市司町40-5 🚃JR岐阜站搭岐阜巴士往長良八代公園10分，メディアコスモス前下車即到 🅿30分100日圓，館內使用2小時免費

被稱為Glove的造型物體令人印象深刻

| 博物館 | MAP23B-2 |

名和昆蟲博物館
●なわこんちゅうはくぶつかん
☎058-263-0038 景點

展示從世界各地收集的昆蟲

於1919(大正8)年開館，日本屈指可數的昆蟲博物館。除了日常可見的昆蟲和來自世界各地的昆蟲標本外，也有展示活生生的昆蟲。

🕐10:00～17:00 🏖週三四(逢假日則開館，12～2月為週二～四，暑假無休) ¥500日圓 📍岐阜市岐阜公園內 🚃JR岐阜站搭岐阜巴士往長良橋15分，岐阜公園歷史博物館前下車即到 🅿1次300日圓(使用岐阜公園停車場)

建於岐阜公園內，懷舊優美的洋館為特徵

| 大佛 | MAP23B-2 |

岐阜大佛
●ぎふだいぶつ
☎058-264-2760 景點

日本最大規模的「籠大佛」

日本三大佛之一。位於正法寺，被指定為縣的重要文化財。是在竹子編成的骨幹上塗上黏土和經文，再以漆和金箔完成的珍貴大佛，又被稱為「籠大佛」。

🕐9:00～17:00 🏖無休 ¥200日圓 📍岐阜市寺院町8金鳳山正法寺 🚃JR岐阜站搭岐阜巴士往長良橋15分，岐阜公園歷史博物館前下車即到 🅿免費
●日本最大的乾漆佛高13.7m

| 科學館 | MAP附錄3C-2 |

岐阜市科學館
●ぎふしかがくかん
☎058-272-1333 景點

縣內唯一的綜合科學館

以星象儀、參加體驗型展示為主的綜合科學館。於週六日和假日有充滿魄力的科學實驗演出。

🕐9:30～17:00 🏖週一(逢假日則翌平日休，暑假期間無休) ¥展示室大人300日圓、孩童(3歲～國中生)100日圓，展示室、星象儀共通券大人610日圓、孩童200日圓，特別展費用另計 📍岐阜市本莊3456-41 🚃JR岐阜站搭岐阜巴士往市橋15分，科學館前下車即到 🅿免費

欣賞大型螢幕遊玩的自然模擬體驗

| 美術館 | MAP附錄3C-2 |

岐阜縣美術館
●ぎふけんびじゅつかん
☎058-271-1313 景點

展示鄉土相關作家們的名作

展示川合玉堂、前田青邨和山本芳翠等，於近代美術史留名的岐阜縣出身作家的作品。不時會舉辦美術講座、作品鑑賞會等各式活動。

🕐10:00～17:30 (企劃展舉辦時的第3週五～19:30) 🏖週一(逢假日則翌平日休) ¥330日圓(特別展費用另計) 📍岐阜市宇佐4-1-22 🚃JR岐阜站搭岐阜巴士往市橋15分，縣美術館下車即到 🅿免費

也收集與展示以奧迪隆·雷東為主的海外作品

岐阜市內唯一保留的長良川渡船
CLOSE UP

約300年前延續至今，成為縣道一部分的長良川渡船。南北河岸設有乘船場，航行時間約需5分。每月21日的鏡島弘法的緣日會人聲鼎沸。

小紅の渡し ●おべにのわたし
MAP附錄3C-2
☎058-214-4719(岐阜市土木管理課)
🕐8:00～17:00 (10～3月為～16:30) 🏖週一(假日，逢21日則翌日休)，天候不佳時停航 ¥免費 📍岐阜市鏡島一日市場 🚃JR岐阜站搭岐阜巴士往西鏡島18分，鏡島弘法前下車步行5分
●從長良川河面所見的岐阜城格外美麗

岐阜市

各務原

美濃

關

郡上八幡

雉野高原

大垣

關原

美濃可兒加茂

土岐

多治見

中津惠那川

馬龍籠瀨

川魚料理　MAP 23A-4

川魚料理專門店 なまずや分店
●かわざかなりょうりせん　もんてんなまずやぶんてん
☎058-252-2090　美食

老字號川魚料理店的鰻魚三吃

鰻魚料理特別受到好評，以紀州備長炭費時燒烤是老字號專有的技法。讓人回味的濃厚醬汁更加突顯鰻魚的滋味。

🕐11:00～21:00
休週一（逢假日則翌日休）
📍岐阜市福住町1-23
🚶JR岐阜站步行5分
🅿免費

↻鋪滿精工小片鰻魚的鰻魚三吃（一般2916日圓、小碗2052日圓）

洋食　MAP 23B-2

Burudonne
●ブルドンネ
☎058-263-7557　美食

極受到當地客人歡迎的午餐

長良橋旁的咖啡廳餐廳。午餐附飲料和甜點僅980日圓，十分划算。早餐(400日圓)或咖啡選擇也大受好評。

🕐8:00～19:00
休週三、第3週四
📍岐阜市上材木町374-1
🚶JR岐阜站搭岐阜巴士往長良橋15分，長良橋下車即到
🅿免費

↻擁有優雅氛氛和色彩繽紛的料理，受到女性顧客的支持

伴手禮　MAP 23B-4

THE GIFTS SHOP
●ザ ギフツショップ
☎058-212-3255　購物

販售高格調的縣產商品

嚴選販售體現岐阜的自然、文化和技術的伴手禮。店內有堅持使用岐阜縣產的物品或食物。送禮自用兩相宜，用途廣泛多樣。

🕐10:00～19:30（週六日、假日～19:00）　休奇數月的第3週二
📍岐阜市橋本町1-10-1アクティブG 2F
🚶JR岐阜站即到　🅿30分180日圓（購物超過2000日圓可折抵1小時）

↻商品常態提供超過約2800樣的縣產

和菓子　MAP 23B-3

弁天堂
●べんてんどう
☎058-262-1397　購物

使用國產栗子的栗粉餅遠近馳名

只用國產栗子以濾網做成栗粉餅的著名和菓子店。為善用栗子原始的風味，使用非常少量的糖類。和菓子和西點一應俱全。

🕐10:00～18:30　休不定休
📍岐阜市神田町5-12　🚶JR岐阜站搭岐阜巴士往長良橋5分，柳ヶ瀨下車即到

栗粉餅（4個620日圓～）僅限當天享用

咖啡廳　MAP 23A-2

Natural Cafe&Gallery 蔵
●ナチュラル カフェアンド ギャラリー くら
☎058-269-5788　咖啡廳

輕鬆享用到亞洲料理

改裝自建於100年前倉庫的咖啡廳。能品嘗到韓國海鮮煎餅、受歡迎的泰式炒麵等亞洲各國的料理。

🕐11:00～24:00　休週二
📍岐阜市本町2-14
🚶JR岐阜站搭岐阜巴士往長良橋10分，本町3丁目下車即到　🅿免費

↻台式刨冰雪花冰（芒果L，950日圓）

飛驒牛料理　MAP 22B-1

馬喰一代 長良本家
●ばくろいちだい　ながらほんけ
☎058-232-4129　美食

以多樣料理享用高級的飛驒牛

由店長本人挑選，購買一整頭高級的飛驒牛，能以合理的價格享用到。可選擇燒肉或涮涮鍋等喜好的調理方式。

🕐11:30～14:00、17:00～23:00
休無休　📍岐阜市八代2-7-10
🚶JR岐阜站搭岐阜巴士往高富23分，長良高見下車步行10分　🅿免費

↻炭火燒烤午餐1944日圓～　另有涮涮鍋全餐4860日圓～等

文具　MAP 23B-3

ALASKA BUNGU
●アラスカ ブング
☎058-214-2566　購物

尋找岐阜風格的文具

販售從簡單實用的文具到有點奇怪的特殊文具等，精選國內外優秀的文具商品。也有以岐阜的鸕鷀和香魚為造型的商品。

🕐12:00～18:00
休週二、週三
📍岐阜市神田町6-16-2
🚶JR岐阜站步行11分

↻色彩繽紛的文具令人回想起開心的孩提時代

和洋菓子　MAP 22A-2

福○屋
●ふくまるや
☎058-233-6377　購物

西式銅鑼燒的專賣店

由原西點師製作出新感覺西式銅鑼燒的店鋪。販售以鬆軟麵皮搭配起司、草莓慕斯和番茄等17～18種的口味。

🕐9:00～17:00（售完即打烊）　休週二
📍岐阜市早田栄町3-23 栄コーポラス1F
🚶JR岐阜站搭岐阜巴士往金華橋15分，早田栄町下車即到　🅿免費

↻生奶油、草莓和紅豆餡的奶油草莓口味（205日圓）

豆皮　MAP 23A-2

湯葉勇
●ゆばゆう
☎058-262-1574　購物

以長良川伏流水所做的傳統生豆皮

1867(慶應3)年創業的老字號豆皮專賣店。使用高級的國產黃豆和長良川的伏流水，販售4種手工製作的生豆皮和6種乾燥豆皮。

🕐8:30～18:00　休週日、假日
📍岐阜市本町4-36
🚶JR岐阜站搭岐阜巴士往長良橋10分，本町3丁目下車即到　🅿免費

↻入口即化的口感汲上豆皮（250g 810日圓）是最受歡迎的商品

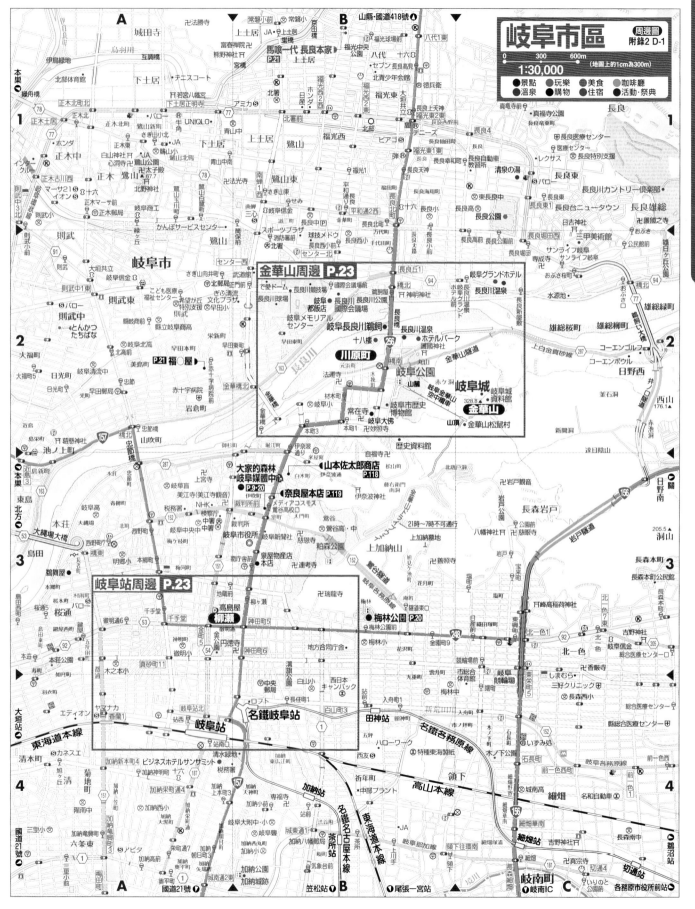

美濃

岐阜市

各務原

美濃

關

郡上八幡

姥野高原

大垣

關原

美濃加茂
可兒

多治見
土岐

中津川
恵那

馬籠
妻籠

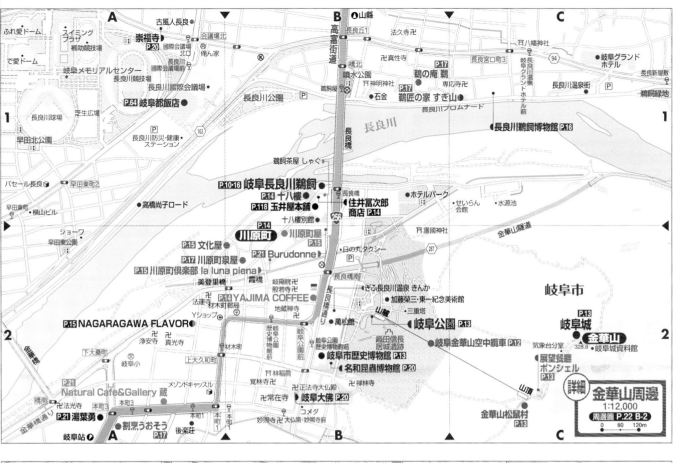

●景點 ●玩樂 ●美食 ●咖啡廳 ●溫泉 ●購物 ●住宿 ●祭典

Aqua Totto 岐阜的魅力

- 淡水生物的飼育展示種類為世界首屈一指的規模，值得一來再來！
- 將長良川的源流和世界河川的自然環境完整重現。能觀察生物的生活型態。
- 除了魚類外，也有生活於水邊的療癒心靈可愛動物。

2大賣點徹底調查

以「世界最大」的規模體會淡水魚的樂趣！

Aqua Totto岐阜

匯集世界的淡水魚和水邊生物的水族館，鎖定2大賣點來進行參觀。販售豐富美食和岐阜伴手禮的「綠洲公園」也不容錯過。

賣點 ①

充滿魄力！世界級的巨大淡水魚

館內水槽展示著被稱為世界最大的巨大淡水魚。湄公河巨鯰和巨骨舌魚等充滿魄力的巨大淡水魚悠游於水中的景色值得一見。在確認體型大小的同時進行觀察吧。

亞馬遜河的超級大魚

擁有世界最大流域面積的亞馬遜河。在此棲息眾多充滿特色的生物，最大可達4m的巨骨舌魚等巨大魚類必看。11時30分開始的震懾人心餵食秀絕對不容錯過。

棲息於亞馬遜河的巨骨舌魚

湄公河巨鯰

棲息於流經中南半島注入南海的湄公河。以世界最大體積的淡水魚為傲，過去曾有捕獲體長3m，體重300kg個體的紀錄。

瀕臨絕種，關於其生態仍存有眾多謎團

賣點 ②

想和可愛動物近距離接觸！

光凝視著就會讓心頭怦怦跳的可愛動物是水族館的大明星。參加動物表演、餵食體驗或餵食秀等，讓動物可愛的動作撫慰心靈。

小爪水獺

水獺當中體型最小的小爪水獺。能見到在水中輕快的泳姿，以及在水邊玩耍的可愛模樣。

餵食觀察
10:00～、
13:00～、
16:00～

海獅

受歡迎的海獅「マリン」呈現和工作人員合作無間的表演，舞台和座位的距離十分接近，自由參加型的投環表演是和海獅互動的絕佳機會！

海獅表演
10:30～、12:00～、
13:30～、15:00～
（有時僅週六日和假日有16:30～的表演※冬季除外）

水豚

呆萌的表情惹人憐愛，是世界最大體型的齧齒類。2016年3月水豚露臺重新開幕，能見到4隻水豚兄弟。

餵食體驗
11:00～、14:00～
（平日14:00～）、
1人100日圓
※限前30名

美濃地區

各務原
●かかみがはら

因綠意盎然的遊樂場和泡菜造成話題的城鎮

是這樣的地方！

善用豐富自然的大型公園和博物館等遊玩場所應有盡有。利用泡菜進行的「城鎮復興」，讓泡菜美食更加受到矚目。

廣域MAP
附錄P.2

洽詢
各務原市
觀光交流課
☎058-383-9925
山縣市產業課
☎0581-22-6830

ACCESS

電車	名鐵各務原線	
	名鐵岐阜 → 各務原市役所前	
	⏱16分 💰300日圓	

開車	東海北陸自動車道
	岐阜各務原IC → 各務原市區
	🚗約4km

Aqua Totto 岐阜&綠洲公園的所在地在這裡！

河川環境樂園
●かせんかんきょうらくえん

水岸的自然共存型主題樂園。除了在和自然互動的過程中學習知識的自然發現館和Aqua Totto 岐阜之外，還設有草坪廣場與大型遊樂器材等設施。

Aqua Totto 岐阜
自然共生研究中心
木曾川水園
綠洲公園
川島PA（下行）
自然發現館
宮木曾川IC
岐阜各務原IC

美濃

岐阜市

各務原

美濃

關

郡上八幡

輕井澤高原

養大老瀧

飛驒

美濃加茂

可兒加茂

多治見

土岐

中津川

蕪馬篭

直通高速道路的川島PA！從一般道進入也OK

前往美食和商店一應俱全的公路休息站

綠洲公園

以大摩天輪為代表的休閒娛樂設施。除了有能嘗到岐阜名產美食的美食廣場外，還有販售伴手禮的商店和兒童中心等，兜風途中能輕鬆順道拜訪的設施十分完備。從一般道也能前往，一整天都能享受到樂趣。

●オアシスパーク
MAP 附錄2D-2
☎0586-89-6766
🕤9:30～22:00(視設施或季節有所變動)
休每年有7次設施檢查會休園 🅿各務原市川島笠田町1564-1
💴免費(有付費設施) 🚗東海北陸道川島PA即到 🅿免費

當地料理豐富的美食景點！
カワシマキッチン

店內氣氛柔和，能感受到木頭暖意，提供各式岐阜的代表性美食。也有咖啡等能外帶的餐點。

各務原泡菜烤豬肉蓋飯
850日圓
各務原泡菜和多汁的烤雞肉十分相配！

高山拉麵
670日圓
懷舊醬油味的高山拉麵也能在美食廣場吃到

寬敞舒適的店內空間

明方火腿
(400g)1191日圓
郡上八幡名產火腿讓人咸到肉的美味

岐阜的名產齊聚一堂！
岐阜おみやげ 川島店

牧成舍的最中冰淇淋
324日圓
使用大量牛奶的冰淇淋包於最中內

岐阜的特產一應俱全

販售岐阜縣內各地豐富名產的店鋪。除了必買的伴手禮外，季節限定的商品也不容錯過！

玩樂也應有盡有！

大摩天輪 Oasis Wheel

能從高70m的位置將濃尾平原一覽無遺的大摩天輪。1圈約13分，夜晚的浪漫點燈也值得一見。

車廂內可以飲食

公園玩耍

園內有河川流經的綠洲公園。除了有各式的遊樂器材外，夏天則有小朋友們最愛的玩水。

在自然環境妥善規劃的宜人園內散步

能享受噴水樂趣的霧之遊戲場

各式各樣的淡水魚悠游於大水槽內

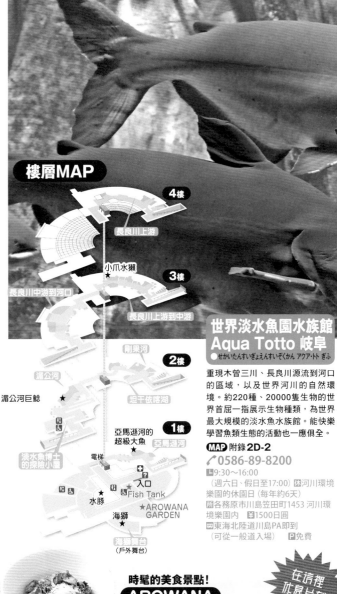

樓層MAP

4樓
長良川上游

3樓
小爪水獺
長良川中游到河口
長良川上游到中游

剛東河
湄公河
湄公河巨鯰

2樓
亞馬遜河的超級大魚
淡水魚博士的探險小屋
電梯
亞馬遜河
坦干依咯湖

1樓
入口
水豚
海獺
🐟 Fish Tank
AROWANA GARDEN
海獺舞台
(戶外舞台)

世界淡水魚園水族館
Aqua Totto 岐阜
●せかいたんすいぎょえんすいぞくかん アクア・トト ぎふ

重現木曾三川、長良川源流到河口的區域，以及世界河川的自然環境。約220種、20000隻生物的世界首屈一指展示生物種類，為世界最大規模的淡水魚水族館。能快樂學習魚類生態的活動也一應俱全。

MAP 附錄2D-2
☎0586-89-8200
🕤9:30～16:00
(週六日、假日至17:00) 休河川環境樂園的休園日(每年約6天)
🅿各務原市川島笠田町1453 河川環境樂園內 💴1500日圓
🚗東海北陸道川島PA即到
(可從一般道入場) 🅿免費

在這裡妝景片刻

時髦的美食景點！
AROWANA GARDEN
●アロワナガーデン

館內有著參考歐洲市場而建的餐廳，能品嘗到料理和甜點。各種使用岐阜縣特產品的料理應有盡有。

各務原泡菜的炸雞塊蓋飯
910日圓
能輕鬆享用到各務原名產「各務原泡菜」的蓋飯

☎0586-89-5200
🕤9:30～18:30(週六日、假日至19:30、冬季至17:30)

水豚年曆 970日圓
和帶有日期的游泳圈組合而成的365天紀念日水豚玩偶

水豚的點心葉子派
700日圓
派中間夾著巧克力，口感酥脆

伴手禮店也要CHECK！
Fish Tank
●フィッシュタンク

大山椒魚的筆袋
1500日圓
忠實重現國家天然紀念物大山椒魚的筆袋

宜人香氣讓人
休閒放鬆

金木犀和梔子花等超過30種的芳香樹木栽種於此。在芳香會館有花環製作體驗（1000日圓～）。

◎一年四季皆能享受香氣的香草園

四國山香之森公園
MAP附錄2D-1
●しこくやまかおりのもりこうえん
☎ 0581-22-5400（芳香會館）
🕐9:00～17:00　🈺週二　💴免費　🏠山縣市大桑726-1
🚌名鐵岐阜站搭岐阜巴士往高富25分於岐北病院前轉車，搭市內社區巴士「ハーバス」大桑線20分，四国山香りの森公園口下車步行5分　🅿免費

公園
日本萊茵河鵜沼之森
MAP附錄2E-2
●にほんラインうぬまのもり　🎵玩樂
☎ 058-383-1129（各務原市農政課）

遠望木曾川雄大全景的森林遊樂園

包含飛驒木曾川國定公園和木曾川的公園。走在野鳥和昆蟲棲息的散步道上，能到達可遠望御嶽山和木曾川的展望台。
🕐9:00～17:00　🈺週一、假日翌日
🏠各務原市鵜沼石山
🚌名鐵新鵜沼站搭ふれあい巴士鵜沼左環線20分，うぬまの森前下車即到　🅿免費

◎展望台能遠望木曾川的景色

賞花名勝
新境川堤防櫻花（百十郎櫻）
MAP26A-1
●しんさかいがわつつみのさくら（ひゃくじゅうろうざくら）　📷景點
☎ 058-383-9925（各務原市觀光交流課）

治著新境川綻放約1200株櫻花的櫻花隧道。因當地出身的歌舞伎演員市川百十郎而有百十郎櫻的別名。
🕐自由參觀　🏠各務原市那加門前町周邊
🚌名鐵市民公園前站即到
🅿3小時內免費，之後每1小時100日圓

甜點店
TAKIMOTO
MAP26A-1
●タキモト　🛍購物
☎ 058-380-5070

高品味的極致甜點

在巴黎磨練廚藝的甜點師所製作的正宗法國甜點，濃厚紮實的甜味為其特徵。使用從全世界收集來的嚴選食材。
🕐10:00～20:00　🈺週一（逢假日則營業，翌日休）
🏠各務原市那加櫻町1-27-2
🚌名鐵各務原市役所前站即到　🅿免費

◎色彩鮮艷的馬卡龍（220日圓）和閃電泡芙（350日圓）很受歡迎

咖啡廳
あべまき茶屋
MAP26B-1
●あべまきちゃや　☕咖啡廳
☎ 058-385-4951

品茗香氣濃厚的老字號抹茶

店鋪位於樹齡超過150年的栓皮櫟旁，使用大正時期倉庫的抹茶甜點店。能享用到使用宇治高級抹茶的餡蜜和蛋糕。
🕐9:00～17:00　🈺不定休
🏠各務原市鵜沼三ツ池町2-205
🚌名鐵二十軒站步行4分　🅿免費

◎宇治抹茶的綠巧克力蛋糕套餐1010日圓起

義大利料理
CUCINA Siena
MAP26B-1
●クチーナ シエナ　🍴美食
☎ 058-382-9761

享受食材原本的滋味和香氣

以鹽和胡椒等的簡單調味，製作善用食材原味的料理。每天早上從市場進貨主要來自日本海和三河灣的天然海鮮。
🕐11:30～14:00、18:00～22:00
🈺週一（逢假日則翌日休）、第3週三
🏠各務原市蘇原東榮町2-138 大堀ビル2F
🚌JR蘇原站步行15分　🅿免費

◎Antipasto Misto當季的前菜拼盤（2人份）1836日圓

酒窖
小町酒造
MAP附錄2D-2
●こまちしゅぞう　🛍購物
☎ 058-382-0077

以自然音色釀造的酒窖

1894(明治27)年創業，播放環境音樂釀酒的酒窖。以長良川伏流水釀的酒大獲好評。
🕐9:00～18:00　🈺週六日、假日
🏠各務原市蘇原伊吹町2-15
🚌名鐵六軒站搭計程車10分　🅿免費

◎招牌商品「長良川 純米吟釀」（720ml、1620日圓）

貝果
VALISE BAGEL
MAP26A-1
●ヴァリーズ ベーグル　🛍購物
☎ 058-371-3700

堅持食材品質的手工貝果店

使用岐阜縣產麵粉和蔬菜的手工貝果店。從開店的14時左右便提供現烤的貝果。
🕐11:00～18:00（售完打烊）
🈺週日、假日　🏠各務原市那加住吉町1-19
🚌名鐵各務原市役所前站步行6分　🅿免費

◎食材豐富的貝果和健康的食物很受歡迎

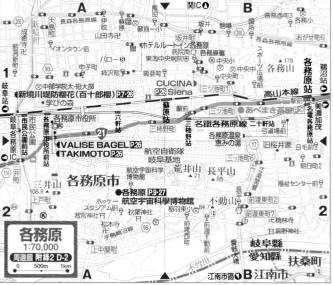

各務原
1:70,000
周選圖 附錄2 D-2
0　500m　1km

●景點　●玩樂　●美食　●咖啡廳　●溫泉　●購物　●住宿　●祭典

美濃

岐阜市
各務原
美濃
關
郡上八幡
椛野高原
養老大垣
關原
美濃加茂
多治見土岐
中津川惠那
德島龍藏

現在是各務原的代名詞！

必吃的 泡菜美食

因各務原的都市復興專案而生的特產品各務原泡菜。
在市內的餐飲店能品嘗到使用各務原泡菜的特色美食。

キムぴー

各務原泡菜吉
祥物キムぴ～

何謂各務原泡菜？

在與韓國的姊妹市春川進行交流活動時，於
會場大獲好評的是「手工泡菜」。於是使用
各務原產的蔬菜做成泡菜，再加上各務原市
產的紅蘿蔔與春川市特產的松果，而開發出
「各務原泡菜」。

在哪裡買得到？

於市內的超市和量販店販售各廠
牌的各務原泡菜。有和風輕爽口
味和正宗風味等各式口味。

部隊鍋 3240日圓
放入火腿、香腸和泡麵等豐富
食材的泡菜鍋

燒肉 大翔
●やきにく だいしょう

由前往韓國次數超過60次，長年研
究正宗泡菜的店長所經營的餐廳。
能以486日圓划算的價格品嘗到牛五
花，也提供韓國濁酒與真露燒酒等
韓國飲品。

MAP 附錄2D-2

☎058-371-3523

⏰17:30～24:00
（週六日、假日17：00～）
🈺週四（逢假日則營業）
🏠各務原市那加新加納町2307-1
🚃名鐵新加納站步行8分　Ⓟ免費

**元祖豬肉泡菜
咖哩烏龍麵
880日圓**
使用數十種辛香
料製成的咖哩烏
龍麵，再加上各
務原泡菜

萬步軒
●まんぽけん

「特產！台灣咖哩烏龍麵（830日圓）」等原創料理豐富
的烏龍麵店。受歡迎的咖哩烏龍麵（780日圓）為柴魚高
湯加上豬骨和雞骨湯頭的料理。

☎058-385-3758　**MAP** 附錄2E-2

⏰11:00～14:45、17:30～21:00　🈺週四
🏠各務原市鵜沼大伊木町6-16-1
🚃名鐵名電各務原站搭計程車8分　Ⓟ免費

這些也是泡菜口味！

**各務原
泡菜義式冰淇淋**　1個320日圓

由酪農所做的現擠牛奶冰淇淋，
再加上粉狀的各務原泡菜。

洽詢
さるちゃん牧場
☎090-1478-4608
※以市內為主的流動販賣
（詳情請以電話洽詢）

**各務原
泡菜咖哩**　432日圓

放入各務原泡菜和辛香料的咖
哩。獨特的辣味讓人停不下來。

在這裡買得到
ヤマワ　☎058-385-1561
MAP 附錄2E-2

**泡菜蛋包飯
1050日圓**
將泡菜炒飯以蛋包裹的蛋
包飯，再搭配微辣的勾芡
醬汁享用

PARA Pount
●パラパウント

提供蛋包飯和義大利麵等，以洋食搭
配各務原泡菜的咖啡廳。點1杯飲料便
附贈三明治的早餐（限7～11時）也
大獲好評。

MAP 附錄2D-2

☎058-389-3738

⏰7:00～17:00（冬季～16:00）
🈺週四、第3、5週三
🏠各務原市那加日新町6-55
🚃名鐵新加納站步行13分　Ⓟ免費

📷 景點　前往趣味洋溢的博物館！

加深藥物和藥草的知識
內藤紀念藥物博物館
●ないとうきねんくすりはくぶつかん

☎0586-89-2101　**MAP** 附錄2D-2

衛材公司的創業者內藤豐次所開設的藥物博物館。
除了能學習藥物歷史和健康科學等日本國內外豐富
的資料外，還能參觀種植約700種藥草和藥木的藥
用植物園。

⏰9:00～16:00　🈺週一　💴免費　🏠各務原市川島竹
早町1　🚃名鐵各務原市役所前站搭ふれあい巴士川島線
30分，くすり博物館下車即到　Ⓟ免費

⬆各季節活動不同
（需預約）

⬆重現舊藥店。能感受到往
昔氣氛

⬆設置於大廳的人車製藥機（模型）

接觸航空宇宙的魅力
各務原航空宇宙科學博物館
●かかみがはらこうくううちゅうかがくはくぶつかん

☎058-386-8500

MAP 26A-2

展示天空、宇宙相關資料
與戰後的日本產飛機、實
驗機等。於2018年3月24
日翻修後重新隆重開幕，
面積擴展至原先的1.7倍，
提供更多吸睛展示。

⬆重新開幕後的示意圖，
展出飛燕和零戰

⏰平日10:00～17:00，週六日及假日為～18:00
🈺第1週二（逢不定期維修則閉館）　💴收藏庫300日圓
🏠各務原市下切町5-1
🚃名鐵各務原市役所前站搭ふれあい巴士稻羽線30分，
航空宇宙科學博物館下車即到
Ⓟ免費

一 以傳統的「流漉」技法漉和紙
二 搭配楓葉或色紙製作出原創的和紙
三 能以蓮蓬頭沖水將和紙印上圖案
四 能用原創和紙製作燈罩（需另付費）

以悠久歷史為傲的傳統技藝

認識接觸美濃
和紙之旅

美濃是聞名全世界並被稱許的美濃和紙的產地。能在此進行漉紙體驗，或是享受漫步於卯建式建築街道等，讓我們親身接觸和紙的世界和饒富風情的城鎮魅力。

會做出怎麼樣的和紙呢？

卯建式建築綿延的懷舊風城鎮

美濃
（みの）

是這樣的地方！

因一千三百年歷史的美濃和紙而遠近馳名的城鎮。江戶時代的商家所遺留的卯建式街道當中，由古民宅改建而成的店鋪、咖啡廳和資料館等櫛比鱗次，好不熱鬧。

郡上八幡
美濃
岐阜
多治見

廣域MAP
附錄P.6

洽詢
美濃市產業振興部 觀光課
☎0575-33-1122
美濃市觀光協會
☎0575-35-3660

ACCESS

電車	岐阜 — JR高山本線 — 美濃太田 — 長良川鐵道 — 美濃市	⏱1小時11分 💰1130日圓
巴士	JR岐阜 — 岐阜巴士B87系統 — 美濃市	⏱55分 💰890日圓
開車	東海北陸自動車道 94 156 美濃IC — 美濃市區	🚗約2.5km

何謂美濃和紙？
以1300年的歷史和傳統為傲

江戶時代起被評為最高級拉門用紙的美濃和紙。由於使用傳統技法流漉法將簀桁前後左右搖動漉紙，纖維縱橫交錯的美麗和紙就此而生，溫暖觸感和均勻的透光度為最大魅力。在美濃和紙當中為了技術的傳承而組成保存會，專業工匠以指定的原料和用具所漉的紙被稱為「本美濃紙」。本美濃紙等日本的手漉和紙技術被全世界所認證，於2014年登錄為聯合國教科文組織的無形文化遺產。

本美濃紙的製作工程

①剝皮
將本美濃紙的原料楮木剝皮

②煮熟
浸水除去髒污後的原料，在放入碳酸蘇打的大鍋中熬煮2小時

③除塵
以手工方式除去殘留在原料上的黑皮等，再以木槌敲打延展

④漉紙
將原料和從黃蜀葵的根提煉的汁液加水而成的紙料，以簀桁進行漉紙

⑤板曬
榨乾殘留的水分，貼於木板上以天然陽光曬乾後完成。經過檢查和挑選後成為商品

在這裡可以
體驗

從卯建式建築街道車程**20分**

挑戰傳統的漉紙體驗！

美濃和紙之里會館
★みのわしのさとかいかん

介紹擁有1300年歷史的美濃和紙和技術的設施。於常設展示室中介紹本美濃紙，還有將和紙運用於日常生活的提倡方案等展示內容。在漉紙體驗當中，能以工匠使用的簀桁挑戰正宗的和紙製作。
☎0575-34-8111 MAP附錄6E-4
⏰9:00～16:30 休週二（逢假日則翌日休），假日的翌平日 💰500日圓（舊今井家住宅、美濃史料館、美濃和紙燈飾美術館的3館共通券為800日圓）🏠美濃市蕗生1851-3 🚗東海北陸道美濃IC12km Ｐ免費

CHECK當地活動！

被夢幻般的景色環繞的街區

帶有美濃和紙溫暖的燈飾

美濃和紙燈飾藝術展
★みのわしあかりアートてん

於卯建式建築的街道上妝點美濃和紙所製作的燈飾，饒富風情的地方活動。可在成排美濃和紙柔和光線構成的浪漫街道上，盡情享受漫步樂趣。2018年於10月6、7月舉辦。
MAP 29
☎0575-35-3660（美濃和紙燈飾藝術展實行委員會）
⏰17:00～21:00 💰免費 📍卯建式建築街道附近
🚃長良川鐵道美濃市站步行15分
Ｐ作為活動贊助金1次500日圓（使用臨時停車場）

多樣面貌的和紙燈飾

讓和紙成為房間室內裝潢的一景

充滿和紙照明的店內氛圍令人安心

C 美濃あかり館 彩
★みのあかりかん いろどり

販售從雜貨到正式照明器具等種類多元的和紙燈飾。從和紙製作到組裝皆是在自家公司進行，所以能選擇自己喜愛的和紙（限吊燈和落地燈）。

📞0575-33-0010 MAP 29
🕐10:00～17:00 ⏸無休 📍美濃市加治屋町1962-1 🚃長良川鐵道美濃市站步行10分

宛如夜晚街道般的空間

重現秋夜的代表性景致

B 美濃和紙燈飾藝術館
★みのわしあかりアートかん

展示「美濃和紙燈飾藝術展」的獲獎作品，無論何時都能體會到活動氣氛的景點。

📞0575-33-3772 MAP 29
🕐9:00～16:15（10～3月為～15:45）⏸週二（逢假日則翌日休），假日翌日 ¥200日圓 📍美濃市本住町1901-3 🚃長良川鐵道美濃市站步行15分 🅿免費

因和紙產業而家財萬貫的商家開放參觀

A 舊今井家住宅·美濃史料館
★きゅういまいけじゅうたく・みのしりょうかん

過去做為和紙批發而繁榮發展的今井家，是當時市內規模最大的卯建式建築。內有帳場和奧座敷等，能一窺當時商家的樣貌。

📞0575-33-0021 MAP 29
🕐9:00～16:15（10～3月為～15:45）⏸假日翌日，12～2月的週二（逢假日則翌日休）¥300日圓（和美濃和紙燈飾藝術館的2館共通券400日圓）📍美濃市泉町1883 🚃長良川鐵道美濃市站步行15分 🅿免費

帳桌所擺放的空間是番頭商談的場所

氣派的卯建式建築

培根和青花椰菜的義大利麵午餐（1000日圓）

在古民家享用地中海料理

D BAR EST
★バル エスト

使用自家菜園現採的當季蔬菜，能享用到每週招牌的義大利麵或披薩午餐等廚師大展廚藝的料理。下酒菜則推薦熟成的西班牙生火腿。

MAP 29
📞0575-36-5437
🕐午餐11:00～14:30、下午茶15:00～17:30、晚餐18:00～22:30 ⏸週三 📍美濃市俵町2102 🚃長良川鐵道美濃市站步行9分

有桌椅座位和圍繞廚房的吧檯座位

將古民宅翻修的建築

何謂卯建

鬼瓦　烏衾　破風瓦　懸魚

為了防止隔壁建築的火災延燒而在屋頂兩端所做的防火牆。也因在財力和裝飾性上的競爭而被視為財富的象徵。

卯建式建築街道MAP
周邊圖 附錄6E-4
🚃美濃市站步行14分
🚗美濃IC車程7分

卯建式建築街道地圖：
美濃和紙燈飾藝術館 B／舊今井家住宅·美濃史料館 A
松久家／大石家／宝勝院／宝積園
美濃市觀光協會「番屋」（觀光服務處·商店）
願念寺／手造らんたんや／茶房とみや G
旧武藤家／美濃和紙燈飾藝術展／美濃あかり館 彩 C
岡家／森井家／西尾家／鈴木家
D BAR EST／Pâtissérie Abeille.S E／小坂酒造場／和紙の店 紙遊 F
そば切り まる伍
街頭藝廊山田家住宅：每月不同內容，展出使用和紙的拼紙畫或手藝品的藝廊。
↓美濃市站　觀光友好廣場
●景點 ●美食 ●購物 ●咖啡廳 ●活動　國道156号

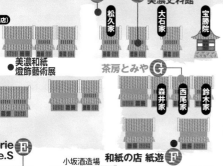

使用嚴選食材的甜點店

E Pâtissérie Abeille.S
★パティスリー アベイ ユエス

使用從簽約農家進貨的雞蛋等精心挑選過的食材製作甜點的店鋪。招牌甜點為以卯建為造型的提拉米蘇瑞士卷。也會販售使用當季水果的季節限定蛋糕。

MAP 29
📞0575-31-0220
🕐9:00～18:00 ⏸週三 📍美濃市相生町2248 🚃長良川鐵道美濃市站步行10分

留有原本商家面貌的深厚韻味店鋪
➡草莓塔（486日圓）
➡美濃卯建瑞士卷（453日圓）

和紙雜貨應有盡有

F 和紙の店 紙遊　★わしのみせ しゆう

販售美濃和紙等和紙雜貨的選貨店。除了金封和信紙之外，活用和紙的吸濕性和消臭效果的襪子也很受歡迎。

MAP 29 CHECK➡P120
📞0575-31-2023
🕐10:00～17:00 ⏸週二（逢假日則營業）📍美濃市常盤町2296 🚃長良川鐵道美濃市站步行15分 🅿免費

➡小型信紙卯建君（324日圓）是本店限定商品
➡最適合祝賀生產的兒附小卡金封（648日圓）

湯圓高雅甜味的奶油（560日圓）

品嘗手工和風甜點小憩片刻

G 茶房とみや　★さほうとみや

能嘗到老字號和菓子店的自傲滋味。鬆軟的冰放上蕨餅的夏季限定「蕨餅冰」等，提供眾多能享受季節感的甜品。

MAP 29
📞0575-33-4827
🕐13:00～17:30（週六日、假日10:00～17:30）⏸週三 📍美濃市泉町1887 🚃長良川鐵道美濃市站步行12分

在此介紹能接觸到充滿魅力的關市傳統產業刀具相關景點。因翻修裝潢而重生的「刀具綜合博物館」羽毛牌博物館等，能讓人親身體驗到傲視全球的製刀技術。

關
せき

以七百多年歷史和傳統為傲的刀具盛產地

★是這樣的地方！
作為日本第一的名刀產地而蓬勃發展，將歷史和傳統持續傳承至現代。目前是世界聞名的刀具產地，除了刀具相關設施外，還能享受到豐沛的自然環境。

郡上八幡
關
岐阜　多治見

傳承至現代的工匠技藝
接觸認識刀具的美好

「切」的展示影片
由3面的多重影像讓視野所見皆為螢幕。將醫療、建設和家事等日常生活中的「切」以影像介紹。

玄關
穿過入口後便能見到巨大的剃刀、刮鬍刀和手術刀歡迎訪客到來。推薦在此拍照留念。

展示空間
設有國外的刀具展示，以及介紹從石器時代到現代「切」的歷史展區。

以「切」為主題學習
世界首座刀具綜合博物館
羽毛牌博物館 ★フェザーミュージアム

2016年3月作為展示超過1萬件刮鬍刀和精密刀具的「刀具綜合博物館」在翻修後重新開幕。除了有體驗「切」的原則和原理的展區外，也有介紹刮鬍刀的歷史和文化的展覽區域等豐富內容。

MAP 33A-1
☎0575-22-1923
⏰9:30～16:00 休週二 ￥免費
所關市日ノ出町1-17 長良川鐵道刃物會館前站即到 P免費

大型的羽毛牌裝飾物引人注目

CHECK刀具產品！

男性刮鬍刀套組 864日圓
刮鬍用的刀具和刮鬍泡成套販售

女性用除毛套組 324日圓
加強安全性的女性用除毛刀4個一組

展示眾多關的代表性刀劍

認識自古傳承的工匠技藝
關鍛冶傳承館 ★せきかじでんしょうかん

將近700年的關鍛冶技術傳承至現代的設施。展示實物的刀劍、工匠技藝的影像和刀裝具的資料等，此外還介紹現代作家所製作的刀。

MAP 33A-1
☎0575-23-3825 ⏰9:00～16:30 休週二、假日翌日(逢假日則營業) ￥300日圓 所關市南春日町9-1
長良川鐵道刃物會館前站步行5分 P免費

磨刀師傅傳授菜刀的正確磨刀法

在此購買關的刀具！
岐阜縣刀具會館 ★ぎふけんはものかいかん

1樓的直售商店販賣菜刀、刀子和剪刀等超過2500件的「關的刀具」。在磨刀工坊能體驗到菜刀的正確磨刀方法(免費，需預約)。

MAP 33A-1 CHECK!▶P.120
☎0575-22-4941
⏰9:00～17:00 休無休 所關市平和通4-6
長良川鐵道刃物會館前站即到 P免費

廣域MAP 附錄P.2‧6
住宿資訊 P.64
洽詢 關市觀光交流課 ☎0575-22-3131

ACCESS

電車	岐阜 — JR高山本線 — 美濃太田 — 長良川鐵道 — 關	58分	960日圓
巴士	JR岐阜 — 岐阜巴士B81‧B83系統 — 關市轉運站	50分	680日圓
開車	関IC — 東海北陸自動車道 248 — 關市區	約5km	

關市刃物祭
2018年為10月6、7日舉辦。有刀具大促銷市場、古式日本刀鍛冶過程和戶外求生刀表演等值得一看。
☎0575-22-3131
(關市觀光交流課)

能在近距離欣賞刀匠的技術！

(還有還有！ 關的刀具景點)

刃物屋三秀 ★はものやさんしゅう
直售堅持材質、鍛冶和手感的品牌產品「関吉秀作」。除了菜刀以外，還販售剪刀等各式刀具。

MAP 附錄2D-1
☎0575-28-5147
⏰8:30～17:00 休無休
所關市小瀨950-1
東海北陸道関IC 5km
P免費

能以工廠直售價購買

刀具博物館 ★ナイフはくぶつかん
展示全世界約1500件的珍貴刀具。同時展示金氏世界紀錄中全世界最大的折疊刀。

MAP 33B-1
☎0575-21-2239
(G.SAKAI)
⏰10:00～16:00
休週六日、假日
所關市平賀町7-3
長良川鐵道關站搭岐阜巴士往往來東山8分，終點下車步行3分
P免費

以松樹原木建造的加拿大風木屋

刀具和關的關係為何？
鐮倉時代刀匠們為了尋求製刀所不可或缺的優質土壤、水和炭而移居至關。之後便確立了關獨特的鍛刀技術，並與德國的索林根和英國的雪菲爾齊名，皆是世界聞名的刀具產地。

被歷史認證的鄉土滋味

關的知名美食

刀匠文化中作為珍貴營養食材而傳承至今的鰻魚，以及以小瀨鵜飼的傳統為背景的季節溪魚香魚。兩者皆為代表關市飲食文化的食材，也是能加深旅程回憶的熱門在地美食料理。

關×鰻魚

關市從鎌倉時代至今，就因刀具製作而蓬勃發展，並以「刀具之鎮」為人所知。被從前居住於此地的刀匠和商人當作珍貴營養來源而受到重視的食材便是鰻魚。因此自古以來便有眾多提供鰻魚料理的餐廳。傳統的串打（穿串活鰻）·燒（燒烤）·割（宰殺處理）等技術仍傳承至今。

鰻魚有著「串打三年，割五年，燒一生」的俗諺，表示廚師的技術會左右鰻魚的滋味

角丸 ★かくまる

1874（明治7）年創業的老字號鰻魚料理專賣店。長久積累至今的傳統燒烤技術由第5代店長所繼承，搭配經過反覆熟成的秘傳醬料而完成的絕頂美食。

MAP 33A-1
☎0575-22-0415
🕙11:00～14:00、17:00～20:30（食材用完打烊）
休週三 關市東門前町21
長良川鐵道關口站步行10分
P免費

的擁有沉穩和式空間的店內

傳承至今的炭燒燒烤技術 香氣撲鼻的外皮滋味令人讚賞

關鰻魚蓋飯

鰻魚蓋飯 2250日圓
外皮酥脆裹頭柔軟的鰻魚是由高超的燒烤技術而生。和秘傳醬汁融為一體的感覺令人讚嘆

關×香魚

以傳承於關市的傳統漁法「小瀨鵜飼」歷史為背景，於清流長良川生長的香魚正是代表此地飲食文化的象徵性食材。6月到8月於市內有眾多提供天然香魚料理的餐廳，香魚嶄新吃法的「關香魚蓋飯」和「關香魚生魚片（てっさ）」等在地美食也因應而生。

於5月11日夜晚開幕，到10月15日約5個月期間所舉辦的小瀨鵜飼

平成福樓 ★へいせいふくろう

位於「公路休息站平成」內的餐廳。能品嘗使用當地採收食材的料理。「關香魚蓋飯」是甜辣香魚舞搭配米飯的絕品料理。使用特產原木栽培香菇的「炸香菇排蓋飯」也是店內的招牌料理。

MAP 附錄6F-4
☎0575-49-3772
🕙8:30～15:30
休週三（逢假日則翌日休） 關市下之保2524-1（公路休息站平成內）
東海環狀道富加關IC 9km
P免費

提供眾多關的在地美食

善用香魚和香菇等當地食材

日本料理 だいえい ★にほんりょうりだいえい

精心挑選天然海鮮，製作重視季節感的視覺饗宴料理。僅限6月到9月提供的「關香魚生魚片」是從未嘗過的薄片Q軟口感。**MAP** 附錄2E-1
☎0575-22-6988
🕙11:30～13:30、17:00～21:00 休週三 關市山王通2-2-20
長良川鐵道關口站搭岐阜巴士往岐阜4分，福野下車步行5分
P免費

切成薄片生魚片品嘗的季節限定著名料理

關香魚生魚片

關香魚生魚片 1300日圓
（6～9月左右，需1日前預約）以活魚宰殺方式製作的關香魚生魚片是滿滿香醇美味的幸福料理。附上香脆口感的香魚炸仙貝

看過來這裡！

關炸雞塊

黑炸雞塊 756日圓
使用名古屋交趾雞肉，刻意不長時間浸泡於醬油底的醬料中，而是製作能吃到雞肉原本美味的炸雞塊

味どころ 中むらや ★あじどころ なかむらや

作為關的全新名產而逐漸風行的「關炸雞塊」，是用關特產的「香菇」和「鹿尾菜」粉末所製作的全黑炸雞塊。名古屋交趾雞專賣店則使用交趾雞肉等，依店鋪的不同製作方式也各有特色。

MAP 33A-2
☎0575-23-9004
🕙17:00～22:30
休週一三（逢假日則翌日休） 關市壽町1-4-5
長良川鐵道關口站步行10分
P免費

關香魚蓋飯

關香魚蓋飯 900日圓
附上連骨頭都熬煮到酥軟的2條香魚。柔軟的長條狀煎蛋口感醇厚

博物館	**MAP** 附錄2D-1

岐阜縣博物館
●ぎふけんはくぶつかん ☎0575-28-3111 `景點`

能接觸到恐龍化石而受歡迎

透過自然和人文等資料介紹岐阜的博物館。主展廳所展示的各式各樣恐龍骨骼標本和能觸摸的化石十分受到歡迎。

🕐9:00～16:00（視時期而異）　🈺週一、逢假日則延平日休　💰大人330日圓，大學生110日圓，高中生以下免費，特別展舉辦時費用另計　📍関市小屋名1989 岐阜縣百年公園內　🚉長良川鐵道關站搭岐阜巴士往岐阜駅10分，小屋名下車步行20分　🅿免費

位於岐阜縣百年公園當中

寺院	**MAP** 33A-1

關善光寺（宗休寺）
●せきぜんこうじ そうきゅうじ ☎0575-22-2159 `景點`

以「善光寺」之名聞名的天台宗名剎

屬於天台宗的寺院，正式名稱為宗休寺。於明治時代製作的「梵鐘」被指定為縣的重要文化財。作為新綠、櫻花和紅葉的名勝景點而聞名。

🕐9:00～17:00　🈺無休　💰戒壇巡禮大人300日圓，國中生以下100日圓　📍関市西日吉町35　🚉長良川鐵道關站步行3分　🅿免費

和橄欖球選手五郎丸的手勢相似而出名的佛像

公園	**MAP** 附錄2D-1

岐阜縣百年公園
●ぎふけんひゃくねんこうえん ☎0575-28-2166 `玩樂`

約100公頃的廣大山野公園。有兒童的遊樂器具和自行車租賃等設施。

🕐9:00～16:30　🈺週一、逢假日則翌平日休　📍関市小屋名1966　🚉長良川鐵道關站搭岐阜巴士往岐阜站10分，小屋名下車步行15分　🅿免費

園內有著此起彼落的孩童歡笑聲

西點	**MAP** 33B-1

米·糀·洋菓子 MINOV
●こめこうじようがし みのーぶ ☎0575-24-7606 `購物`

將日本人的心—「米」融入西點當中

店名帶有「從美濃innovation」之意。使用米、糀和糙米等日本自古使用的食材，進而創造出新感覺的甜點。

🕐10:00～19:00　🈺無休　💰関布丁250日圓、起司麻糬（6個入）700日圓　📍関市東新町7-2-2　🚉長良川鐵道關口站步行10分　🅿免費

在口感柔軟的麻糬中包入起司奶油而成的起司麻糬

休憩施設	**MAP** 33A-1

濃州關所茶屋
●のうしゅうせきしょちゃや ☎0575-23-9922 `購物`

充滿關的魅力的順道拜訪景點

以關市名稱由來的「關所」為概念而設置的休憩設施。有介紹關市景點的情報沙龍、物產店和鄉土料理店等。

🕐9:00～16:30（餐廳～15:00）　🈺週二，假日翌日　📍関市南春日町9-1　🚉長良川鐵道刃物會館前站步行5分　🅿免費

位於入口的巨大門為特徵

鵜飼	**MAP** 附錄2D-1

小瀨鵜飼
●おぜうかい ☎0575-22-2506（關遊船股份公司）`玩樂`

在夏夜瀰漫涼風的幽玄世界

以超過1300年歷史為傲的傳統漁法所進行的鵜飼。像是包圍鵜船般，遊覽船也同時順流而下，能近距離觀察到鵜飼的樣貌。

🕐5月中旬～10月中旬的18:30～20:00左右（需預約，視時期而異）　🈺期間內天候惡劣，水位高漲時　💰遊船費用大人3400日圓、孩童2400日圓，7～9月時大人3600日圓、孩童2500日圓　📍関市小瀨76-3　🚉長良川鐵道關站搭岐阜巴士往洞戶10分，小瀨遊船前下車即到　🅿免費

僅依賴篝火進行漁捕

彷彿是莫內畫中睡蓮般的美麗池塘

根道神社（莫內之池）
●ねみちじんじゃ（モネのいけ）

位於板取地區的神社，歷史發源可追溯到9世紀的白山信仰。明治時期將島下神社、雷神神社、白山神社（2社）、山神神社和金山彥神社等合祀而成為目前的形式。鳥居旁的池塘透明度高，睡蓮和日本萍蓬草等植物漂浮於湖面上的樣貌神似莫內畫作《睡蓮》而廣受好評。

MAP 附錄6D-3
☎0581-57-2111（関市板取事務所）
📍自由參拜　📍関市板取下根道上448　🚉JR岐阜站搭岐阜巴士往洞戶1小時10分，於終點換乘板取ふれあい巴士15分，あじさい園下車即到　🅿免費

池塘真正的名字為何？

雖被稱為「莫內之池」，但實際上並沒有名字。據說是在攝影愛好者之間流傳能拍到漂亮照片而出名。

最漂亮的時期是什麼時候？

睡蓮開花的5月底到7月左右特別漂亮。拍攝照片的話則是推薦10時到12時左右。

CLOSE UP

莫內之池位在根道神社的鳥居旁

造訪的同時別忘了參拜

上午陽光直射使得池塘更加透明

美濃

岐阜市

各務原

美濃

關

郡上八幡

姬野高原

大垣

關原

美濃加茂

可兒

多治見

土岐

中津川

惠那

妻籠馬籠

MAP 附錄2E-1

珈琲茶館 夢元亭
●こーひーちゃかん　むげんてい

☎0575-24-4682 咖啡廳

堅持器皿和用水的咖啡廳

用咖啡製作的特製冰塊再淋上熱騰騰的原創綜合咖啡後品嘗的「冷やし珈琲」一年四季都有提供。午餐的義大利麵也廣受好評。

⏰7:00～19:00（週日～18:00）
休週三（逢假日則營業）
🏠關市池田町53
🚌長良川鐵道關站搭巴士往洞戶7分，綠ヶ丘3丁目下車步行5分
🅿免費

○冷やし珈琲（600日圓）裝著快滿出來的冰塊

MAP 附錄6D-3

繡球花道
●あじさいロード

☎0581-57-2111
（關市板取事務所） 景點

色彩繽紛的繡球花之道

6月下旬到7月中旬左右，沿著街道的斜坡約有7萬株的繡球花恣意綻放。被選為日本之道的百選之一。

⏰自由參觀
🏠關市板取全域 國道、縣道沿路
🚗東海北陸道美濃IC 28km

MAP 附錄6D-3

田舍料理しゃくなげ
●いなかりょうりしゃくなげ

☎0581-57-2011 美食

用油炸、鹽燒和蓋飯等料理品嘗溪魚

從餐廳旁的板取川現撈的新鮮紅點鮭和香魚等，使用天婦羅、燒烤和土鍋飯等各式各樣的烹煮方式來品嘗。

⏰11:00～14:00、17:00～21:00
休週三（逢假日則營業）
🍴炸紅點鮭（1條）756日圓、炸味女泥鰍1080日圓、紅點鮭飯（2人份，需預約）3456日圓
🏠關市板取1591-4
🚗東海北陸道美濃IC 32km
🅿免費

○善用食材原始滋味的料理頗受好評

MAP 附錄6D-4

板取川洞戶観光ヤナ
●いたどりがわほらどかんこうヤナ

☎0581-58-2217 美食

體驗ヤナ漁和品嘗香魚料理

捕捉順流而下的「落香魚」是從古傳承至今的漁法——ヤナ漁。因清流而著名的板取川新鮮香魚可用鹽燒或生魚片等吃法享用。

⏰4月下旬～11月中旬為10:00～17:00（視時期而異）
休期間中無休
🏠關市洞戶小坂1712
🚌長良川鐵道關站搭岐阜巴士往洞戶1小時13分，洞戶観光やな下車即到
🅿免費

○新鮮香魚1條620日圓，全餐3100日圓起

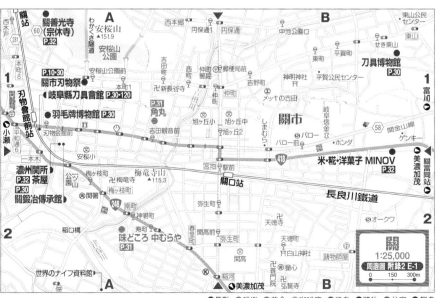

●景點　●玩樂　●美食　●咖啡廳　●溫泉　●購物　●住宿　●祭典

郡上八幡

受到清流和郡上八幡城守護的城下町

ぐじょうはちまん

是這樣的地方！

此區仍可見當時作為城下町而繁榮發展的往日濃厚色彩，也是名聞遐邇的名水景點。郡上舞期間日本各地觀光客蜂擁而至，整座城鎮熱鬧非凡。

受惠於清澈水流的郡上八幡，擁有流經城鎮中心的吉田川和日本名水百選的宗祇水等。水流聲療癒人心，在此度過和諧的時光吧。

廣域MAP	附錄P.6
住宿資訊	P.64

洽詢
郡上八幡觀光協會
☎0575-67-0002
郡上八幡
產業振興公社
☎0575-67-1819

沉醉於饒富風情的小徑

清流散步

漫步於城下町

①谷中水之小路
★やなかみずのこみち

鋪設長良川和吉田川約8萬個圓石，藉以表現水流和漩渦的石板小路。水路、路旁柳樹和古民家相映成趣，是風雅的休閒好去處。

MAP 38A-3
☎0575-67-0002（郡上八幡觀光協會）
所郡上市八幡町新町
交新町巴士站即到／城下町廣場步行5分

名水

步行即到

②カフェ・町家さいとう
★カフェ・まちやさいとう

利用齋藤美術館主屋的民家咖啡廳。能品茗到以名水沖泡的抹茶，令人欣喜。蕨餅冰淇淋(500日圓)也廣受好評。

MAP 38A-3
☎0575-65-3539
時11:00～16:30
休週四、1～2月
所郡上市八幡町新町927
交新町巴士站即到

抹茶（600日圓）

利用被登錄為有形文化財的建築。被美術品環繞的空間令人安心。

郡上水故事

第6代城主規劃完整的街區

1652(承應元)年所發生的火災使得北町幾乎消失，第6代城主遠藤常友為了防火而在城鎮內規劃完善的水路，勾勒出現在城鎮的原型。目前隨處可見的水路是以先人的智慧為基礎，維持著市民們的生活。

智慧所孕育的水舟

將水路的水以樓梯狀般儲蓄使用的「水舟」。上段為飲用水，中段為洗滌蔬菜，下段則是清洗鍋碗瓢盆，依用途不同而分段使用。大多設於農家或個人住宅地當中，最近也有不少觀光用的水舟。

欣賞中庭的同時可品嘗甜點歇息♪

6～9月限定的紅豆湯圓冰（600日圓，加料另付100日圓）

郡上八幡MAP

懷舊建築
郡上八幡博覽館
→P.37

⑤古風街道

高山↑
472

城山公園
安養寺
蕎麥正まつい 郡上八幡店

小駄良川
起點在這裡！
郡上八幡城下町廣場
宗祇水
大黑屋

井川小徑
Restauro Sympa

郡上八幡城
6
八幡大橋

八幡小學
Takara Gallery workroom
③

食品サンプル創作館
さんぷる工房
中庄
郡上八幡郵局
吉田川
親水遊步道
新町
②カフェ・町家さいとう
齋藤美術館

郡上八幡站
谷中水之小路
願蓮寺 最勝寺
256

懷舊建築
郡上八幡舊廳舍紀念館
→P.37

ACCESS

電車	岐阜 → 美濃太田 → 郡上八幡	1小時57分 1850日圓
	JR高山本線　長良川鐵道	
巴士	名鐵岐阜BT → 郡上八幡城下町廣場	1小時12分 1520日圓
	岐阜巴士	
開車	郡上八幡IC → 郡上市街	約2.5km
	東海北陸自動車道 156 256	

前往城下町廣場的交通方式

長良川鐵道郡上八幡站搭まめ巴士13分

※由於郡上八幡站離市區距離較遙遠，移動時可使用まめ巴士。分成2條路線，前往城下町廣場則是搭乘紅色路線較為快速。也能選擇在舊廳舍紀念館租借自行車。

Check!

宗祇水 名水
★そうすい

作為日本名水百選的第一號而聞名。

MAP 38A-2
☎0575-67-0002（郡上八幡觀光協會）
所郡上市八幡町本町
交本町巴士站即到

美濃

岐阜市

各務原

美濃

關

郡上八幡

蛭野高原

大垣

關原

美濃加茂

可兒

多治見

土岐

中津川

惠那

馬籠

在被稱為日本最美的山城中感受歷史

因是紅葉的名城而大受歡迎。從天守閣能將城鎮一覽無遺

6 郡上八幡城
★ぐじょうはちまんじょう

於戰國時代後期的1559年築城。目前的天守閣為1933年重建，作為日本最早的木造重建城而聞名。秋天的紅葉美不勝收，吸引觀光客爭相造訪。

MAP 38B-1

📞0575-67-1819(郡上八幡產業振興公社)
🕙9:00～16:45(有季節性變動) 🈺不定休 💴310日圓(郡上八幡博覽館共通券650日圓) 📍郡上市八幡町柳町一の平659 🚍城下町プラザ巴士站步行15分 🅿免費

(步行15分)

郡上八幡伴手禮

用名水製作的手工滋味

大黑屋 ★だいこくや

此店製作當地自古以來被廣泛使用的調味料。以古早製法將日產大豆熟成的「郡上地味噌」，即使只使用少量也能嘗到豐富的風味。

MAP 38A-2

📞0575-65-2071
🕙8:00～19:30 🈺不定休 📍郡上市八幡町本町837 🚍本町巴士站即到

三星醬料
500㎖ 460日圓
集結10種蔬菜的美味，以帶有古早的甜味為特徵。芹菜和辛香料讓醬汁別具滋味

郡上地味噌
500g 480日圓～(秤量販售)
只能在這買到的無添加防腐劑的味噌。圖片為桶裝3kg3015日圓～

醬油米菓、醬料米菓
各450日圓
有當地受歡迎的古早醬油味，和堅持品質的三星醬料味2種

有如水般的冰涼甜點大受好評

中庄 ★なかしょう

郡上八幡傳承三代的和洋菓子店。使用郡上八幡天然水製作的「清流のしずく」是簡單但帶有高雅甜味的果凍。可淋上黑蜜或白蜜品嘗。

MAP 38A-3

📞0575-65-2433
🕙9:30～19:00 🈺週三 📍郡上市八幡町本町541 🚍旧庁舎記念館前巴士站即到

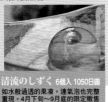

清流のしずく 6個入 1050日圓
如水般通透的果凍。連氣泡也完整重現。4月下旬～9月底的限定販售

郡上舞的必備用品手巾的手工製作體驗極受歡迎

大功告成！

完成。最後用吹風機吹乾墨水後，原創的擦手巾就此

選擇色彩、圖案
將喜愛的色彩與圖案搭配組合。共有20色和30種圖案，每隔2個月會替換。

印刷
將網版放於手巾之上，塗上顏料後以刮刀壓印。工作人員會從旁協助所以敬請放心。

3 Takara Gallery workroom
★タカラ ギャラリー ワークルーム

被稱為是絹版印刷發源地的郡上市。在改建自民家的體驗工坊，能體驗製作郡上舞時不可或缺的手巾，顏色和圖案可自行組合。

MAP 38B-2

📞050-3682-1861
🕙10:00～17:00(需預約) 🈺週三、第4週二 📍郡上市八幡町島谷470-28 💴手巾印製體驗1000日圓～，環保袋印製體驗1300日圓～ 🚍旧庁舎記念館前巴士站步行5分

販賣區有絹版印刷的手巾和扇子等雜貨

(步行即到)   (步行10分)

4 井川小徑
★あじさいロード

散步道沿著鎮內最大的生活用水路。水路能見到紅點鮭和鯉魚悠遊其中，饒富風情景致。在此有公共洗滌場，也會舉辦當地居民的清掃活動。

MAP 38A-2

📞0575-67-0002(郡上八幡觀光協會)
📍郡上市八幡町島谷 🚍旧庁舎記念館前巴士站即到

名水

溪魚悠游的優美水路

由於是位於民宅後方的狹窄小徑，所以請保持安靜散步

漫步於傳統的街區

民宅的屋簷掛著防火用的水桶

5 古風街道
★ふるいまちなみ

位市區北部，仍遺留作為城下町而繁榮發展的往日濃厚色彩。擁有袖壁和紅殼格子等古代建築樣式的民宅保留至今，門前流經的是清澈的生活用水。

MAP 38A-1

📞0575-67-0002
(郡上八幡觀光協會)
📍郡上市八幡町鍛冶屋町 🚍城下町プラザ巴士站即到

(步行7分)

🍴 **午餐的最佳選擇** ➡

Restauro Sympa ★レストロ サンパ

從當地農家進貨的無農藥蔬菜製作的義大利麵和飛驒牛漢堡頗受好評。晚餐則能品嘗到飛驒牛、長良川的香魚等，於狩獵季節則是使用野味的創作料理。

MAP 38A-2

📞0575-67-0252
🕙11:30～13:45、17:30～21:00 🈺週四 📍郡上市八幡町本町831-1 🚍本町巴士站即到 🅿免費

能感受木頭溫度的明亮空間

義大利麵午餐(972日圓)，例：郡上蔬菜的紅醬自製麵包、甜點、飲品套餐(沙拉搭配甜點套餐)(486日圓)

每年有30萬的參加者共襄盛舉

由於手勢簡單易懂，所以很快便能融入其中

2019年 郡上舞行事曆

9月7日 舞蹈閉幕式

地點／新町～今町

送走舞蹈移動舞台的閉幕儀式，是在這一天才會由人群拖著移動舞台邊跳舞邊移動，歡送移動舞台的無數燈籠營造出夢幻的景象。

8月19日 日吉神社祖靈祭 （團體舞蹈競賽大會）

地點／立町

由5人1組表演指定課題曲的舞蹈競賽。

8月13日～16日 盂蘭盆會（徹夜舞蹈）

地點／新町～橋本町（～15日）、本町（16日）

徹夜跳舞直至隔日早晨

7月13日 郡上舞發祥祭

地點／舊廳舍紀念館前

宣布郡上舞開幕的儀式。從晚上8時至隔天11時左右

祭典期間擁有最多的參加者。從晚上8時到凌晨4、5時，跳舞的陣型徹夜不停歇。有部分延長營業時間的店鋪和攤販，可找尋機會休息，以自己的步調享受郡上舞吧。

\想參加就選擇這裡！/

行事曆和下方地圖為2019年1月的資訊。可能有所變更，行程前請再次確認。

郡上舞基本資訊

據說是江戶時代郡上藩主為了促進居民的融合而開始的祭典。特徵為不分觀光客和當地居民一起圍成圓圈跳舞。從7月中旬到9月上旬在城鎮內的街道、廣場和神社等地依序舉辦。

洽詢 📞0575-67-0002 **MAP** 38A-2
（郡上八幡觀光協會）

會場MAP

周邊圖 P.38

更衣室的使用時間和費用需在當地確認。

- 郡上舞實際表演（付費）
- 白鳥
- 郡上八幡博覽館
- 徹夜舞蹈最終日（8/16）的舞蹈會場
- 城下町廣場
- 設有更衣室（8/13～16除外）
- 宗祇水
- 清水橋
- 吉田川
- 宮ヶ瀨橋
- 白龍神社
- WC
- 新橋
- 學校橋
- 郡上舞蹈發祥碑
- WC 郡上八幡舊廳舍紀念館
- 新町
- 谷中水之小徑
- 橋本町
- 提供被點亮，進行夜間點燈
- 徹夜舞蹈（8/13～8/16）的舞蹈會場
- ふれあい會館
- 郡上八幡站
- 設有更衣室（限8/13～16）
- 美濃太田
- 長良川鐵道

留意停車場和交通管制！

徹夜舞蹈期間市內營加一般的停車場共有8座，還設有臨時停車場。下午市區全體會進行交通管制，請多加留意。

名列日本三大民舞的郡上舞。舉辦期間內城鎮全體熱鬧非凡。盆會的徹夜舞蹈將活動推向了熱鬧的最高潮。

郡上舞

舉辦約30晚的夏季代表性活動

三百踊

郡上おどり

舞蹈重點

其一 首次參加也能盡歡

事前練習讓舞蹈完美無瑕

郡上舞舉辦日的週六日和8月13日到16日期間，於郡上八幡舊廳舍紀念館舉辦「郡上舞教室」。學習訣竅享受舞蹈的樂趣。

請在此預約
郡上舞教室
http://gujo-odori-lesson.gujohachiman.com/

請務必預約後參加（40分520日圓）

其二 穿著浴衣和木屐炒熱氣氛

踢響木屐炒熱氣氛是郡上舞的特徵，能自己準備木屐最佳，但於當地也能調度得到。原則上服裝自由，但有能租借浴衣的店鋪，以及換穿浴衣的付費更衣室。

石山吳服店 いしやまごふくてん
MAP 38A-3
📞0575-65-3854
🕙10:00～17:00（郡上舞期間內需洽詢）
休 週日、假日（有預約時則營業）
所 郡上市八幡町島谷828
交 長良川鐵道郡上八幡站搭まめ巴士13分，城下町プラザ下車步行10分

其三 精進舞技後就能取得證照!?

舞蹈保存會於郡上舞期間內會發行證照給穿著浴衣的「舞技高超者」（需付費）。為了得到認可證，請盡情發揮舞技吧。

能放入自己的名字

其四 找尋添購些相關商品吧

手巾 800日圓
由於每年圖案皆有所不同可作為參加的紀念品

團扇 450日圓
有些扇子會寫上歌詞的一部分

郡上木履 ●ぐじょうもくり
MAP 38A-3
📞0575-67-9235
🕙10:00～18:00（郡上舞期間內營業至郡上舞結束為止）
休 週三（郡上舞期間內營業）
所 郡上市八幡町橋本町908-1-1
交 長良川鐵道郡上八幡站搭まめ巴士13分，城下町プラザ下車步行5分

女性用木履 4200日圓
在郡上木履能購買當地的舞蹈木履

浴衣和腰帶的租借（協助穿著，需預約）3780日圓
在石山吳服店租借浴衣

36

美術館

谷中三館
●やなかさんかん

旅行 PICK UP 景點

☎0575-67-0002
（郡上八幡觀光協會）

MAP 38A-3

谷中水之小路裡的三間美術館

彷彿環繞谷中水之小路而建，おもだか家民芸館、齋藤美術館和遊童館的總稱。除了展示各自的美術品和民藝品外，還有被指定為國家重要文化財的齋藤美術館的母屋等眾多值得一見之處。

↓展示當地出身的藝術家水野政雄的作品「心之森博物館 遊童館」

↑「奧美濃おもだか家民芸館」一次排開描繪香魚的畫家水野柳人的作品

↑主要展示茶道具以及設有茶室的「齋藤美術館」

🕐休視設施而異　¥3館共通券700日圓
🏠郡上市八幡町烏谷·新町
🚏新町巴士站即到

☎0575-65-3274（心之森博物館 遊童館）
☎0575-65-3332（奧美濃おもだか家民芸館）
☎0575-65-3539（齋藤美術館）

展示館

郡上八幡博覽館
●ぐじょうはちまんぱくらんかん

☎0575-65-3215 景點

MAP 38A-1

使用大正時代的舊稅務署，介紹郡上八幡的歷史。1天會舉行4次郡上舞的現場表演。

🕐9:00～17:00（郡上舞期間內～18:00）　休無休
¥520日圓（郡上八幡城共通券650日圓）　🏠郡上市八幡町殿町50　🚏博物館前巴士站即到　Ｐ免費

蕎麥麵

蕎麦正まつい 郡上八幡店
●そばしょうまつい ぐじょうはちまんてん

☎0575-67-0670 美食

MAP 38A-2

來自縣外的老客人眾多

為了讓客人品嘗蕎麥麵原本的滋味，即使是冬季也只賣竹籠蕎麥麵。能品嘗當季的天婦羅，還有午餐限定2組、晚餐限定1組的蕎麥麵宴席料理。

🕐11:00～售完打烊　休不定休（4～11月無休）　🏠郡上市八幡町鍛冶屋町774-2　🚏城下町プラザ巴士站即到　Ｐ免費

↓竹籠蕎麥麵（1000日圓）。提供現磨、現擀、現煮的蕎麥麵。

溪魚料理

新橋亭
●しんばしてい

☎0575-65-2729 美食

MAP 38A-2

眺望清流時品嘗香魚料理

於1937（昭和12）年創業。堅持直接進貨當地釣客釣取的天然香魚。除了香魚料理之外，使用自製味噌和溪魚的餐點也頗受好評。

🕐11:00～14:30、17:00～20:00（郡上舞期間內～21:00）　休不定休　🏠郡上市八幡町桜町268-3　🚏新橋巴士站即到

↓天然香魚定食（3600日圓～）。香魚漁解禁的6～10月的限定料理。

觀光服務處

郡上八幡舊廳舍紀念館
●ぐじょうはちまんきゅうちょうしゃきねんかん

☎0575-67-1819 景點
（郡上八幡產業振興公社）

MAP 38A-2

懷舊摩登的觀光服務處

昭和初期以木造洋風建的舊役場廳舍。目前作為觀光服務處，設有名產的販售部、餐廳和免費休息處。

🕐8:30～17:00（郡上舞期間內有所變動）　休無休　🏠郡上市八幡町島谷520-1　🚏旧庁舎記念館前巴士站即到　Ｐ30分內免費，1小時150日圓，之後每30分50日圓

↓木造2層樓的建築，被登錄為國家的有形文化財

🎵玩樂 挑戰在郡上風行的食品模型製作！

有看似美味的伴手禮！

啤酒吊飾
540日圓

章魚燒磁鐵
540日圓

露出少許食材更加增添真實感

3▶以蠟作為漿糊，包裹麵衣

淋上融化的蠟作為漿糊，用手輕柔地將麵衣包裹起來。表現出麵衣的真實感後再加以冷卻便完成作品

完成！

1▶選擇材料

可選擇蝦、茄子或南瓜等3種喜歡的材料

2▶製作麵衣、放入食材

將融化的蠟放入溫水，製作天婦羅的麵衣。在擴散的蠟中放上食材

觀摩師傅的技術&體驗

食品サンプル創作館 さんぷる工房
●しょくひんサンプルそうさくかん さんぷるこうぼう

☎0575-67-1870

MAP 38A-3

能體驗食品模型的製作技術和魅力的觀光設施。除了販賣使用食物模型的鑰匙圈和磁鐵等伴手禮外，還有餐廳正式使用的業務用食物模型。

🕐9:00～17:00（郡上舞期間內會延長）　休無休（12～翌2月為週四）　免費入館，食物模型製作體驗（天婦羅3種1290日圓、甜點塔970日圓、杯裝冰淇淋970日圓）※體驗需預約　🏠郡上市八幡町橋本町956　🚏新町巴士站即到

以視覺享受和歌世界

以和歌為主題的戶外博物館。在廣大的占地中以活用自然地形的立體迴廊型展示館為中心，還有餐廳、茶屋與和風小物商店等設施。

CLOSE UP

古今傳授之里Field Museum
●こきんでんじゅのさとフィールドミュージアム
📞0575-88-3244 **MAP**附錄6E-2
🕐9:00～17:00（12～翌3月為10:00～16:00，視設施而異）🈳週三（逢假日則翌平日休）🉐入館費310日圓
🚏郡上市大和町牧912-1 🚌長良川鐵道德永站搭計程車5分 🅿免費

咖哩 **MAP**38B-1

手づくりキッチンmaru mitsu
●てづくりキッチンマルミツ
📞0575-67-1703 **美食**

使用岐阜縣品牌土雞的奧美濃咖哩

以郡上的地味噌提味，能品嘗到使用奧美濃古土雞、蔬菜和米等奧美濃食材的奧美濃咖哩。也提供定食、麵類和披薩等料理。
🕐11:00～14:00、17:00～20:30（週六日、假日9:00～20:30）🈳週二 🚏郡上市八幡町小野2-70
🚌郡上高校前巴士站即到 🅿免費

◆奧美濃古土雞親子咖哩（1200日圓）套餐附沙拉

鐵板料理 **MAP**38A-2

泉坂
●いずみさか
📞0575-67-0474 **美食**

使用當地食材的鐵板料理

能以合理的價格享用到高級飛驒牛或奧美濃古土雞鐵板燒的鐵板料理店。還能品嘗到受歡迎的朴葉味噌燒和使用當地產蔥的郡上燒等奧美濃的知名美食。

🕐11:00～14:00、16:00～22:00 🈳週二（逢假日則翌日休）🚏郡上市八幡町殿町177 🚌城下町プラザ巴士站即到 🅿免費

◆飛驒牛牛排（130g 3450日圓～）。單點料理+430日圓能升級定食

和菓子 **MAP**38A-2

桜間見屋
●おうまみや
📞0575-65-4131 **購物**

1887(明治20)年創業的和菓子店。加入高級砂糖和肉桂製作的「肉桂玉」能一窺職人熟練的技術。

🕐8:30～19:30 🈳週三（7、8月無休）🚏郡上市八幡町本町862 🚌本町巴士站即到

伴手禮・鄉土料理 **MAP**38A-2

流響の里
●りゅうきょうのさと
📞0575-66-2200 **購物**

能買到伴手禮和以當地食材製作的熟食，還有餐廳、實景模型水族館和食物模型製作工坊。

🕐9:30～17:30（2樓餐廳11:00～15:00，視季節而異）🈳無休 🚏郡上市八幡町殿町166 🚌城下町プラザ巴士站即到

冷麵 **MAP**38A-3

おしどり
📞0575-65-2237 **美食**

和風滋味的郡上冷麵廣受歡迎的和食店

夫妻所經營的和食店。使用郡上名水的鹽味湯頭、切片洋蔥和芝麻等配料為必備條件的「郡上冷麵」，僅限夏季能品嘗得到。點餐後才製作的釜飯也頗受好評。
🕐11:00～21:00（週五～14:00）
🈳無休 🚏郡上市八幡町新町934
🚌新町巴士站即到

◆鹽味湯頭加上少許的醬油，深奧滋味的郡上冷麵拉麵（780日圓）

咖啡廳 **MAP**38A-3

珈琲館チロル
●こーひーかんチロル
📞0575-67-0508 **咖啡廳**

以名水沖泡的自家焙煎咖啡

使用店內烘焙的咖啡豆製作的咖啡，雜味少且餘味爽口。在古典風擺飾的店內空間度過放鬆歇息的時光。

🕐9:00～18:00（郡上舞期間會延長）
🈳週三 🚏郡上市八幡町新町965 🚌新町巴士站即到

◆中焙的川崎綜合咖啡（420日圓）和放入自製咖啡凍的摩卡聖代（600日圓）

郡上八幡 1:7,500
周邊圖 附錄6 E-2
0 50 100m

（地圖）

郡上八幡積翠園飯店 P.64
郡上八幡博覽館 P.37
郡上市
郡上高前
郡上八幡城 P.7·35
P.38 手づくりキッチンmaru mitsu
古風街道 P.35
蕎麥正まつい郡上八幡店 P.37
城下町プラザ
郡上八幡城下町廣場 P.37
Restauro Sympa P.35
吉田屋
新橋亭 P.38
郡上舞 P.10·36
流響の里 P.38
磨墨 備前屋 泉坂 P.38
大黑屋
桜間見屋 P.34
宗祇水
清水橋
食品サンプル創作館さんぷる工房 P.37
珈琲館チロル P.38
齋藤美術館 P.37
カフェ・町家さいとう P.34
谷中水之小路 P.34
心之森博物館遊童館 P.37
民芸館 奥美濃おもだか家 おしどり P.37·38
中嶋屋
石山吳服店 P.36
郡上八幡站
八幡大橋
井川小徑 P.35
郡上八幡舊廳舍紀念館 P.37
Takara Gallery workroom P.35
中庄 P.35
郡上木履 P.36

●景點 ●玩樂 ●美食 ●咖啡廳 ●溫泉 ●購物 ●住宿 ●祭典

岐阜市

各務原

美濃

關

郡上八幡

蛭野高原

大垣

關原

美濃加茂

多治見

中津川

惠那峽

被**自然環抱**的園內
感受**四季**的魅力

擁有豐沛自然環境的高原度假勝地

蛭野高原
·ひるがのこうげん

是這樣的地方！

標高約900m的高原地帶，能在此邂逅恬靜風景和可愛動物。最適合在此度過悠閒愜意的假日。高原美食也不容錯過！

桑蓓斯
(7月上旬～10月中旬)
綻放的夏季風景

春季為鬱金香
(5月上旬～中旬)
將園內妝點得五彩繽紛

5種薰衣草
(7月上旬)
約22000株綻放的夏季

在轉為白銀季節的冬季享受玩雪樂趣

一年四季玩樂無極限

看動物！

吃美食！

牧歌之里
★ぼっかのさと

在被大日岳和白山所環抱的廣大牧場享受戶外遊玩樂趣。散步於一串紅或薰衣草等當季植物所綻放的花圃，或是和可愛動物互動都樂趣無窮。使用新鮮乳製品製作的牧場美食也不容錯過！

☎0575-73-2888　**MAP** 41B-2
🕙10:00～17:00（週六日、假日9：00～，視時期而異）🚫11月下旬～4月上旬的平日 💰入園費1130圓，入園+溫泉套票1750圓 📍郡上市高鷲町鷲見2756-2 🚗東海北陸道高鷲IC 13km 🅿免費

廣域MAP 附錄P.10
住宿資訊 P.64

洽詢
高鷲觀光協會
☎0575-72-5000
蛭野高原
觀光服務處
☎0575-73-2241

蛭野高原
郡上八幡
岐阜
多治見

ACCESS

🚌巴士	岐阜巴士	白鳥交通巴士
JR岐阜BT	郡上白鳥(美濃白鳥)	蛭野高原
	🕐1小時52分 💴1860日圓	🕐40分 💴720日圓

	岐阜巴士	
名鐵BC(名古屋)		蛭野高原SA
🕐1小時36～53分 💴2470日圓		

🚗開車	東海北陸自動車道	
高鷲IC	45 156	蛭野高原
	🚙約13km	

東海北陸自動車道
蛭野高原SA智慧型IC(ETC專用) — 蛭野高原
🚙即到

和動物接觸互動！
在設有牛舍和馬廄的牧舍與放牧於寬廣牧草地的羊廣場，會舉行動物的互動體驗。

綿羊飼料餵食
費用	飼料費1個100日圓
時間	隨時
地點	羊廣場
預約	不需

心滿意足於高原美食！
別忘了牧場才有的高原美食。使用新鮮牛奶製作的甜點最適合作為伴手禮！

呼～

娟姍牛乳的起司蛋糕 1620日圓

擠乳體驗
費用	免費
時間	11:00～、14:30～1日2次舉辦
地點	牛舍
預約	不需

輕輕用手掌包住溫柔地擠搾

郡上的美味濃厚布丁 380日圓

遊玩後泡溫泉紓解身心

牧歌之里溫泉 牧華 ★ぼっかのさとおんせん ぼっか

設施內設有溫泉。每週替換的香草溫泉或薄荷香的噴霧三溫暖令人能好好地放鬆身心。館內附設販售入浴劑等產品的「伴手禮商店」。

MAP 41C-2
☎0575-73-2888
🕙11:00～20:00 🚫週二
💰泡湯費820日圓

清爽涼風吹拂的露臺座位

在露臺座位享用高原午餐

在自然豐沛的高原，
貓頭鷹歡迎著各位的到來

パスタ・キッチン&バー
OWL
★パスタキッチンアンド バー アウル

受花草和綠意環繞的小木屋風義大利麵餐廳。午餐提供當日招牌的義大利麵，晚間則化身為有多種雞尾酒的酒吧。

☎0575-73-2433 **MAP** 41A-1
⏰11:00～14:00、18:00～22:00（週日限午餐、12月中旬～翌3月限晚餐營業） 休週一（逢假日則翌日休） 所郡上市高鷲町ひるがの4670-339 交長良川鐵道美濃白鳥站搭白鳥交通巴士往ひるがの40分，分水嶺公園下車步行7分 P免費

發現美味餐宴！

從了種義大利麵擇了
的當日義大利麵
午餐1080日圓

高原美食
滿足口腹♪

巨大的橡樹十分醒目

豐沛自然所孕育的高原美食。介紹在森林中悠閒品嘗午餐，以及販售眾多名產和伴手禮的公路休息站。

〈 伴手禮在這裡買♪ 〉

蛭野高原SA
★ひるがのこうげんサービスエリア

標高約874m，是日本標高最高的高速公路休息站。高原限定的特產美食一應俱全，尤其是使用蛭野高原牛乳的霜淇淋(350日圓)很受歡迎。

☎0575-73-0022 **MAP** 41B-2
⏰餐廳7:00～21:30（12～3月至20:30），商店至22:00（12～3月至21:00），麵包工坊（限下行線）售完即打烊
※視設施而異

蛭野高原
優格飲品
250日圓

蛭野高原
泡芙
240日圓

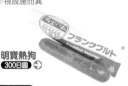
明寶熱狗
300日圓 →

從SA也能進出
Kukkula Hirugano
★クックラひるがの

與蛭野高原SA連通。使用當地食材的餐廳、起司工坊、郡上和飛驒的伴手禮店等匯集的複合設施。

☎0575-73-0101
⏰9:00～19:00（12～翌3月為10:00～18:30，視店鋪而異） 休視店鋪而異 **MAP** 41B-2

北歐風的建築有6間店鋪進駐

瀑布 **MAP** 41A-1

夫婦瀑布
●めおとだき
☎0575-72-5000
(高鷲觀光協會)
📷景點

一年四季不同景致的瀑布

兩條水流感情和睦地並流而下。長良川最上流部分的瀑布。因為位於從國道156號稍微步行可到之處，所以能享受到森林浴的樂趣。

自由參觀
所郡上市高鷲町ひるがの
交東海北陸道高鷲IC10km
P免費

→有深綠襯托的2道優美瀑布

植物園 **MAP** 41A-1

蛭野高原濕原植物園
●ひるがのしつげんしょくぶつえん
☎0575-73-2241
(蛭野高原觀光服務處)
📷景點

觀察綻放於高原的珍貴植物

佔地2.2公頃的園內，有原生的白毛羊鬍子草和金光花等珍貴的濕原植物。由於有規劃良好的木製通道，故能享受到散步的樂趣。

⏰4月下旬～10月上旬的9:00～16:30
休期間內不定休，9月最後週日～10月上旬僅週六和假日營業
¥100日圓
所郡上市高鷲町ひるがの4670-3694
交長良川鐵道美濃白鳥站搭白鳥交通巴士往ひるがの40分，ひるがの高原下車即到
P免費

←濕原和大日岳所交織的雄偉景色

岐阜市
各務原
美濃
關
郡上八幡
蛭野高原
養老大垣
關原
美濃加茂可兒
多治見土岐
中津川惠那
惠島飛驒

公園 花之驛站 蛭野高原掃帚草
●はなのえき ひるがのこうげん コキアパーク

☎0575-73-2311 景點

MAP 41B-1

1萬株的掃帚草花圃不看可惜

夏季到秋季限定於蛭野高原滑雪場開園。能欣賞到掃帚草和五彩繽紛的花圃。乘坐展望吊椅纜車直達山頂也十分推薦。

🕐8:30～17:00 (吊椅纜車9:00～16:00)
🚫10月下旬～7月中旬 (開園期間內無休)
💰500日圓 (吊椅纜車單程500日圓，來回800日圓)
📍郡上市高鷲町ひるがの4670-75
🚌長良川鐵道美濃白鳥站搭白鳥交通巴士往ひるがの的43分，ひるがのスキー場下車即到
🅿免費

↪10月上旬能見到染成深粉紅色的掃帚草

冰淇淋店 CreekSyde
●クリークサイド

☎0575-73-2205
(B&B分水嶺) 購物

MAP 41A-2

滿滿高原牛奶的霜淇淋

使用蛭野高原牛乳的柔順口感霜淇淋(350日圓)很受歡迎。冰淇淋有山葡萄、木莓、牛奶起司等稀有的口味。

🕐10:00～17:00 (週六日、假日～18:00)
🚫11月下旬～4月下旬，不定休
📍郡上市高鷲町ひるがの4671-378
🚌長良川鐵道美濃白鳥站搭白鳥交通巴士往ひるがの40分，分水嶺公園下車即到
🅿免費

↪在露臺座位邊欣賞分水嶺公園邊吃冰

咖哩 風見雞
●かざみどり

☎0575-82-4733 美食

MAP 附錄6E-1

一盤能享受到3種樂趣的貪心分量咖哩很受歡迎咖啡廳的餐點以當地食材製作，使用飛驒牛的歐風咖哩和椰奶為底的咖哩的奧美濃雙咖哩很受歡迎。

🕐10:00～14:30、17:00～19:30、週六日、假日10:00～20:00
🚫週一
🍽奧美濃雙咖哩(附冰淇淋) 980日圓、けいちゃん蓋飯980日圓、牛筋咖哩980日圓
📍郡上市白鳥町中津屋929
🚌長良川鐵道大中站步行3分
🅿免費

甜味的歐風咖哩和辣味的民族風咖哩共同演出

乳製品 たかすファーマーズ

☎0575-73-1022 購物

MAP 41A-2

品嘗高原孕育的濃厚味道

受歡迎的蛭野高原牛乳(左·900㎖702日圓、右·200㎖178日圓，直售店價格)

能嘗到蛭野高原製造的新鮮牛奶和起司。也販售手工的瑞士卷和義大利圓頂蛋糕等甜點。

🕐8:00～18:00 (12～翌2月至17:00)
🚫無休
📍郡上市高鷲町ひるがの4670-233
🚌長良川鐵道美濃白鳥站搭白鳥交通巴士往ひるがの40分，ひるがの高原下車即到
🅿免費

公園 蛭野高原分水嶺公園
●ひるがのぶんすいれいこうえん

☎0575-72-5000
(高鷲觀光協會) 景點

MAP 41A-1

從山前往海的水的旅程起點

公園位於從大日岳流出的水流分歧點。一邊由庄川流往日本海，一邊由長良川流往太平洋。

🕐自由入園
📍郡上市高鷲町ひるがの
🚌長良川鐵道美濃白鳥站搭白鳥交通巴士往ひるがの40分，分水嶺公園下車即到 🅿免費

能明顯觀察到水流分流的樣子

蛭野高原
1:45,000
周邊圖 附錄10 E-4
0 250 500m

●景點 ●玩樂 ●美食 ●咖啡廳 ●溫泉 ●購物 ●住宿 ●祭典

前往城下町的水都和綠意豐沛的藝術公園

大垣・養老
●おおがき・ようろう

★是這樣的地方！

因豐富的優質地下水而以水都聞名的大垣，還有擁有綠意盎然公園的養老。請務必要拜訪大垣城和養老瀑布等能感受到歷史的景點。

色彩繽紛好可愛♡

天花板上還有地板！

玩

不可思議的藝術空間
養老天命反轉地為愛知縣出生的現代藝術家荒川修作，以及詩人瑪德琳・金斯所設計的主題樂園。每一座展廳都有高度藝術性與作者所寄託的深厚寓意。

到尾玩翻公園

在「養老天命反轉地」體驗藝術!!
⏰9:00～16:30 ￥750日圓

由藝術家和詩人所創造出的體驗型藝術庭園。以斜坡和不可思議的展廳所組成的13個景點，用全身感受的同時一一造訪。因園內幅員廣闊，別忘了在櫃台索取園內地圖。

廣域MAP
附錄P.3
洽詢
大垣觀光協會
☎0584-77-1535
養老町商工觀光課
☎0584-32-1100

ACCESS

電車 JR東海道本線 岐阜 — 大垣 養老鐵道 — 養老
🕐43分 ￥650日圓

開車 名神高速道路 大垣IC — 258 — 大垣市街
🚗約5km

名神高速道路 大垣IC — 258 213 56 — 養老公園
🚗約11km

郡上八幡
岐阜
大垣
養老
多治見

位於養老山麓，被廣大自然環抱的養老公園。除了有不可思議的空間存在於橢圓形場地的「養老天命反轉地」外，還有被選為日本瀑布百選的「養老瀑布」，以及能嘗到養老當地美食的「樂市樂座・養老」等豐富的玩樂場所。

養老公園
●ようろうこうえん

MAP 附錄3B-3
☎0584-32-0501
（養老公園事務所）
⏰9:00～17:00 休週一（逢假日則翌日休）
￥視設施而異
📍養老町高林1298-2
🚉養老鐵道養老站步行10分
🅿免費（週六日、假日1次300日圓，黃金週、秋季活動期間免費）

確認全園MAP！

養老瀑布
みゆき橋
万代橋
紅葉橋
妙見橋
妙見堂
露營場
養老神社
菊水泉
渡月橋
ふるさと会館
養老寺 養老説教場
不動橋
野面山像
養老せせらぎ街道
野外ステージ
松風橋
養老公園高爾夫球場
クラブハウス
養老ランド
樂市樂座・養老
草坪廣場
養老小型高爾夫球場
網球場
養老天命反轉地
養老公園事務所
岐阜縣兒童王國
養老站
大垣
桑名

被選為日本名水百選的美麗湧水

秋季被紅葉染得繽紛，觀光客絡繹不絕

一回合18洞的天然草坪場地

有許多遊樂設施等適合幼童和小學生遊玩的地方

美濃

岐阜市

各務原

美濃

關

郡上八幡

莊野高原

養老

大垣

關原

美濃加茂

可兒

多治見

土岐

中津川

惠那

妻籠籠

白天的混亂地帶
在傾斜的空間內無章法地放置居家牆壁和沙發。讓人會逐漸喪失平衡感……。

抓住牆壁！

失去平衡感了～

咦？什麼(笑)

省吾！

東西是斜的

物品極度相似的家
內部由牆壁分隔形成迷宮。進入其中如果失去了平衡感，試著呼叫朋友的名字吧。

我先走囉！

等我～

稍作歇息…

運動路
有著傾斜沙發和水槽的不可思議空間。相機配合沙發攝影還能拍出不可思議的照片。

昆蟲山脈
彷彿尋求水源的昆蟲般爬上陡峭的岩石。在岩山上發現幫浦！

好厲害

養老天地反轉地辦公室
內部為海浪狀的地板，使用24色的色彩繽紛牆壁林立各處。地板和天花板是同樣的設計，挑戰人的平衡感！？

一應俱全的夢想鄉

從頭

養老

玩 食 癒 癒

癒 在「養老瀑布」療癒身心～♪

高約30m，寬約4m的水流瀉沖打岩角的知名瀑布。前往瀑布的道路被規劃為散步道，還能悠閒地順道拜訪附近的伴手禮店或寺院。

走過萬代橋便可見到養老瀑布

流傳於此的**養老傳說**
孝順的兒子為了父親而前往養老瀑布汲水時，湧水變成酒讓父親喜出望外的傳說流傳於此。

清冽的水流療癒人心

食 在「樂市樂座‧養老」品味知名美食

☎0584-32-3456（養老ランド）
🕙10:00～16:00 ¥免費入場

提供輕食、鄉土料理和咖啡等的餐廳以及伴手禮店匯集於此。使用養老香菇等當地產食材的美食不可不吃。

天命蕎麥麵
700日圓（めん工房）

養老產香菇熱狗
1盤3條500日圓（鄉土料理GET）

在綠意環繞的空間享用美食

伴手禮也要CHECK！

養老山麓蘇打
1瓶200日圓
（中華ショップ パンダ）

養老炒蕎麥麵
450日圓（サンサンビュー）

紀念館　　MAP附錄3B-2

奧之細道終點紀念館
●おくのほそみちむすびのちきねんかん
☎0584-84-8430　景點

遙想松尾芭蕉的「奧之細道」之旅

松尾芭蕉的「奧之細道」之旅結束之地便是大垣。設有介紹芭蕉本人與「奧之細道」的「芭蕉館」、以及介紹大垣先賢們偉業的「先賢館」。

■芭蕉館・先賢館9:00～17:00，觀光、交流館～21:00　◩無休　￥300日圓（觀光、交流館免費）　🅟大垣市船町2-26-1　🚉JR大垣站步行16分　🅿免費

←也有西美濃地區豐富的觀光資訊

史蹟　　MAP附錄3C-2

墨俁一夜城(大垣市墨俁歷史資料館)
●すのまたいちやじょう（おおがきしのまたれきししりょうかん）
☎0584-62-3322　景點

訴說秀吉的一夜城傳說

建於傳說中木下藤吉郎(豐臣秀吉)花一晚築城之地的歷史資料館。天守閣上有日本唯一一座的純金鯱像。

■9:00～16:30　◩週一（逢假日則擇日休）、假日翌日　￥200日圓　🅟大垣市墨俁町墨俁1742-1　🚉JR大垣站搭名鐵近鐵巴士往岐阜聖德學園25分，墨俁下車步行12分　🅿免費

←賞櫻季節的櫻花隨處綻放

賞花名勝　　MAP附錄3C-2

大垣的向日葵花海
●おおがきのひまわりばたけ
☎0584-81-4111（大垣市公所）　景點

每年約8月中～9月初約20萬朵向日葵綻放的花海景色，是居民們熟悉的夏季象徵。

■開花期間自由參觀　￥免費　🅟大垣市平町（2018年的舉辦地）※舉辦期間和地點每年有所不同　🚉東海環狀道大垣西IC 5km（平町）　🅿免費

史蹟　　MAP附錄3B-2

大垣船町川湊
●おおがきふなまちかわみなと
☎0584-81-4111（大垣市役所 商工觀光課）　景點

奧之細道旅程的最終地點

與桑名間的水運而繁榮的船町港遺址。因是芭蕉結束奧之細道旅程之地而聞名。明治時代重建的住吉燈塔遺留了往昔的面貌。

■自由參觀　🅟大垣市船町　🚉JR東海道本線大垣站步行15分　🅿免費

→高約8m的住吉燈塔所守護的風景

城　　MAP44A-2

大垣城
●おおがきじょう
☎0584-74-7875　景點

日本全國罕見的4層天守閣

於關原之戰因作為石田三成的基地城而聞名。4層4樓的總塗籠樣式優美建築，在夜晚點燈時也欣賞得到。

■9:00～16:30　◩無休　￥100日圓　🅟大垣市郭町2-52　🚉JR大垣站步行8分

←戰爭中燒毀後，於1959（昭和34）年重建

小知識！

於每年4月中旬到5月上旬的週六日和國定假日舉辦。搭乘橢圓形的盆舟遊覽市鎮中心的水門川。為事前預約制，因天候可能停駛。

乘坐盆舟悠閒地順流而下
↓欣賞新綠享受約30分的順流而下

水之都大垣盆舟
●みずのみやこおおがきたらいぶね
MAP44A-1
☎0584-77-1535（大垣觀光協會）

■9:20～16:20（1日6次）　￥1艘2000日圓（1艘最多3位，體重合計180kg以內，4歲以上）　🅟大垣市高砂町1 東外側駐車場（乘船場）　🚉JR大垣站步行7分　🅿30分100日圓（使用東外側停車場）

因水都而遠近馳名
造訪大垣的名水景點

CLOSE UP

位於全國擁有少數自噴帶的大垣，受惠於清澈的水流，自古以來各家各戶皆持有井戶舟，能活用當地的地下水。現今仍可見眾多湧出良質泉水的水井，醞釀出水都獨有的風情。

民時常當作飲用水使用的水井。當地居

↑水流快速流經2段水槽的水井

↑被選為「平成名水百選」的水井。有眾多的人從遠方來此造訪取水。

高屋稻荷神社的水井
●たかやいなりじんじゃのいど
MAP44B-1

加賀野八幡神社的水井
●かがのはちまんじんじゃのいど
MAP附錄3C-2

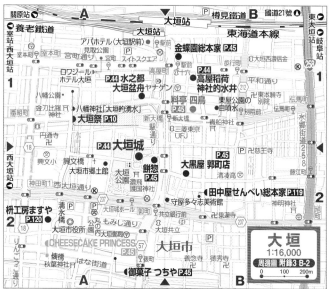

大垣
1:16,000

美濃

岐阜市 各務原 美濃 餅 郡上八幡 飛驒高原 大垣養老 關原 美濃可兒兹 多治見 中津川惠那川 飛驒 報籍

豆腐 大黑屋 郭町店
MAP 44B-2
●だいこくや くるわまちてん
☎0584-81-7775 購物

豆腐店所做的豆腐布丁

堅持使用大垣地下水和岐阜縣產的福豐大豆。豆腐和蜂蜜的搭配創造出爽口的甜味，豆乳甜點也很受歡迎。

🕐12:00～18:00 休週四、週日
📍大垣市郭町東2-14
🚉JR大垣站步行10分
🅿免費

抹茶、巧克力和柚子等口味齊全的豆乳甜點（各130日圓）

和菓子 御菓子 つちや
MAP 44A-2
●おかし つちや
☎0584-78-2111 購物

用銘菓和柿羊羹當伴手禮

1755(寶曆5)年創業，作為柿菓子的名店而家喻戶曉。170多年間受到喜愛的柿羊羹，使用柿子乾做出濃厚的甜味。

🕐8:30～19:30 休無休
📍大垣市俵町39
🚉JR大垣站步行15分
🅿免費

放於竹製容器的柿羊羹（1條864日圓起，圖為樣本版箱1512日圓起。帶有樸實的甜味）

和食 料亭 四鳥
MAP 44B-1
●りょうてい よんとり
☎0584-78-2843 美食

品嘗大垣的名水美食

因別具巧思的包廂而頗受好評的老字號料亭。使用大垣清水的特產「芭蕉水御膳」其中的「健腦便當」有大量岐阜縣產蔬菜。

🕐12:00～14:00（午餐需預約）、17:00～20:00 休不定休 📍大垣市東外側町1-15 🚉JR大垣站步行8分 🅿簽約停車場2小時免費

健腦便當（2700日圓起，不含服務費，午餐限定、4位起）

和菓子 金蝶園総本家
MAP 44B-1
●きんちょうえんそうほんけ
☎0584-75-3300 購物

使用優質大垣水製成的和菓子

1798(寬政10)年創業，因使用大量優質地下水製作的和菓子而有名的老字號店鋪。將葛粉摻入蕨粉製作的水饅頭(4入500日圓～、3月上旬～10月上旬販售)外，還有散發淡淡酒香的大垣名產金蝶園饅頭(1個130日圓)也值得推薦。

🕐8:00～19:00 休無休
📍大垣市高屋町1-17 🚉JR大垣站步行3分

提到大垣夏季的和菓子就會想到水饅頭（紅豆餡、抹茶、咖啡、當季餡料125日圓～）

和菓子 餅惣
MAP 44A-2
●もちそう
☎0584-78-3226 購物

孕育出水饅冰的老店

水饅頭(內用1人份3個350日圓，4月上旬～9月中旬販賣)為特產的和菓子店。在水饅頭放上刨冰而成的水饅冰也很受歡迎。

🕐8:00～18:00 休不定休
📍大垣市郭町1-61
🚉JR大垣站步行8分
🅿免費

林上白蜜的水饅冰（600日圓）在4月中旬到9月中旬吃得到

蛋糕 CHEESECAKE PRINCESS
MAP 44A-2
●チーズケーキプリンセス
☎0584-73-3115 咖啡廳

因起司蛋糕而受歡迎的咖啡廳

有眾多從遠方造訪的顧客。懷舊風的店內空間，販售著從超過100種口味中挑選出的20種蛋糕。比較不同口味也是一種樂趣。

鬆軟的起司蛋糕放入大垣特產的木枡當中，奢華的起司蛋糕（540日圓）

🕐9:00～18:30 休週三（逢假日則營業）📍大垣市西外側町2-45 🚉JR大垣站步行15分 🅿免費

 景點 ## 稍微走遠一點來造訪本巢、揖斐川吧！

當地居民熟知的「谷汲さん」
谷汲山 華嚴寺 ●たにぐみさん けごんじ

☎0585-55-2033

MAP 附錄3B-1・7C-1

798(延曆17)年創建的天台宗名剎。擁有本尊十一面觀音等眾多的文化財。在被寬廣的寺院自然療癒的同時進行參拜吧。

🕐8:00～16:30 📍揖斐川町谷汲德積23
🚉樽見鐵道谷汲口站搭名阪近鐵巴士往谷汲山10分，終點下車步行15分
🅿免費（週日、假日和櫻花、紅葉季1次400日圓）

知名的櫻花和紅葉的名勝地

感動於樹齡一千五百多年的大櫻花樹
根尾谷淡墨櫻 ●ねおだにうすずみざくら

☎058-323-3222(本巢市觀光協會)

MAP 附錄7C-3

因凋謝時帶有淡墨色而得名的櫻花古木。1922(大正11年)被指定為天然紀念物，曾度過好幾次瀕臨枯死的危機。

自由參觀 📍本巢市根尾板所上段995 🚉樽見鐵道樽見站步行15分 🅿免費（開花時500日圓）

開花時期有眾多的觀光客會造訪

安置22件重要文化財的寺院
橫藏寺 ●よこくらじ

☎0585-55-2811

MAP 附錄3B-1・7B-4

據說於801(延曆20)年由最澄所創建的天台宗古剎，約200年前即身成佛的妙心法師的木乃伊最為有名。也因是紅葉的名勝地而廣受歡迎。

自由參拜（寶物殿和木乃伊堂10:00～16:00）
休寶物殿12～3月、雨天時
💴寶物殿、木乃伊堂共通券300日圓
📍揖斐川町谷汲神原1160
🚉養老鐵道揖斐站搭名阪近鐵巴士往橫藏42分，終點下車即到
🅿免費（週日、假日和11月1次300日圓）

圖片提供：（社）岐阜縣觀光聯盟

被安置的妙心法師木乃伊

確認參拜的規則

1 在神社的入口購買供奉用的油豆腐和蠟燭（成套50日圓）

2 爬上階梯後前往燈明場。立好點上火的蠟燭

3 於拜殿貢上油豆腐，丟入香油錢後進行參拜！

おちょぼさん 參道散步

邊走邊吃 樂趣無窮！

千代保稻荷神社

有「おちょぼさん」的愛稱並廣為人知的千代保稻荷神社，因被當做商業之神而聞名，但受歡迎的理由不僅止於此！熱鬧非凡的參道上，有著販賣草餅和鯰魚料理等當地名產的店鋪一字排開。參拜的同時享受邊走邊吃和購物的樂趣吧。

何謂おちょぼさん？
千代保稻荷神社

●ちよほいなりじんじゃ

主要保佑生意興隆和改運，作為日本三大稻荷神社之一而廣為人知。每年有超過200萬的參拜客造訪，其中被稱為月越參拜的月底到翌月1日的當晚，會有眾多參拜客熱鬧到通宵達旦。

MAP 附錄3C-3
☎ 0584-66-2613
自由參拜
海津市平田町三鄉1980

千代保稻荷神社

提到おちょぼ就一定會想到炸串

名產 炸串、土手
各1根90日圓
炸得酥脆的炸串可選擇醬汁或原創味噌

おちょぼ社長的店鋪
華麗社長特產！

串かつ 玉家

●くしかつ たまや

現在店前炸串品嘗的

在眾多炸串店的參道上，人氣最旺的熱門店家。店鋪前的攤販的現炸炸串可自由拿取享用。吃完後再以竹串數結帳。

桌子和筷架全是金光閃閃的和式座位。廁所當然也是金碧輝煌！

☎ 0584-66-2294 **MAP** 47
🕘 9:00～16:00（月底為24小時）休 不定休

前往おちょぼさん的交通指南

開車 名神高速道路岐阜羽島IC車程15分

電車 名鐵羽島線新羽島站搭海津市社區巴士20分（300日圓），お千代保稻荷下車即到
※巴士站位於南口大鳥居即到之處

停車場 免費（約70輛）、收費：1日300日圓（約1500輛）

美濃

岐阜市
各務原
美濃
關
郡上八幡
蛭野高原
養老
大垣
關原
美濃加茂
可兒
多治見
土岐
中津川
惠那郡
馬籠
妻籠

名產 1個90日圓
(伴手禮6個入540日圓～)
香氣撲鼻的魁蒿餅中是滿滿的十勝產紅豆粒餡

的散發著香甜的氣味

芋にいちゃんの店
●いもにいちゃんのみせ
光澤飽滿帶有麥芽糖色澤的拔絲地瓜是有著眾多死忠粉絲的熱門商品。軟Q的鬼饅頭（100日圓）也大受好評。
☎0584-66-2822 **MAP** 47
🕙10:00～16:00（售完打烊，月底～翌2:00左右）
休不定休

拔絲地瓜
中500日圓
（小300日圓、大750日圓）
將嚴選地瓜裹繞上手工麥芽糖，外頭酥脆內餡紮實

天然魁蒿專賣店的

大福屋
●だいふくや
草餅使用當地採取的天然魁蒿製成，樸素的懷念口味是最大魅力。內用則有另附黃豆粉。
MAP 47
☎0584-66-2530
🕙9:30～17:30（月底時～深夜）
休不定休

おちょぼさん参道地圖
周邊圖 附錄3C-3

約600m
步行約10分

穿過鳥居後前往參拜

生意興隆的幸運物一字排開

N
4

芋にいちゃんの店
串かつ 玉家
千代保稲荷神社

やまと本店
おちょぼっ娘

停車場
東口大鳥居

轟立於參道入口的東口大鳥居

免費 停車場
やまと新館

中大鳥居

參拜客人聲鼎沸的中大鳥居

參道上有三間店鋪的老店

やまと本店
●やまとほんてん
除了おちょぼ名產的蒲燒鯰魚之外，還能品嘗到鰻魚和鯉魚等溪魚的日本料理店。以秘傳醬料襯托溪魚的原始風味。
MAP 47
☎0584-66-2112
🕙10:30～15:00（月底時～翌2:30）
休不定休

名產
鯰魚午餐 1598日圓
整隻蒲燒鯰魚附上鯰魚天婦羅的人氣料理。11～14時30分限定。也能在やまと新館品嘗得到

大福屋

販售醃漬品和蔬菜的商家眾多

免費 停車場
お千代保稲荷
南口大鳥居
停車場 停車場
213
お千代保稲荷

千代保麵包乾 290日圓
將最受歡迎的牛角麵包保持原型，做成酥脆口感的脆麵包！

Un Pain

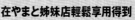

法國進貨的正統麵包店的

Un Pain ●アン パン
在法國學習4年的麵包師傅所開的麵包店。奢侈地使用鮮奶油和牛油的牛角麵包（180日圓）有著濕軟且豐富的口感。
MAP 47
☎0584-66-4383
🕙10:00～17:30 休週三、週六 P免費
40種左右的麵包任君挑選

在やまと姊妹店輕鬆享用得到
「うなぎのぼり」
（1根400日圓）
在店前燒烤的外帶鰻魚串最適合邊走邊吃。據說吃了後能帶來好運！

能帶來好運！

おちょぼっ娘
●おちょぼっこ
☎0584-66-2628 **MAP** 47
🕙10:30～15:30（月底時～翌4:00）休無休

在關原合戰之地感受歷史！

巨大改變日本歷史的爭奪天下戰爭的舞台便是關原。讓我們拜訪武將們拚上性命奮戰的史蹟和資料館等戰爭地點吧。

在戰爭的舞台接觸認識歷史的軌跡

關原
●せきがはら

◆是這樣的地方！

巨大改變往後歷史命運的爭奪天下戰爭之地。城鎮全體皆為古戰場，除了歷史相關景點多數遺留至今之外，未經人為破壞的豐沛自然也隨處可見。

何謂關原合戰

1600（慶長5）年9月15日，覬覦取代豐臣家奪得霸權的德川家康率領東軍，與繼承豐臣秀吉遺志的石田三成所率領的西軍於關原進行激烈的對戰。84000人的東軍迎擊74000人的西軍。剛開始的進展對於西軍較為有利，但由於德川家康事前的完善準備，以及小早川軍等部分西軍的倒戈而使得情勢逆轉。經過戰爭開始後約6小時的激戰，最終由德川家康率領的東軍獲得勝利。

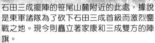

決戰地

石田三成擺陣的笹尾山麓附近的此處，據說是東軍諸隊為了砍下石田三成首級而激烈鏖戰之地。現今則矗立著家康和三成雙方的陣旗。
📷JR關原站步行20分

德川家康最後陣跡

當初於桃配山設陣的家康，因苦戰的緣故而將本陣移動至此。此後，命令向事前約定好要倒戈之小早川秀秋所在地的松尾山發砲，因小早川的背叛而順利取得勝利。
📷JR關原站步行10分

笹尾山・石田三成陣跡

石田三成設陣在能一望戰況的笹尾山，從山頂指揮軍隊。為了緬懷當時與善於勇猛和軍略的重臣・島左近激戰的狀況，復原了用來防禦的竹柵欄和拒馬。
📷JR關原站步行25分　Ｐ免費

地圖

笹尾山交流館
關原 Warland
笹尾山
關原 町公所
開戰地
關原町歷史民俗資料館
JR關原站
關原站前觀光交流館
大垣站
米原站
東海道本線

西軍 石田三成

豐臣秀吉的家臣，活躍於經濟和財政等方面。被任命為五奉行所以也有涉及政權。秀吉過世後仍貫徹鈞義，但於關原之戰因受到背叛而慘遭潰敗。戰敗後面臨死罪。

大谷吉繼陣跡

三成的盟友大谷吉繼是勸說三成結束和家康無謂戰爭的人物。但面臨決戰時刻仍義無反顧地貫徹仁義而參戰。為了防範小早川秀秋的背叛，在被稱為山中城的要塞之地設陣。
📷JR關原站步行40分

東軍 德川家康

歸屬今川義元之後，和織田信長與豐臣秀吉合作而嶄露頭角。關原之戰後被任命為征夷大將軍，開啟了江戶幕府。

本多忠勝陣跡

勇猛與智謀兼備的名將本多忠勝，作為提供戰略的軍監而參戰。進攻因巧妙戰法的鐵砲隊而聞名的島津義弘隊，為崩解西軍武將做出了莫大的貢獻。
📷JR關原站步行10分

廣域MAP
附錄P.3

洽詢
關原觀光協會
📞0584-43-1600

ACCESS

🚃電車　岐阜 ──JR東海道本線── 電車
⏱36分　💴500日圓
※除部分列車外，皆須在大垣轉車

🚗開車　名神高速道路　関ヶ原IC ── 關原站
約1.2km

地圖（岐阜）
郡上八幡　岐阜　關原　多治見

騎乘租借自行車遍遊各地！

推薦騎乘自行車巡遊各個史蹟。也有孩童用的自行車所以能讓全家同樂。4小時內500日圓，1日1000日圓，閉館前須歸還。

關原町歷史民俗資料館

●せきがはらちょうれきしみんぞくりょうかん　MAP 49B-2

冠木門和武將的軍旗為特徵！

展示於戰爭中使用的火繩槍等武具

除了有描繪戰爭情境充滿魄力的關原合戰屏風外，還有從戰跡出土的箭頭等貴重史料。解說戰時兩軍的陣型與推移的立體模型也不可錯過。

📞0584-43-2665
🕐9:00~16:30（11~翌3月為~15:50）
休無休（12~翌2月為週一休）
💴350日圓
🏠関ヶ原町関ヶ原894-28
📷JR關原站步行8分　Ｐ免費

以帶有臨場感的展示解說戰爭！拜訪史蹟前加深知識的好去處！

關原站前觀光交流館

●せきがはらえきまえかんこうこうりゅうかん　MAP 49B-2

重現軍旗的迷你軍旗（1200日圓~）等，原創商品一應俱全

設有休息處和投幣式置物櫃

作為方便巡遊古戰場的據點服務處。印有家康和三成家紋的和菓子ふわっと関ヶ原（800日圓）等，販售以武將為題材的相關伴手禮。

📞0584-43-1100
🕐9:00~17:00
休無休（11~3月為週二）
🏠関ヶ原町関ヶ原598-4
📷JR關原站即到　Ｐ免費

在巡遊古戰場的據點購買戰國武將的伴手禮！

美濃

岐阜市
各務原
美濃
關
郡上八幡
蛭野高原
大垣
關原
美濃加茂
可兒
多治見
土岐
中津川
惠那
惠黑龍

資料館 `MAP 49B-2`

Sekigahara marble craft
●せきがはらマーブルクラフト
📞0584-43-2000 景點

大理石製作的美術工藝品
製造、展示和販賣用大理石或花崗岩等天然石所製作的藝術品、工藝品和首飾等商品。附設大理石雕刻所裝潢的咖啡廳。

🕐9:00～16:30
休無休　¥免費入館
🏠関ケ原町関ケ原2700
🚃JR關原站步行15分　P免費

展示眾多等比例的大理石雕刻

主題樂園 `MAP 49A-1`

關原Warland
●せきがはらウォーランド
📞0584-43-0302 景點

等比例的武將像魄力驚人
由造形作家淺野祥雲製作的水泥像，將關原之戰完整重現的主題樂園。約30000㎡的廣大園內空間設置了超過200座的武將像。

🕐10:00～16:00（11～翌3月的平日～15:00）
休無休　¥500日圓
🏠関ケ原町池寺1701-6
🚃JR關原站搭計程車5分　P免費

令人感受到戰爭的臨場感

資料館 `MAP 49A-1`

胡麻の郷
●ごまのさと
📞0584-43-0073 景點

以作為健康食品而人氣高漲的芝麻為主題的資料館。介紹芝麻相關的知識和料理食譜。

🕐3月～12月下旬的10:00～17:00　休期間中無休　¥免費　🏠関ケ原町玉1565-10　🚃JR關原站搭計程車10分　P免費

咖啡廳 `MAP 49B-1`

ココカフェ
📞0584-51-7665 咖啡廳

遍訪史蹟的閒暇時間在此小歇
能欣賞到關原之戰陣跡的咖啡廳。能品嘗到以關原之戰相關武將為主題推出的午餐，還有使用當地現採新鮮食材製作的甜點等。

🕐9:30～17:30
休週二、週三　🏠関ケ原町関ケ原811-39
🚃JR關原站步行8分
P免費

加上關原產水果製成的果醬

餐廳 `MAP 49B-2`

レストラン伊吹
●レストランいぶき
📞0584-43-1180 美食

戰爭便當使用與武將淵源的食材
食材和料理方式皆堅持品質的餐廳。最為推薦使用與「關原之戰」武士相關產地食材的「合戰便當」。

🕐11:00～19:30　休週三
🏠関ケ原町関ケ原2648-9
🚃JR關原站步行7分
P免費

合戰便當（1200日圓・預約販賣）放入特製的紅酒煮飛驒牛

鍾乳洞 `MAP 附錄3A-2`

關原鍾乳洞
●せきがはらしょうにゅうどう
📞0584-43-0092 景點

自然所孕育而出的神秘雕塑美
全長約500m的洞內垂著大小無數的鍾乳石，石筍林立各處的神祕空間。屏風岩、巨人腳和昇龍之間等17個景點綿延不絕。

🕐9:00～16:30（7・8月～17:00）
休週三（7・8月無休）　¥700日圓
🏠関ケ原町玉1328-3
🚃JR關原站搭計程車10分　P免費

「昇龍之間」能見到獨特質感的雄偉雕塑美

關原
1:50,000
周邊圖 附錄3 A-2
0　250　500m

在繁花綻放的高原享受爽快的駕車兜風

CLOSE UP

全長17km的兜風道路接續滋賀縣界的山脊沿線。比良山系、琵琶湖和北阿爾卑斯等的景觀美不勝收。四季不同花卉綻放的花田、伊吹山特有的高山植物和紅葉等魅力無窮無盡。

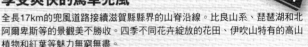

從停車場到山頂的三條登山道
最適合散步

位於山頂停車場的露臺景觀極美，還設有餐廳與伴手禮店。

伊吹山Driveway ●いぶきやまドライブウェイ
📞0584-43-1155　`MAP 49A-1`
🕐8:00～20:00，7～8月為3:00～21:00（視季節和氣象條件有所變動，SKY TERRACE伊吹山停車場為10:00～16:00，夏季時為9:00～18:00）　休11月下旬～4月中旬
¥往返通行費3090日圓（普通車）　🏠関ケ原町寺谷1586（入口）
🚃名神高速關原IC到入口2km　P免費

●景點 ●玩樂 ●美食 ●咖啡廳 ●溫泉 ●購物 ●住宿 ●祭典

起身前往撫慰心靈的懷念風景

主題樂園 玩樂

ぎふ清流里山公園

●ぎふせいりゅうさとやまこうえん

MAP 附錄2F-1

重現昭和的山間風景，能感受昭和氣氛的設施。欣賞四季不同的花卉與接觸生活於山野的動物，一同度過悠閒的時光。

☎ 0574-23-0066
🕐 9:00～17:00（12～翌2月為10:00～）
休 3～11月無休、12～2月為週三
💴 大人830日圓、孩童400日圓
📍 美濃加茂市山之上町2292-1
🚃 JR美濃太田站搭計程車10分
P 免費

昭和展廳重現昭和30年後的街景

里山互動牧場的羊駝。能體驗餵食

美食‧購物‧體驗

品嘗使用當地採蔬菜做的料理，進行手工體驗，或是在零食店買東西，能嬉戲玩樂一整天。

彈珠和陀螺等懷舊的玩具和零食一應俱全的美濃屋

在農家餐廳やまびこ以自助餐的形式提供家常熟食，能進行陶藝或染色等手工體驗，或製作蒟蒻等食物體驗

時光倒流回到昭和30年代的日本

欣賞木曾川溪流的SPA度假村

CLOSE UP ◎

能享受溫泉和岩盤浴的放鬆度假SPA。擁有從地下1800m湧出的優質天然溫泉、真玉石溫泉和碳酸溫泉等8種露天溫泉和6種室內溫泉。10種豐富的岩盤浴也廣受好評。

露天溫泉：擁有源泉放流浴池和人工碳酸泉等的寬闊圖

💯100%喜馬拉雅岩鹽的「岩鹽‧黃土洞」和「熔岩‧黃土洞」

Spa Resort 湯の華 アイランド
●すぱりぞーとゆのはなあいらんど
☎ 0574-26-1187 **MAP** 附錄2E-2
🕐 9:00～24:00 休 無休 💴 大人800日圓、小學生450日圓（週六日、假日大人900日圓），岩盤浴SPA（附館內服）大人800日圓、小學生450日圓加算（週六日、假日大人900日圓、小學生450日圓加算）
📍 可兒市土田大脇4800-1
🚃 名鐵廣見線西可兒站搭計程車10分（名鐵西可兒站或JR美濃太田站有免費接送巴士）
P 免費

保留日本往昔美好時代樣貌的城鎮

美濃加茂‧可兒
●みのかも‧かに

✦是這樣的地方！

由豐沛自然所妝點的公園、位於交通要衝而繁榮發展的宿場町、表現昭和與歷史的文化設施等所雲集的區域。還有森林浴和街區散步等樂趣無窮！

廣域MAP 附錄P.2

洽詢
美濃加茂市產業振興課營業戰略係
☎ 0574-25-2111
可兒市觀光協會
☎ 0574-62-1111

郡上八幡
美濃加茂‧可兒
岐阜 ● 多治見

ACCESS

🚃電車	岐阜 ━ JR高山本線 ━ 美濃太田
	⏱38分 💴500日圓

※前往可兒則從美濃太田搭JR太多線7分190日圓

🚗開車	東海環狀自動車道 41
	美濃加茂IC ━ 美濃太田站
	🚗約4km

小知識！

沿著長良川行駛的的長良川鐵道觀光列車。由經手JR九州「七星號」的水戶岡銳治設計，皇家紅的車體顏色和翡翠綠的清流相互輝映。沿線名廚師大展廚藝的午餐美味到難以想像是車內餐食。所有的乘車方案皆需事先預約。

皇家紅列車映襯清流長良川

→和綠意盎然的風景形成對比的皇家紅列車車體

長良川鐵道 觀光列車「ながら」
●ながらがわてつどうかんこうれっしゃながら
☎ 0575-46-8021（「ながら」預約中心，10:00～16:00）
🕐 以週五～週日，假日為主行駛 🕐 1號為10:45～13:00（美濃太田站發～北濃站抵），2號為13:12～15:49（北濃站發～美濃太田站抵）※2號的週五～週四，逢假日則行駛 💴 午餐方案（美濃太田站～郡上八幡站）12000日圓、甜點方案（美濃太田站～郡上八幡站）5000日圓、觀景方案500日圓（車費依乘車區間不同）
※午餐方案附2日自由乘車券、甜點方案附1日自由乘車券

美濃地區 ✦

保留日本往昔美好時代樣貌的城鎮

懷舊程度破表

岐阜市

各務原

美濃

關

郡上八幡

蛭野高原

養老

關原

美濃可兒加茂

多治見土岐

中津川惠那

妻馬籠

里山料理　とろろめし萬葉
●とろろめしまんよう　☎0574-64-5060　[美食]
MAP 附錄2F-2

透過山藥泥飯品嘗山野美味
附設於美濃陶藝藝廊。使用天然山藥的山藥泥飯為名產。晚餐則能品嘗到懷石料理或飛驒牛壽喜燒。
🕐11:00～14:00、17:00～19:30（視時期而異）
休週二、4～6月、9～12月無休　所可兒市久々利下岡本810　🚃JR可兒站、名鐵新可兒站搭計程車12分
Ｐ免費

➡全餐為1550日圓～（週六日、假日為2500日圓）。※圖片僅供參考

公園　花博紀念公園
●はなフェスタきねんこうえん　☎0574-63-7373　[景點]
MAP 附錄2F-2

四季花卉恣意綻放的公園
一年四季皆能享受花卉和綠意的公園。以世界屈指可數的規模為傲的玫瑰園約栽種7000種的玫瑰，依春秋兩季玫瑰的花季會舉辦玫瑰祭典。
🕐9:00～16:30（視時期而異）　休週二（逢假日則翌平日休，玫瑰祭期間無休）　💴520日圓（玫瑰祭期間1000日圓）　所可兒市瀨田1584-1　🚃JR可兒站、名鐵新可兒站搭計程車10分　Ｐ免費

➡玫瑰的花季為5月下旬到6月上旬、10月下旬到11月上旬

還有還有更多景點！

美濃加茂・可兒
推薦的景點

文化設施　美濃加茂文化之森
●みのかもぶんかのもり　☎0574-28-1110　[玩樂]
MAP 附錄2E-1

被大自然環繞的博物館
設有本館、民具展示館和生活體驗館等，介紹地域文化和歷史資料。

🕐9:00～17:00　休週一（逢假日則翌平日休）　💴免費（有付費設施）　所美濃加茂市蜂屋町上蜂屋3299-1　🚃JR美濃太田站步行17分　Ｐ免費

和菓子　おりじなる大福 御菓子処 養老軒
●おりじなるだいふく おかしどころ ようろうけん　☎0574-53-6291　[購物]
MAP 附錄2F-1

創意豐富的原創大福
不只有招牌口味紅豆餡，還製造包裹水果或鮮奶油的原創大福。加入西點元素的大福最適合作為伴手禮。
🕐9:00～19:00（週日、假日～18:00）
休週三　所川辺町下川辺273-1
🚃JR中川邊站搭計程車5分
Ｐ免費

➡水果大福（一個280日圓）為11月到5月底的限定販賣

咖啡廳　珈琲茶房 華なり
●こーひーさぼう はんなり　☎0574-62-7101　[咖啡廳]
MAP 附錄2F-2

品味現煮的正統咖啡
咖啡（550日圓～）能選擇自己喜歡的杯子，從遠方而來的顧客代表其受歡迎的程度。咖哩套餐（1250日圓）和自製甜點廣受好評。
🕐9:00～19:00　休週四　所可兒市下恵土5338　🚃JR可兒站、名鐵新可兒站步行5分　Ｐ免費

➡沉穩氛圍的店內會舉辦活動

博物館　日本最古之石博物館
●にほんさいこのいし はくぶつかん　☎0574-48-2600　[景點]
MAP 附錄2F-1

藉由太古石頭遙想悠久的歷史
透過在飛驒川河床發現的「日本最古之石」和「疊層石」的展示，能學習地球誕生到現在的歷史的博物館。
🕐9:00～16:00　休週四（逢假日則翌日休，1～2月為週三四休），假日翌日　💴300日圓　所七宗町中麻生1160　🚃JR上麻生站步行15分　Ｐ免費

➡從世界各地收集的石頭展現不同樣貌的展示室

景點　前往留存著古老城市的太田宿吧
MAP

太田宿是中山道第51個宿場町。因為有中山道三大天險之一的「太田渡口」，作為交通要塞而繁榮。現在也保留著古老的建築物。

宿場町散步計畫就從這裡開始
太田宿中山道會館
●おおたじゅくなかせんどうかいかん
☎0574-23-2200
MAP 附錄2E-2

有太田宿的歷史文化展示、美食廣場及物產展示廣場等完備設施的太田宿旅客中心。也有免費的停車場可以使用，就從這裡展開旅程吧。
🕐9:00～17:00
休週一（逢假日則翌日休）　💴免費
所美濃加茂市太田本町3-3-31　🚃JR美濃太田站步行15分
Ｐ免費

➡可以感受到江戶時代的旅人氛圍

江戶時代的脇本陣也留存至今
舊太田脇本陣林家住宅
●きゅうおおたわきほんじんはやしけじゅうたく
☎0574-28-1110（みのかも文化の森）
MAP 附錄2E-2

因為是太田宿的脇本陣建築，留存著格子門、連子窗以及卯建式屋頂等設計。對外開放的只有旁邊連接的隱民宅。是國家重要的文化財。
🕐9:00～16:00（參觀主屋需於2週前預約，僅限平日）　休週一（逢假日則翌日休）　所美濃加茂市太田本町3-3-34　🚃JR美濃太田站步行15分　Ｐ免費

➡於1769（明和6）年建造的珍貴建築物

文化設施　人道之丘公園・杉原千畝紀念館
●じんどうのおかこうえんす ぎはらちうねきねんかん　☎0574-43-2460　[景點]
MAP 附錄5A-1

拯救猶太人的外交官杉原千畝的紀念館
讚許第二次世界大戰期間，拯救許多受迫害的猶太人的外交官杉原偉業的公園。紀念館內展示千畝相關的資料與完整重現的執務室。
🕐9:30～16:30　休週一（逢假日則翌平日休）　💴高中生以上300日圓，國中生以下免費　所八百津町八百津1071　🚃名鐵廣見線明智站搭YAO巴士往八百津町ファミリーセンター前30分於終點下車，再搭計程車7分　Ｐ免費

➡重現持續准發簽證的執務室「決斷的房間」

在美濃燒的故鄉接觸文化與藝術

多治見・土岐

・たじみ・とき

✦是這樣的地方！✦

自古做為美濃燒之鎮而繁榮發展的多治見、土岐。除了有櫛比鱗次的陶器店和藝廊之外，還有美濃燒資料館與歷史館等景點雲集於此。

廣域MAP
附錄P.2・5

洽詢
多治見市PR中心
☎0572-23-5444
土岐市觀光協會
☎0572-54-1111

郡上八幡
美濃
岐阜
多治見 土岐

ACCESS

🚃 電車

岐阜	JR東海道本線 特別快速・新快速	名古屋	JR中央本線快速	多治見
	⏱1小時5分		¥1140日圓	

岐阜	JR高山本線	美濃太田	JR太多線	多治見
	⏱1小時5分		¥840日圓	

※前往土岐則從多治見搭JR中央本線6分200日圓

🚗 開車

中央自動車道 多治見IC	248	多治見市區
	🚗約2km	

中央自動車道 土岐IC	21 385	土岐市區
	🚗約2.3km	

追尋優質的器皿和咖啡廳

多治見・本町オリベストリート

微旅行 ✦

何謂「多治見・本町オリベストリート」？
自古以來排成成排的陶器問屋熱鬧非凡的多治見・本町區域，全長約400m的散步道。因岐阜縣出身而身兼茶人身分的戰國武將古田織部而得名。

從JR多治見站步行10分

土岐川
紀念橋
たじみ創造館
猫ちぐら
本町交差
井ざわ
多治見橋付近免費停車場
ARTIGIANO
織部うつわ邸
三角屋
器の店やままつ
カフェ温土
←國道248號
多治見站→
新町郵局
市公所停車場

還有「市之倉オリベストリート」
市之倉オリベストリート位於本町南邊的市之倉町。有許多歷史悠久的燒窯，市之倉酒杯美術館（→P.54）也值得一看。

當地吉祥物「うながっぱ」
流傳於多治見的河童傳說，結合名產鰻魚而生的吉祥物。興趣為邊走邊吃。

在多治見散步鰻

何謂「美濃燒」？
多治見市、土岐市、瑞浪市等東濃地方為產地的陶瓷器的總稱。具代表的風格為織部、黃瀨戶、志野、瀨戶黑等。

在饒富風情的古商家邂逅美濃的名窯

SHOP

織部うつわ邸

★おりべうつわてい

利用了設有茶室並饒富風情的舊商家，來販售器皿的專賣店。除了美濃的代表性燒窯作品外，還販售刻劃的和洋陶器與和雜物。於2樓的藝廊能欣賞到焦點放於創作家的常設展覽。

MAP 55A-2
☎0572-25-3583
🕙10:00～17:30　🈺無休　📍多治見市小路町3-2　🚉JR多治見站步行12分　🅿免費

芳州窯 薄墨櫻片口半酒器套 10800日圓
能襯托出料理高級感的淺色器皿。櫻花圖案可以妝點餐桌

玉山窯 織部葡萄夫婦茶碗、織部葡萄夫婦茶杯各5400日圓

玉山窯 織部流抹茶碗 12960日圓
織部的特徵為有光澤的深綠色且表情豐富的鐵繪。能感受到傳統風格的逸品

在茶室小歇♪

可於店鋪後方的茶室品嘗抹茶。附菓子540日圓

好讓人喜愛♪

原本為米批發商家的百年歷史建築

在商店街的入口發現人氣麵包店！

石窯烤箱現烤的專業師傅麵包

ARTIGIANO

★アルティジャーノ

依麵包的種類使用不同的麵粉，使用手工製作的麵種揉製麵糰等，能感受到師傅堅持的麵包店。附設自助式的咖啡廳。

MAP 55A-2
☎0572-25-4611
🕙7:00～19:00、早餐～10:00（麵包售完打烊）　🈺第3週三　📍多治見市本町5-34-1 タイムビル1F　🚉JR多治見站步行10分　🅿免費

放入日本產牛筋肉、豬肉的咖哩餡再油炸，咖哩麵包（數量限定，216日圓）

放入滿滿巧克力奶油餡的うながっパン（270日圓）

約有100種極受歡迎的麵包，到黃昏時幾近售罄

馬克杯 300日圓
樸素的圖案帶有存在感。1960年代為了輸出至北歐而製作

好讓人喜愛♪

牛奶壺 各100日圓
1960年代為了輸出至歐洲而製作所剩的庫存品

販售店主從各地收集的懷舊商品

發掘高格調的古董雜貨
SHOP
三角屋 ★さんかくや

因合理價格和高格調選貨而受歡迎的店鋪。昭和初期到中期的商品一應俱全。其中的美濃燒窯是為了輸出到國外而製作的食器和生活雜貨，不能錯過。

MAP 55A-2
☎090-8550-6567
🕐12:00～17:00 休週一～週五(逢假日則營業) 📍多治見市本町6-10-1
🚃JR多治見站步行15分

在大正時代廳的為建築廳的為咖啡

好讓人喜愛♪

讓人感受到美濃燒的傳統日常使用的器皿擺滿店面
SHOP
器の店 やままつ ★うつわのみせ やままつ

明治創業的老字號陶器批發。販售傳統的美濃燒和發揮工匠品味的時尚器皿。商品大多價格合理，也是魅力之處。

MAP 55A-2
☎0572-22-9258
🕐10:00～17:00 休不定休
📍多治見市本町6-53
🚃JR多治見站步行15分 P免費

附把手圓碗
1728日圓
粗糙的外表閃耀著釉藥光澤令人印象深刻。適合用於湯品等溫熱的飲品

的經營批發業的商家一隅為店鋪

咖啡杯(七草咖啡、粉引咖啡)
各3240日圓

稍微走遠一點…

位於商店街的在地食材咖啡廳
カフェ 温土 ★カフェ おんど

運用大量岐阜縣產蔬菜的午餐很受歡迎。使用當地年輕作家製作的食器，透過料理把食器推薦給客人。當季甜點和原創品牌的茶也大獲好評。

MAP 55A-2
☎0572-51-1350
🕐11:00～17:30 休週三、最後週二 📍多治見市本町3-11 🚃JR多治見站步行5分 P免費

主菜搭配當日副菜和湯品的温土定食(1000日圓)

在令人安心的空間休閒放鬆

位於散步道起點的店鋪是多樣化的複合設施
SHOP
たじみ創造館 ★たじみそうぞうかん

販售美濃燒和雜貨的店鋪、能進行著色體驗的展示藝廊等，多樣性的店鋪匯集的複合設施。在1樓的多治見市PR中心能索取附近的觀光資訊。

MAP 55A-2
☎0572-23-5444
(多治見PR中心)
🕐10:00～18:00(視店鋪而異)
休週三(1樓為無休)
📍多治見市本町5-9-1
🚃JR多治見站步行10分
P免費

販售美濃的代表性陶藝家的作品「㋑いづつ」

也販售多治見市吉祥物「うながっぱ」的商品

MINORe馬克杯
1512日圓
將使用過的食器當成原料回收再利用，美濃所產的環保商品(多治見市PR中心)

花卉淺盤
1個290日圓
粉彩色和大朵花卉令人印象深刻。溫柔的色調讓人想使用不同顏色
(本町陶貨店)

好讓人喜愛♪

貓咪蛋糕套餐(800

店內販售食器和明信片等可愛的貓咪尚品

好讓人喜愛♪

在貓咪集結的藝廊咖啡廳中度過沉穩的時光
CAFE & GALLERY
猫ちぐら ★ねこちぐら

瀰漫著昭和懷舊風的咖啡廳。包括放上貓臉的貓咪蛋糕，提供療癒人心的料理和甜點。也推薦這裡的早餐和午餐。

地點位於巷弄之間

MAP 55A-2
☎0572-23-0798
🕐9:00～10:30、11:30～14:00、14:00～17:00(週一～14:00) 休無休 📍多治見市明治町1-64-1 🚃JR多治見站步行10分 P免費

NEXCO中日本所創設的話題性複合設施

Terrace Gate土岐
●テラスゲートとき
MAP 55B-2

高速道路令人熟悉的NEXCO中日本所創建的設施。設有販售甜點和陶器等店鋪雲集的「まちゆい」，和配備岩盤浴的不住宿溫泉「土岐よりみち溫泉」。

所土岐市土岐ヶ丘4-5-3 交東海環狀道土岐南多治見IC即到 P免費 休視店鋪而異

集結各地域精華商品的概念商店「まちゆい」

●まちゆい

鬼饅頭專售店「滿開堂」和年輪蛋糕的「廣重」等甜點店和陶器、雜貨的店鋪進駐於此，最適合在此尋找伴手禮。

滿開堂的鬆軟甜點

☎0572-53-3333（まちゆいSHOP）
⏰10:00～18:00（視店鋪而異）

●土岐よりみち溫泉

位於高台的露天溫泉令人感到徹底解放。將二氧化碳融入天然溫泉內的「超！碳酸泉」很受歡迎。

☎0572-55-4126
⏰9:00～24:00（依設施而異）
¥760日圓（週六日、假日為900日圓）

自然景色優美的瞭望露天溫泉

還有還有更多景點！

多治見·土岐

推薦的景點

燒窯 **MAP** 55A-2

藏珍窯
●ぞうほうがま
☎0572-25-6255 景點

使用千日摺紅的器皿為特徵的燒窯。織部、黃瀨戶和青釉等作風多采多姿。

⏰10:00～17:00 休無休 ¥免費入館
所多治見市太平町6-87
交JR多治見站步行15分 P免費

美術館 **MAP** 附錄2F-3

市之倉酒杯美術館
●いちのくらさかづきびじゅつかん
☎0572-24-5911 景點

展示眾多市之倉名產·纖細的酒杯

展示從幕末到昭和製作的酒杯。除了有加藤卓男等當地的人間國寶8名的作品外，還能進行製陶體驗。附設窯燒披薩受歡迎的餐廳。

⏰10:00～17:00（展示室～16:30）
休週二（逢假日則擇日休）¥400日圓
所多治見市之倉町6-30-1 交JR多治見站搭東鐵巴士往下半田川11分，市之倉下車步行15分 P免費

各式類型的作品
各商店販售包含陶器等

科學館 **MAP** 附錄5A-2

瑞浪市地球迴廊
●みずなみしちきゅうかいろう
☎0572-68-9950 景點

學習46億年的歷史與未來

利用位於瑞浪市民公園全長270m的地下防空洞的科學博物館。藉由影像和立體模型展示地球誕生到現在的歷史。

⏰9:00～16:30 休週一、假日翌日（週一逢假日則翌日休）¥200日圓（高中生以下免費）
所瑞浪市明世町戶狩67-1
交JR瑞浪站搭計程車5分 P免費

地下防空洞獨有的空間「光之隧道」。

燒窯 **MAP** 附錄2F-3

吉窯
●きちがま
☎0572-22-3706 景點

製作自由且嶄新的織部燒。以原創釉藥表現的鮮豔綠色為特徵。

⏰9:00～16:00 休不定休
¥製陶體驗2000日圓～
（含陶土費與指導費，燒成費用另計）
所多治見市之倉町1-184
交JR多治見站搭東鐵巴士往下半田11分，市之倉下車步行15分 P免費

暢貨中心 **MAP** 55B-2

土岐Premium Outlets
●ときプレミアム·アウトレット
☎0572-53-3160（語音客服）購物

用划算價格購得名牌商品

以美國科羅拉多為設計主題的占地空間內，集結了熱門的流行品牌和餐廳。能以合理的價格購買流行服飾、生活雜貨和戶外用品。

⏰10:00～20:00（視時期而異）、咖啡廳為9:30～，餐廳為11:00～21:00 休2月的第3週四 所土岐市土岐ヶ丘1-2 交JR多治見站搭東鐵巴士往土岐プレミアム·アウトレット30分，終點下車即到（土岐南多治見IC車程5分）P免費

定期舉辦的促銷不能錯過

寺院 **MAP** 55A-1

永保寺
●えいほうじ
☎0572-22-0351 景點

國寶的堂宇和夢窗國師創建的名園

臨濟宗南禪寺派的禪寺。鎌倉時代末期由夢窗國師所開創。南北朝期建立的觀音堂和開山堂為國寶，庭園被指定為國家的名勝。

⏰5:00～17:00 休無休 ¥免費 所多治見市虎溪山町1-40 交JR多治見站搭東鐵巴士往小名田小滝7分，虎溪山下車步行6分

池泉迴遊式的庭園不可錯過

博物館 **MAP** 附錄5A-3

多治見市馬賽克磁磚博物館
●たじみしモザイクタイルミュージアム
☎0572-43-5101 景點

馬賽克磁磚為主題的博物館

位於磁磚產業繁盛的笠原町的磁磚主題博物館。花費超過15年所收集10000件以上的資料中，依不同主題展示。

⏰9:00～16:30 休週一（逢假日則翌平日休）¥300日圓 所多治見市笠原町2082-5 交JR多治見站搭東鐵巴士往東草口或曾木中切17分，モザイクタイルミュージアム下車即到 P免費

特異外觀的建築絕對不能錯過

複合設施　MAP 55B-2

陶瓷公園MINO
●うめぞのかしほ

☎0572-28-3200
（公益財團法人陶瓷公園美濃）

🛍 購物

以陶瓷器為主題的複合設施。有展示近代和現代作品的岐阜縣現代陶藝美術館，以及陶藝體驗的製陶館等。

🕐 美術館10:00～18:00、
製陶館10:00～12:30、13:30～16:00
🈺 週一，逢假日則翌平日休　💴 美術館330日圓
📍 多治見市東町4-2-5　🚃 JR多治見站搭東鐵巴士往瑞浪駅前或妻木15分，セラパーク・現代陶芸美術館口下車步行10分　🅿 免費

和菓子　MAP 55A-2

梅園菓子舖
●うめぞのかしほ

☎0572-22-1088

🛍 購物

堅持材料品質的銅鑼燒為特產

1916年創業的老字號和菓子店。最具人氣的銅鑼燒有著柔綿的餅皮和滿滿北海道產的紅豆餡。淡淡的甜味十分吸引人。

🕐 9:00～19:00　🈺 週三、第3週四　💴 銅鑼燒150日圓
📍 多治見市新町1-2-6　🚃 JR多治見站步行15分
🅿 免費

→滿滿的自製紅豆餡令人垂涎

蕎麥麵　MAP 55A-2

井ざわ
●いざわ

☎0572-25-6668

🍴 美食

在古民家品嘗自家製粉蕎麥麵

依季節不同使用產地相異的蕎麥，自家製造當天所需的蕎麥粉。使用的食器大多為美濃燒，利用古民家的店鋪空間意趣深遠。

🕐 11:30～15:00（週六日、假日11:00～）、17:00～22:00（週日、週一21:00）
🈺 週二（逢假日則翌日休）　📍 多治見市本町5-22
🚃 JR多治見站步行15分　🅿 免費

→迷你天婦羅蓋飯和蕎麥麵的套餐（午餐限定，1080日圓～）

咖啡廳　MAP 55A-2

chez Shibata 多治見
●シェ・シバタ たじみ

☎0572-24-3030

☕ 咖啡廳

人氣高漲甜點師的優雅甜點

在全國擁有高人氣的柴田廚師的1號店。從全世界收集的嚴選素材所製作的蛋糕和餅乾全都是絕品。能體驗到法國甜點的魅力。

🕐 10:00～20:00
🈺 週二
📍 多治見市太平町5-10-3
🚃 JR多治見站步行15分
🅿 免費

香草巴巴露亞放入莓果果凍的
coeur de bois
（518日圓）

小知識！

被綠意環繞的森林當中有法國料理餐廳、麵包店咖啡廳、年輪蛋糕工坊、美容沙龍、藝廊、工作室等設施雲集。感受樹木溫度同時帶著散步心情巡遊各設施吧。

被療癒的複合設施
在自然綠意中用餐、觀賞、

→占地內滿滿的負離子

ARTISTE VILLAGE
★アルティストビラージュ

MAP 附錄2F-2
☎0572-26-8318（カフェ・ド・ドルチェ）
🕐 視店鋪而異　🈺 週二、第2週三
📍 多治見市小名田町小滝5-6
🚃 JR多治見站搭東鐵巴士往小名田小滝20分，小名田不動尊下車步行3分　🅿 免費

多治見・土岐
1:60,000
周邊圖 附錄2F-2・5A-2
500m　1km

●景點　●玩樂　●美食　●咖啡廳　●溫泉　●購物　●住宿　●祭典

大正路地を通り、大正ロマン館へと続く道。レトロな建物が建ち並ぶ

尋求豐沛自然和傳統食物

中津川・惠那
なかつがわ・えな

被群山環繞的中津川、惠那是擁有惠那峽等雄大自然美的魅力區域。附餐點的複合設施等造成話題的景點也備受矚目。作為栗子的產地而遠近馳名。享受熱門店鋪的栗菓子吧。

✦是這樣的地方！

廣域MAP 附錄P.4‧5‧8‧9
住宿資訊 P.64

洽詢
中津川市觀光中心
☎0573-62-2277
惠那市商工觀光課
☎0573-26-2111

郡上八幡
岐阜 中津川
惠那

浪漫情懷的
日本大正村
にほんたいしょうむら

明智町全體保存或重現了完整的大正時期街區景觀。厚重構造的村公所或倉庫建築的資料館、博物館和店鋪等，小鎮隨處可見大正文化流傳至今的建築。散步於懷舊且適合拍照的空間，體驗時光倒流的感覺。

MAP 附錄5C-3
☎0573-54-3944
🕘9:00～16:30（12月15日～2月底為10:00～15:30）休無休 ☑入村免費，付費設施共通券（大正浪漫館、日本大正村資料館、大正時代館3館共通）500日圓 🅿惠那市明智町1884-3 🚉明知鐵道明智站步行5分 Ｐ免費

日本大正村地圖

ＡＣＣＥＳＳ

	JR東海道本線 特別快速‧新快速	JR中央本線 快速	JR中央本線 快速	
電車	岐阜	名古屋	惠那	中津川
	往惠那	1小時32分	1660日圓	往中津川 1小時44分 1940日圓

中央自動車道 19 71
中津川IC ─ 約3km ─ 中津川市區

中央自動車道 68
惠那IC ─ 約1.7km ─ 惠那市區

大正文化的資料庫藏豐富
日本大正村資料館
☆にほんたいしょうむらしりょうかん

明治末期的木造百畳敷4層樓的珍貴建築。原為銀行儲藏蠶繭的倉庫。南邊附設此地的名門——橋本邸遺跡的「大正之館」。

大正村的代表性主要景點
大正浪漫館
☆たいしょうロマンかん

建於小丘上的摩登洋風建築，為日本大正村首屆村長高峰三枝子和同村議會議長春日野清隆的紀念館。也有展覽明智町出身的西畫家山本芳翠的油畫。

推薦拜訪的
3館在這裡

放6月上旬正面庭園的玫瑰恣綻

大正浪漫館 明智城跡 舊三宅家
繪畫館
大正村公所 通信資料館 日本大正村資料館
南北街道 甘味処まろにえ うかれ横丁
大正路地 大正時代館
大正村浪漫亭 Ｐ 日本大正村停車場
日本大正村觀光服務處
山岡岩村惠那 明知鐵道 明智站

附有當時珍貴的滑車式電梯的建築

能用見到唱片、報紙和雜誌等感受大正文化的資料

休息室別有特殊的風情

展示高峰三枝子的照片和禮服

自然和療癒的
絕美景致景點

被選為「日本百景」的惠那峽自然景觀，讓我們盡情享受其熱門度假景點吧！

鮮紅的惠那峽大橋近在眼前

> 營業期間
> 3月中旬～
> 11月最後週日

以療癒為主題的
豐沛自然瞭望花園
惠那峽 天界苑
★えなきょう てんかいえん

位惠那峽水庫湖畔的療癒大自然瞭望花園。泡足湯的同時欣賞惠那峽的風景，或漫步於能和動物互動的廣場和庭園，度過悠閒時光。

悠閒地享受足湯

📞0573-45-3838　MAP 59A-3
⏰9:30～17:00（週六日、假日為9:00～，視時期有所變更）　休週三（假日、黃金週、春假和暑假則營業）　¥300日圓　所中津川市蛭川5735-211　交JR惠那站搭東鐵巴士往蛭川20分，天佑稻荷下車步行3分　P免費（週六日、假日、春假和暑假為1輛500日圓）

動物友好廣場

能和可愛的山羊、兔子、鴨子和小豬等互動的迷你動物園。雨天時僅限參觀。

在園內散步徹底療癒身心♪

草坪廣場

鯉魚悠遊的天界池、花卉花園和淙淙小溪等休憩的場所眾多。

天界橋

渡橋時能感覺到在空中散步滋味的天界橋。還有利用自然巨石打造的展望台。

鄰近於遊樂園！
惠那峽Wonder Land
★えなきょうワンダーランド

能欣賞到惠那峽全景的大摩天輪，以及從17m高處眺望惠那峽大橋的雲霄飛車等，絕佳的地點是魅力之處。全家大小同樂的遊樂設施也一應俱全。

📞0573-45-3333　MAP 59A-3
⏰9:30～17:00（週六日、假日為9:00～，視時期有所變更）　休11月下旬～翌3月下旬的週三（假日、黃金週、春假和暑假則營業）　¥入園費1100日圓（也能進入天界苑。從天界苑入園惠那峽Wonder Land則為700日圓），入園+遊樂設施12回券3500日圓　所中津川市蛭川5735-209　交JR惠那站搭東鐵巴士往蛭川20分，天佑稻荷下車步行3分　P免費（週六日、假日、春假和暑假為1輛500日圓）

穿梭於巨大奇岩間
充滿魄力的船上旅行
惠那峽遊覽船
★えなきょうゆうらんせん

能在船上欣賞兩岸晶立無數奇岩怪石的惠那峽溪谷美景的遊覽船。從さざなみ公園花費約30分往返10km的距離。船內撥放的廣播會導覽介紹充滿魄力的景點。

MAP 59A-3
📞0573-25-4800
⏰9:00～16:30（視季節有所變更）　休無休（因強風或水位高漲有可能停航）　¥1280日圓　所惠那市大井町奧戶2709-104　交JR惠那站搭東鐵巴士往惠那峽15分，惠那峽下車步行5分　P免費

出發點的さざなみ公園約有200株的櫻花盛開

春

楓葉和櫻樹等紅葉妝點群山和湖面

秋

惠那峽是約90年前建造水庫時形成的人造湖

獅子岩（左）和金床岩（右）
奇岩和巨岩也很吸睛！

惠那峽被選為「日本百景」

散步的基地在這裡！

大正村浪漫亭
★たいしょうむらろまんてい

2016年重新翻修開幕。1樓設有商店和咖啡廳，2樓則有餐廳進駐。由於就在日本大正村觀光服務處隔壁，很方便前往。

⏰10:00～17:30（視店鋪而異）　休無休（視店鋪而異）

別忘了伴手禮！

使用惠那產幼雞的復刻炸雞塊蓋飯850日圓。能在食事處かわかみ吃到

放入大福的復古浪漫點心派180日圓。店裡吃也OK

添加當地蜂蜜的順口布丁200日圓

大正村根付吊飾330日圓。當作旅途的回憶！

最適合稍作休息

甘味処まろにえ
★かんみどころまろにえ

日本大正村資料館隔壁的小店鋪。點咖啡（350日圓）則會附早晨套餐。紅豆湯圓（500日圓）也值得推薦。

早餐包含數種使用當地食材的菜餚

⏰9:00～16:30　休無休（有臨時休業）

接觸當時的生活習慣
大正時代館
★たいしょうじだいかん

除了有大正天皇相關的展示、以當時的生活型態為主題的生活道具展示等，還有重現大正時期明智町風景的模型。

展示當時的電風扇和燈具等生活道具

隔壁的喫茶天久能聽到蓄音機的演奏

栗金飩
6個1500日圓
為了品嘗到栗子的風味和口感,刻意保留栗子顆粒和適中的甜度
期間 9～1月

發揮甜點師傅手技的豐富多樣栗菓子

~品嘗秋季的美食~

尋購老字號的栗菓子

中津川・惠那是中津川栗金飩的故鄉

位於惠那山山麓的中津川,是縣內屈指可數的栗子產地,也十分風行製作栗金飩。尤其是中津川、惠那區域是僅以栗子和砂糖製作的「栗金飩」的發源地而有名。

說到中津川、惠那區域的秋季樂趣,便是日式或西式種類豐富的栗子甜點。在此介紹老字號的甜點店。所製作的精選甜點。

惠那寿や 觀音寺店
◆えなすや かんのんじてん
販售羊羹、銅鑼燒和金鍔燒等約20種的栗菓子。除了能在店鋪購買於附設工廠現做的栗菓子外,還設有能邊欣賞庭園邊品嘗栗菓子的喫茶空間。

MAP 59A-4
☎0573-22-9133
⏰9:00～18:00(喫茶10:00～16:30)
休不定休 所惠那市大井町2695-150 交JR惠那站搭計程車15分 P免費

這個也值得品嘗

姬くり子
1個216日圓
以栗金飩為內餡,外面用蒸羊羹包裹所蒸出的甜點
期間 11～4月

栗一筋 1080日圓
爽口的烤蛋白酥皮,搭配甜度適中的原創栗子餡所製作的巨大蒙布朗
期間 9～2月下旬

使用約10顆栗子的奢侈蒙布朗

惠那川上屋 本社惠那峽店
◆えなかわかみや ほんしゃえなきょうてん
販售使用以獨自栽培方法「超低樹高栽培」所培育的當地超特選栗子製作的栗金飩。除了和菓子外,使用栗子的西點也廣受好評。

MAP 59A-4 CHECK!▶P.118
☎0573-25-2470
⏰8:00～19:00 休無休
所惠那市大井町2632-105 交JR惠那站搭東鐵巴士往惠那峽9分,土々ヶ根下車步行6分 P免費

栗きんとん本家 すや西木
◆くりきんとんほんけ すやにしき
元祿年間創業的老字號。從9月到隔年1月販售的栗金飩(1個237日圓),將切碎的栗子混其中製造出恰到好處的口感。10月到12月能在附設的甜點販售處品嘗年糕栗子湯。

品嘗稍帶甜味的美味年糕栗子湯

年糕栗子湯
972日圓
味道濃厚到彷彿直接食用栗子一樣,和滑順的麻糬十分搭配
期間 10～12月

MAP 59A-1
☎0573-65-1718
⏰8:00～19:00(9～12月為～20:00,甜點販售處10:00～18:00)
休週四(9～12月無休) 所中津川市中津川1296-1 交JR中津川站步行20分 P免費

御菓子所 川上屋本店
◆おかしどころ かわかみやほんてん
1864(元治元)年創業以來,守護手工製作傳統至今。8月下旬到12月所販賣的栗金飩(1個237日圓)有著紮實的甜味,將栗子磨成泥的順滑口感是最大特徵。

守護傳統手工製作的老店

嬉しの栗 3個928日圓
將大顆栗子蒸後釋放出香氣,再撒上栗金飩而成的高級菓子
期間 全年

MAP 59A-2
☎0573-65-2072
⏰8:00～19:30 休週三
所中津川市本町3-1-8 交JR中津川站步行10分 P免費

女城主統治的城下町——岩村
曾經作為東濃地區的中心地而繁榮發展的岩村。至今仍保留往昔樣貌的商家,以及武士為保護藩主,設有窺視功能的武者窗的住宅等,能遙想過往的歷史性價值建築。
☎0573-43-3231(惠那市觀光協會岩村支部)

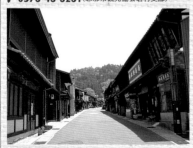
⚲岩村被稱為女城主之鎮

岩村城跡 ●いわむらじょうせき MAP 附錄5C-2 CLOSE UP
因是堅固要塞的名城而名列日本三大山城之一。於文治元(1185)年築城。織田信長的阿姨おつや曾短暫地擔任城主。目前僅有被稱為六段壁的壯大石垣保留下來,令人遙想過往歷史情懷。
自由參觀 所惠那市岩村町城山 交明知鐵道岩村站搭計程車10分 P免費
⚲宛如馬丘比丘的石垣殘留於高台上

岩村本通り ●いわむらほんどおり MAP 附錄5C-2
江戶時代作為商人城鎮而繁榮的街道。往昔的街景仍保留至今,被指定為國家的重要傳統建造物群保存地區。曾是批發商的木村邸、染物業的土佐屋、商家的勝川家等代表性建築,內部對外開放參觀。
所惠那市岩村町本町通り 交明知鐵道岩村站步行3分 P免費(使用惠那市振興事務所的停車場)
⚲據說木村邸拯救藩的財政

✦小知識!✦
連結惠那站和明智站全長約25.1km的明知鐵道。設有連結餐車,例如能以宴席料理吃到特產細寒天的寒天列車,或是秋季限定的蘑菇列車等,能品嘗到不同季節美食的活動列車。

於在地鐵道「明知鐵道」大啖當季美食

盡情欣賞車窗外的農村風光
明知鐵道 美食列車
●あけちてつどう グルメれっしゃ MAP 59A-4
☎0573-54-4101(明知鐵道)
所惠那市大井町神ノ木(惠那站)
休週一(逢假日則行駛),有不定休
時間惠那站12:40發→明智站13:33抵達 費用1人5000日圓(寒天料理,費用因料理而異,含來回車票)
預約需於5日前的15時前預約

美濃

岐阜市
各務原
美濃
關
郡上八幡
惠那峽
大垣
關原
美濃加茂
可兒
多治見
土岐
中津川
惠那
惠馬
籠驛

中津川
1:25,000
周邊圖 附錄5 C-1
0 150 300m

惠那
1:65,000
周邊圖 附錄5 C-1
0 500m 1km

●景點 ●玩樂 ●美食 ●咖啡廳 ●溫泉 ●購物 ●住宿 ●祭典

自然薯料理　　　　MAP 59A-4

自然薯 やま里
●じねんじょ やまさと
📞0573-25-7707　美食

品嘗香氣撲鼻的自然薯和飛驒牛

除了自然薯和飛驒牛外，也能品嘗到岐阜當地美食的餐廳。搭配竹筴魚高湯醬露的自然薯堪稱絕品。也提供使用惠那當季食材的定食。

🕚11:00～20:30　休無休
📍惠那市大井町1120-1
🚃JR惠那站搭東鐵巴士往中津川5分，舟山下車即到
🅿免費

能和飛驒牛一同品嘗的飛驒牛山藥泥麥飯定食（2500日圓）

博物館　　　　MAP 59A-3

石頭博物館 博石館
●ストーンミュージアムはくせきかん
📞0573-45-2110　景點

展示世界各地稀有的石頭和礦物。能進行採集寶石體驗（付費）或使用採集的寶石製作首飾等體驗。

🕚9:00～16:30、12～翌3月初旬的平日為10:00～15:00　休無休（12～翌3月初旬為週三、週四）
💴入館費800日圓　📍中津川市蛭川5263-7
🚃JR惠那站搭東鐵巴士往蛭川25分，博石館前下車即到　🅿免費

餐廳　　　　MAP 附錄4D-1

食事処 五万石
●しょくじどころ ごまんごく
📞0573-69-3501　美食

能吃到淋上中津川醬油的中津川醬油炸豬排蓋飯（900日圓），醬油以蕎麥露為基底製成。

🕚11:00～13:30、17:00～19:30（售完打烊）
休週三　📍中津川市落合706-8　🚃JR中津川站搭北惠那交通巴士往馬籠10分，落合下車步行3分　🅿免費

工廠參觀　　　　MAP 附錄5C-1

菊苣村
●ちこりむら
📞0573-62-1545　景點

位於菊苣生產量為日本第一的中津川市，能參觀在田圃栽種的種芋「菊苣芋」的生產現場。

🕚8:30～17:00（參觀為10:00～16:30，每隔30分）
休無休　💴免費參觀　📍中津川市千旦林1-15　🚃JR中津川站搭東鐵巴士往惠那13分，中津川インター口下車步行5分　🅿免費

綠意盎然的
料理主題樂園

CLOSE UP

◎被廣大的自然森林所環繞

惠那 銀の森　●えなぎんのもり　MAP 59A-4

位於惠那山山腳的飲食和自然的複合設施，約20000坪的占地內有6間商店和餐廳。烘焙點心店「カリテレチン」的蘋果派廣受好評，也能體驗果醬製作，餐廳則能於午餐時段吃到使用當季蔬菜的義式自助餐。其他商店則販售熱門的原創商品。

📞0800-200-5095（免付費電話）
🕚9:00～18:00（1～3月為10:00～17:00）
休無休（1～3月為週三，銀之森的餐廳、店鋪除外）
💴果醬製作體驗1500日圓(需於2日前預約)、鮮紅果實的蘋果派2160日圓，義式自助餐（11:00～14:00）1950日圓
📍惠那市大井町2711-2
🚃JR惠那站搭計程車5分
🅿免費

漫步於和島崎藤村相關的懷舊街區

遺留往昔樣貌的歷史街道

馬籠・妻籠
・まごめ・つまご

✦是這樣的地方！

過去作為宿場町而繁榮發展，現今則是沿著石板路兩側擁有眾多伴手禮店的馬籠，以及優美景觀而名聞遐邇的妻籠。懷抱著古早的旅客情懷漫步其間吧。

廣域MAP
附錄P.4・8

洽詢
馬籠觀光協會
☎0573-69-2336
妻籠觀光協會
☎0264-57-3123

ACCESS

往馬籠

🚌 電車・巴士
	JR中央本線快速		北惠那交通巴士	
名古屋	→	中津川	→	馬籠
	🕐1小時15分		🕐25分	
	¥1320日圓		¥560日圓	

🚗 開車
	中央自動車道			
小牧IC	→	中津川IC	[19][7]	馬籠
	🕐約64km	費用／1830日圓		約15km

從馬籠往妻籠

🚌 巴士
	南木曾町新交通系統	
馬籠	→	妻籠
	🕐26分	¥600日圓

※由於馬籠～妻籠間的巴士1日約為4班，建議事先調查好時刻表。7月中旬～8月底有加班車

🚗 車
馬籠	[7]	妻籠
	🕐約12km	

直接前往妻籠！

🚌 電車・巴士
	JR中央本線（到中津川前為快速）		南木曾町新交通系統	
名古屋	→	南木曾	→	妻籠
	🕐1小時50分	¥1660日圓	🕐7分	¥300日圓

充滿江戶情懷的宿場町 馬籠
まごめ

馬籠為連結江戶和京都的五街道之一，曾經是眾多大名和旅人所利用的中山道第43號的宿場町。往上延伸的石板路建於山坡上，兩旁是格子形式的民宅和旅館等別具風情的建築物。此外，也因是作家島崎藤村的故鄉而聞名，在以馬籠為舞台背景的作品當中，也有不少實際生活於此的人物登場其中。在文豪的城鎮沉澱心情散步，讓思緒縱橫於歷史和文學的世界當中。

島崎藤村為何人・・・

1872(明治5)年誕生於馬籠的作家（本名為島崎春樹）。其小說《黎明前》、《暴風雨》和童話《故鄉》等的背景設定為馬籠，當時生活於此的許多人物被寫入作品中。馬籠的道路上，設有眾多島崎等人的文學碑。

《初戀之歌》詩碑

小說《等待春天的ことば》碑（藤村紀念館）中的段《陽》

穿過正面的門後便是藤村的老家遺跡

Point！ 能實際見到作品原稿等藤村相關的收藏品

追隨島崎藤村作品和生涯的博物館

藤村紀念館
●とうそんねんかん

MAP 60
☎0573-69-2047
🕐9:00～16:45（12～3月為9:00～15:45）
休無休（12～2月為週三）
¥550日圓 中津川市馬籠4256-1 馬籠巴士站步行7分

建於島崎藤村老家原址的紀念館，展示著作品原稿和生前愛用品等物品。藤村於少年時期使用過的隱居所，被指定為岐阜縣史蹟。

步行約15分

馬籠
1:5,500
0 50m
地圖上的1cm為實際距離55m

周邊圖 附錄4D-1 附錄8D-4

岐阜縣

永昌寺

藤村紀念館
大黑屋茶房
茶房 四方木屋

中山道

中津川市

美濃

岐阜市
各務原
美濃
關
郡上八幡
揖斐原
養老
關原
美濃加茂
多治見
土岐
中津郡
惠那
妻馬
籠籠

復原脇本陣的上段之間

📷景點 馬籠脇本陣史料館
●まごめわきほんじんしりょうかん

供身分高貴官員住宿和休息的脇本陣，為蜂谷家的遺址地。重現當時的生活型態，介紹木曾路的文化和制度。

MAP 60
📞0573-69-2108
🕐9:00～16:30(視時期而異，1～2月需預約) 休不定休 ¥大人300日圓、中小學生100日圓 🏠中津川市馬籠4253-1 🚌馬籠巴士站步行10分

展示遺留於蜂谷家的古文書

> Point!
> 能接觸到宿場町過往繁華熱鬧的文化

被復原的上段之間

品嘗被寫入小說中的栗強飯

🍴美食 大黑屋茶房
●だいこくやさぼう

細心炊煮的特產栗強飯，以色彩鮮艷且熱騰騰的口感為最大特徵。據說也是藤村初戀情人おゆふさん的老家。

MAP 60
📞0573-69-2504
🕐9:00～16:00 休餐廳為12月中旬～3月中旬(藝廊冬季不定休) 🏠中津川市馬籠4255-1 🚌馬籠巴士站步行7分

> Point!
> 熱騰騰的栗子和糯米飯的搭配超棒

附設販售和風小物的藝廊商店

栗強飯定食有1500日圓，1700日圓和2000日圓等3種

1週前預約的話則能品嘗到素食精進料理（3000日圓～）

島崎家代代長眠的菩薩寺

📷景點 永昌寺
●えいしょうじ

1558（永祿元）年建立的臨濟宗古刹，小說《黎明前》中以萬福寺之名登場。寺院後方有《葬母之歌》的詩碑。

MAP 60
📞0573-69-2051
自由參拜 🏠中津川市馬籠5358 🚌馬籠巴士站步行10分 🅿免費

> Point!
> 除了藤村外，妻子冬子、長男楠雄和藤村父親的墓碑也設於此

展示島崎藤村的親筆原稿和書簡

🏛景點 清水屋資料館
●しみずやしりょかん

利用和島崎私交深厚的清水屋(原家)住宅的資料館。原家第8代的原一平是小說《暴風雨》中登場的森先生的人物原型。

MAP 60
📞0573-69-2558
🕐9:00～17:00(12～3月為9:30～16:30) 休不定休(有預約則開館) ¥300日圓 🏠中津川市馬籠4284 🚌馬籠巴士站步行4分

> Point!
> 能見到藤村相關的掛軸和書簡

曾是馬籠宿官員的原家。現今為國家的登錄有形文化財

據說是藤村構想、深思作品的房間

這些也值得推薦！
順道拜訪景點

かなめや
MAP 60
📞0573-69-2100
🕐10:00～17:00 休不定休(12～2月僅限預約營業) 🏠中津川市馬籠4291-1 🚌馬籠巴士站步行5分

丸子形狀（1支150日圓）和草鞋形狀（1支200日圓）的五平餅保證好吃

道中おやき
●とうちゅうおやき
MAP 60
📞0264-57-2453
🕐9:30～17:00(12～3月為16:30) 休年10日不定休 🏠中津川市馬籠4294-2 🚌馬籠巴士站步行6分

名產おやき（1個180日圓）有野澤菜和魁蒿等6種口味

散步途中品嘗和風甜點歇息片刻

☕咖啡廳 茶房四方木屋
●さぼうよもぎや

茶房利用藤村為了兒子而移居的住家。提供和菓子和茶品的套餐。也販售手漉和紙的織染等原創民藝品。

MAP 60
📞0573-69-2006
🕐11:00～16:00 休不定休(1和2月需洽詢) 🏠中津川市馬籠4257-1 🚌馬籠巴士站步行7分

栗羊羹抹茶套餐（890日圓）

設計的籠繪布認明繪在以木曾馬為適店內大正時期的紅色舒圖品的茗念色

扇子（各950日圓）使用手漉和紙的織染技法

欣賞接觸沈浸在木曾的傳統工藝

充滿江戶情懷的宿場町

妻籠（つまご）

妻籠是中山道第42號的宿場町，在中山道和伊那街道所交叉的深山之地，自古以來便熱鬧繁盛非凡。擁有出梁造、卯建和格子戶等建築特徵的歷史建築，很早便受到景觀保存運動的維護，於1976（昭和51）年被選為國家重要傳統的建築物群保存地區。隨處可見販售工藝品的店鋪，能讓人理解到木曾的傳統文化。

完整復原成和以往相同的雄偉姿態

妻籠宿本陣

介紹栩栩如生歷史的3館

📷 景點 **南木曾町博物館**
なぎそまちはくぶつかん

為世代擔任妻籠宿問屋的建築，有導覽於地爐處解說往昔生活的「脇本陣奧谷」、復原江戶時代建築的「妻籠宿本陣」、以及介紹木曾歷史的「歷史資料館」等3館所構成。

MAP 62
📞 0264-57-3322
🕘 9:00～17:00（受理～16:45）
🈺 無休　💴 全館共通券700日圓
📍 長野縣南木曾町吾妻2190
🚃 妻籠巴士站步行3分

歷史資料館

介紹宿場的概況和保存的歷史

Point!
了解宿場町的起源和歷史，更能感受其魅力。第一站來到這裡能讓之後的散步更加有趣！

脇本陣奧谷

1877（明治10）年改建為總檜造的建築，被指定為國家的重要文化財

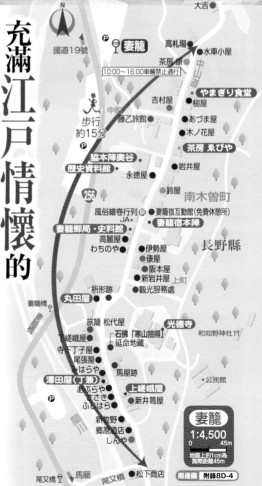

大吉
國道19號
妻籠
高札場　水車小屋
茶房 嵐
10:00～16:00車輛禁止通行
中山道
吉村屋　やまぎり食堂
鋪屋
中町
步行約15分
藤乙旅館　あづま屋
木ノ花屋
茶房 ゑびや
脇本陣奧谷
歷史資料館
永德屋　岩井屋
256
鈴屋
南木曾町
風俗繪卷行列
JA　妻籠宿互動館（免費休憩所）
妻籠郵局・史料館　妻籠宿本陣
高麗屋
わちのや　伊勢屋
俵屋　長野縣
阪本屋
新岩井屋　上町
枡形跡　觀光服務處
丸田屋
妻籠橋
光德寺
旅籠 松代屋
石佛「寒山拾得」　和知野神社
下嵯峨屋　延命地藏
寺下丁子屋
尾張屋
なはらや　馬屋跡
澤田屋（丁源）
あぶらや　上嵯峨屋
ふじはら　新井筒屋
新牧野
郷原酒店
しんや　公民館
黑川
妻籠
1:4,500
0　45m
地圖上的1cm為實際距離45m
尾又橋　馬籠
松下商店
尾又橋

周邊圖　附錄8D-4

這些也值得推薦！
順道拜訪景點

澤田屋（丁兼）
さわだや（ちょうかね）

MAP 62
📞 0264-57-4105
🕐 8:30～17:00　無休　長野縣南木曾町妻籠805-1　妻籠橋巴士站步行3分

以栗子、核桃和紅豆餡表現檜木年輪的老木（1950日圓）

やまぎり食堂
やまぎりしょくどう

MAP 62
📞 0264-57-3134
🕐 9:00～17:00　週二　長野縣南木曾町吾妻下町2179-1　妻籠巴士站步行3分

使用核桃、芝麻、砂糖和醬油，再加上自製醬汁的五平餅1支260日圓

位於67階石梯之上的寺院。被宛如城牆的石垣和白牆所圍繞

轟立於高台上的格調古剎

景點 光德寺　こうとくじ

拾級之上建於高台的寺院，作為木曾七福神的靈場而祭拜惠比壽天。收藏被稱為人力車原型的車籠等文化財。

📞 0264-57-3046　**MAP 62**
🕐 8:30～16:00　不定休　參拜費50日圓　長野縣南木曾町吾妻605　妻籠巴士站步行5分

支撐庶民旅途的建築

景點 上嵯峨屋　かみさがや

將江戶中期的木賃宿於1969（昭和44年）解體後重新復原，為妻籠宿最古老的建築之一。建築內部的中央為通土間（泥地走廊），旅客於左後方的房間內打鋪過夜。被指定為城鎮的有形民俗文化財。

能一窺往昔木賃宿的樣貌

📞 0264-57-3335（南木曾町教育委員會）　**MAP 62**
🕐 9:00～17:00　無休　免費　長野縣南木曾町妻籠803-4　妻籠巴士站步行8分

來到馬籠・妻籠別忘了購買完步證明書

附日期的郵戳作為旅行的回憶！

僅販於馬籠和妻籠的觀光服務處購買得到的完步證明書（300日圓）。作為散步的回憶一定要購買！

木盒製作師傅所創作的暖心傳統工藝

購物 丸田屋　まるたや

使用檜木和日本花柏等木曾木材的木盒專賣店。其中也能使用於微波爐的商品，活用傳統技藝的同時也符合現代的需求。

MAP 62
📞 0264-57-3434
🕐 9:00～17:00
12月中旬～3月中旬　長野縣南木曾町吾妻2207　妻籠巴士站步行3分

能使用於微波爐的圓形木製便當盒（1個3150日圓～）

能見到木盒製作師傅伊藤龍太的製作過程

Point!
除了木曾的橢圓木製便當盒「めんぱ」之外，還販售蒸籠蕎麥麵木盒、便當盒和筷子等。能享受購物的樂趣

黑塗的外觀十分稀有

全國最先復原的黑色郵筒

景點 妻籠郵局・史料館　つまごゆうびんきょく・しりょうかん

將島崎藤村的小說《黎明前》中被描繪開局當時樣貌的妻籠郵局重新復原。展示約270件的資料，能了解到郵遞的歷史。

📞 0264-57-2149　**MAP 62**
🕐 9:00～17:00　週六日、假日
免費　長野縣南木曾町吾妻2197-5　妻籠巴士站步行4分

Point!
被復原的黑色郵筒，現在也能實際投遞信件！

紅豆湯圓冰（500日圓，夏季限定）

手工寒天的口感令人讚不絕口的冰淇淋餡蜜（600日圓）

在屋齡超過100年的古民家中歇息片刻

咖啡廳 茶房 ゑびや　さぼう えびや

除了抹茶和栗金飩的套餐外，還有各式飲料和甜品的套餐廣受好評。除了使用國產栗子的甜點外，也有豐富種類的伴手禮銘菓。

MAP 62
📞 0264-57-3054
🕐 8:00～17:00　不定休　長野縣南木曾町吾妻2176-1　妻籠巴士站步行3分

Point!
放鬆於往昔的氛圍當中。有著各式各樣種類的栗菓子，讓人每種都想嘗試

漫漫森林香氣的檜木大浴場

蛭野高原
MILKY HOUSE `MAP 41A-1`

●ミルキーハウス

被大自然環抱的歐風民宿。擁有專用的網球場和烤肉區等休閒設施。緊鄰的「パン工房Paku·paku」販售堅持使用國產小麥和天然酵母的麵包。

Stay Data
1泊2食 9180日圓～

☎ 0575-73-2161
⏱ IN15:00　OUT10:00　所郡上市高鷲町ひるがの高原4670-378
🚌 長良川鐵道美濃白鳥站搭白鳥交通巴士往ひるがの40分，ひばりヶ丘下車即到　Ｐ免費
客房數 和2間、洋5間、和洋2間
信用卡使用 不可

重新裝潢的摩登和洋室

被蛭野高原豐沛綠意所環繞

（右側直排標題）
矗立於板取川沿岸的獨棟旅館

休閒設施豐富的歐風民宿

關
湯元 杉嶋 `MAP 附錄6D-2`

●ゆもと すぎしま

移建150年屋齡的古民家，改建為現代風格的溫泉旅館。岩造和總高野槇造的露天溫泉被綠意環繞，和自然融為一體的同時享受泡湯樂趣。

Stay Data
1泊2食 18576日圓～

☎ 0581-57-2532
⏱ IN15:00　OUT10:30　所關市板取4838
🚗 東海北陸道美濃IC 42km　Ｐ免費
客房數 和10間、別館2間　信用卡使用 可

在用餐包廂享用的四季料理

中津川
花更紗飯店

●ホテル はなさらさ
`MAP 附錄4D-1`

佇立於雄偉大自然中的飯店。能悠閒享受到被譽為「美人之湯」的優質溫泉。住宿者能免費使用的溫泉設施也是魅力之處。

豐富設施為魅力之處的度假飯店

緊鄰的溫泉設施「クアリゾート湯船沢」

Stay Data
1泊2食 14040日圓～

☎ 0573-69-5111　⏱ IN15:00　OUT10:00　所中津川市神坂280　🚌 JR中津川站搭北惠那巴士經由中切往馬籠20分，中切下車步行5分（中津川站有提供接送，需確認）Ｐ免費
客房數 和25間、洋13間、和洋2間　信用卡使用 可

岐阜市區
岐阜都飯店

●ぎふみやこホテル
`MAP 23A-1`

位於長良川河畔的飯店。館內除了有自助餐餐廳、中華料理、日本料理和鐵板燒等餐廳外，還有休憩室和酒吧。

能遠眺岐阜城和金華山

Stay Data
S18500日圓～／T29800日圓～／W29800日圓～

☎ 058-295-3100　⏱ IN14:00　OUT12:00　所岐阜市長良福光2695-2　🚌 JR岐阜站搭岐阜巴士往長良八代公園20分，長良川國際会議場前下車即到　Ｐ免費
客房數 和2間、洋189間、和洋1間　信用卡使用 可

（右側直排標題）
高級飯店才有的完備設施

郡上八幡
郡上八幡積翠園飯店

●ぐじょうはちまんホテルせきすいえん
`MAP 38A-1`

位於被綠意環繞的郡上八幡城的下方，能看見城下町的飯店。大量使用郡上香魚和飛驒牛等當地食材的料理十分具有魅力。鄰近郡上八幡IC，方便前往各觀光地。

當地新鮮的食材一字排開

（右側直排標題）
矗立於郡上八幡城山腳的飯店

Stay Data
1泊2食 10800日圓～

☎ 0575-65-3101　⏱ IN15:00　OUT10:00
所郡上市八幡町柳町一の平511-2　🚌 長良川鐵道郡上八幡站搭計程車5分　Ｐ免費　客房數 和8間　信用卡使用 可

郡上八幡
料理旅館金松館

●りょうりりょかんきんしょうかん
`MAP 附錄6E-2`

大量使用郡上山珍的料理為魅力之處的飯店。能品嘗到香魚、松茸和山豬肉等合乎季節的料理。從客房能將郡上的群山一覽無遺，最適合在此轉換心情。

能品嘗到飛驒牛等岐阜名產

（右側直排標題）
夏季大啖郡上天然香魚，冬季為山豬料理

Stay Data
1泊2食 14256日圓～

☎ 0575-88-2511　⏱ IN16:00　OUT10:00　所郡上市大和町島7016　🚌 長良川鐵道郡上八幡站搭計程車10分（有接送，需確認）Ｐ免費　客房數 和7間　信用卡使用 不可

湯元 杉嶋的露天溫泉

（最右側大直排標題）
美濃地區 住宿選擇

在被自然環抱的寂靜當中，品嘗美味絕倫的山珍水產。

範例 🈂露天溫泉　包租溫泉　外來泡湯　部分房間用餐　無

64

白川鄉的合掌造集落
能見到日本的原始景觀
P.88

飛驒
ひだ

被3000m高群山環繞的雄偉大自然區域。
善用自然條件的戶外休閒活動、內含山鄉文化的鄉土料理以及工藝品等魅力無窮。
由於擁有眾多的溫泉勝地，所以能悠閒地享受放鬆之旅。

飛驒古川的手工和蠟燭（P.86）

乘坐新穗高空中纜車 散步於自然（P.100）

醬油味的高山拉麵令人懷念（P.72）

在高山三町品嘗和風甜點♪（P.76）

找尋高山的可愛和風小物（P.78）

民家建築林立的高山三町 P.66

將下呂溫泉源泉製作的面膜作為伴手禮（P.105）

富山站
猪谷
五箇山IC
數河高原
新穗高空中纜車
奧飛驒溫泉鄉 P.96
上高地
白山白川鄉白色公路
←白山
白川鄉 P.88
白川鄉IC
飛驒古川 P.86
新平湯溫泉
平湯溫泉
平湯大瀑布
←松本
飛驒清見IC
JR高山本線
高山祭
飛驒古川
高山
乘鞍
御母衣湖
飛驒民俗村
高山 P.66
野麥峠
大日ヶ岳
鈴蘭高原
荘川IC
高鷲IC
飛驒小坂
濁河溫泉
飛驒
美濃 P.11
郡上八幡
下呂溫泉 P.104
御岳
下呂
中山七里
中津川
飛驒金山
美濃太田站
美濃

區域Contents

被稱為「古風街區」的熱門景點

三町 導覽

別具風格的建築林立，彌漫日本風情的高山是吸引日本國內與世界各地觀光客造訪的原因。在此介紹其中最受歡迎的「三町」景點與遊逛的訣竅。

何謂三町？

指的是位於高山市中心的上一之町、上二之町、上三之町與安川通（國道158號）以北的下一之町、下二之町、下三之町的6座町區。這留江戶時代古商家樣貌的街區被指定為重要傳統的建築物群保存地區，並且被稱為「古風街區」。其中餐廳和伴手禮雲集的上三之町一帶特別熱鬧，眾多觀光客遊人如織。

苦川 / 富山 / 41 / 宮川 / 高山祭屋台會館 / 北山公園 / 櫻山八幡宮 / 舉辦秋季高山祭的神社。周邊有住宅建築或祭典相關的參觀景點。 / 高山市役所 / 飛驒國分寺 / 宮川朝市 / 鍛冶橋 / 高山站 / 三町 / 東山寺町 / 位於高台的區域，眾多寺院聚集於此。漫步於散步道饒富深意。 / 高山本線 / 高山陣屋 / 158 / 飛驒高山美術館 / 飛驒之里 / 飛驒高山泰迪熊環保村 / 古風的街區有眾多店鋪聚集、人聲鼎沸的中心區域 / 高山城遺址 / 日枝神社 / JR高山本線 / 恬靜的景色中有著特色豐富的美術館。推薦給喜好藝術的人 / 下呂 / 山王隧道

飛驒地區

高山
・たかやま

奧飛驒溫泉鄉 / 白川鄉 / 高山 / 下呂

新舊文化妝點古風街區的華美城鎮

是這樣的地方！

江戶時代樣貌的城鎮景色保留至今，是被稱為「飛驒小京都」的熱門觀光地。春秋兩季舉辦的高山祭、發揮傳統技藝的工藝品、品牌牛肉的飛驒牛等特別有名。

廣域MAP 附錄P.13
住宿資訊 P.112
洽詢
高山市觀光課 ☎0577-32-3333
飛驒高山觀光服務處 ☎0577-32-5328

ACCESS

電車	JR特急Wild View飛驒	
岐阜		高山

🕐1小時57分 💴4940日圓

開車	中部縱貫自動車道 41	
高山IC		高山市區

🚗約5km

三町巡禮 Q&A

大約需要多少時間？
僅走於主要街道約需10分，但包含購物、飲茶和悠閒散步的話，安排2～3小時就非常充裕。

最推薦的時段為？
三町的店鋪約於9到10時開店，大多於17時左右打烊。其中有只營業到15時的餐廳，所以提早前往較令人安心。若是要前往朝市，由於大多店鋪售完即打烊，所以推薦早餐前便前往拜訪。

若想開車前往？
三町周邊有幾座停車格多的停車場，可停車後隨意漫步。停車場資訊➡P.84

CHECK 三町的推薦景點！

杉玉 Check!
在釀酒所的屋簷下會掛上翠綠的杉玉表示新酒釀造而成。杉玉逐漸會轉變為咖啡色，表示酒的熟成狀態。

矮屋簷 Check!
民宅的屋簷之所以低矮，是因為規定不能高於作為高山城主金森氏下屋敷的高山陣屋。

出格子
從窗戶稍微突出的格子窗。帶有遮蔽功能的同時進行採光。

酒樽 Check!
店鋪前酒樽堆積如山。高山自古以來便盛行釀酒，三町的周邊有許多釀酒所。

用水路 Check!
流於屋簷下的用水具有防火的功能。夏季作為灑水降溫，冬季則用來融雪。

經典城鎮散步方案
2小時的散步！

三町MAP
周邊圖→P.84・85

三町
傳統的建築物群保存地域

※此地圖的範圍內為路上或是禁止區域。請遵守規則。

位於鍛冶橋兩端的特殊手長腳長像是熱門的拍照景點

宮川朝市的熱鬧區域

上三之町是三町的主要街道。有眾多的和風雜貨店鋪、咖啡廳和外帶美食

高山昭和館

安川通り

古い町並口

上三之町

鍛冶橋

交番

藤井美術館
民藝館

柳橋

街角
觀光服務處

飛驒・高山 町人的歷史資料館 平田紀念館

飛驒民族考古館

高山站

飛驒高山町的博物館

中田吳服店

人力車的乘car下車處。若有人力車停於此處可打聲招呼

三町通

さんまち通り

筏橋

利用水車動作的機關人偶。能在御食事處坂口屋見到

步行約10分

中橋

也會舉辦陣屋前朝市

高山陣屋

第一步先前往能了解到飛驒高山的歷史和文化的設施。去江戶時代掌管政治的高山陣屋內參觀當時的建築樣式和工匠的技藝！

高山陣屋→P.68

享受彷彿時光旅行的樂趣

在高山陣屋接觸到歷史

在中橋拍照留念！

建於宮川之上的鮮紅朱色中橋很吸引目光，是屢次在電影和日劇中登場的高山象徵。拍照留念絕對不能錯過的景點！

紅色欄杆令人印象深刻

春季的高山祭有豪華絢爛的神轎巡行，讓人邂逅艷麗的風景。

遍嘗知名零嘴點心！

有販售手作和風小物的雜貨店及收集各種香氣的香味專門店等，許多讓人可以好好選購伴手禮的商店。說不定可以找到代表珍貴之旅的紀念品。

手燒煎餅堂（→P.75）的特大尺寸仙貝

咲くやこの花（→P.75）極受歡迎的懷舊風冷凍蜜柑

在三町各處的店家能輕鬆享用到飛驒牛美食或是懷舊風的點心零食。散步途中感到飢腸轆轆，不妨隨興地前往採買。

尋找伴手禮 在和風雜貨店

布ら里（→P.79）的書套（1400日圓）。能讓人感到復古情懷的和風圖案惹人憐愛

香舖 能登屋（→P.79）的猿寶寶立香座（含盤子1550日圓）。拿著香寶寶的猿寶寶特別可愛

多元選項的無窮樂趣♪

早點起床前往朝市！
宮川朝市
★みやがわあさいち

沿著宮川，從鍛冶橋到彌生橋之間每天舉辦的朝市。當地居民和觀光客為了購買新鮮蔬菜、當季水果、民藝品和醃漬物等而熱鬧非凡。

攤販多時可達40~50間店鋪。因下雨或下雪，冬天時可能減少至10店鋪

MAP 84D-2

☎0577-32-3333（高山市觀光課）

▲7:00~12:00（1~3月為8:00~）
休無休 所從高山市鍛冶橋到彌生橋之間的宮川沿岸
交JR高山站步行10分

和店員的互動也是樂趣之一

坐人力車巡遊城鎮
ごくらく舍
★ごくらくや

徹底了解高山的車夫一邊解說，一邊巡遊懷舊街區。能從三町中心的三之町帳場和紅中橋兩側、陣屋朝市前乘車，若有預約也能到點迎接。

MAP 84D-3

☎0577-32-1430

▲8:00~18:00（11~3月為9:00~17:00）
休暴風雨、大雪之日
¥2人乘坐15分4000日圓、30分7000日圓、60分14000日圓（3人乘坐需洽詢）
所高山市神明町 架於宮川的中橋的東南方等處 交（到各乘車處）JR高山站步行15分

和徒步參觀欣賞相比又是另一番風情

散步的最後，在改建於高山獨有民家的咖啡廳消除疲勞。請品嘗使用抹茶或自製紅豆餡的各店特製甜點。

在民家咖啡廳稍作休息

外觀可愛的和風甜點為最大焦點

帶有隱世小屋氣氛的カフェ青（→P.76）。小物擺飾擁有高度格調！

最適合拍照留念的景點

預習高山陣屋的歷史！

其中最古老的建築為御藏，約於1600年所建造。御役所為1816（文化13）年所改建，正門和門番所則是1832（天保3）年所建。此外郡代役宅則是以1830（文政13）年的設計圖為依據，於1996年完成復原。實際上修復和復原建築約花費了16年的歲月以及約20億日圓的費用。

是誰在這裡…!?

執行行政事務的官員

管理幕府直轄領地的郡代（代官）生活於此，或是從江戶幕府派遣而來的郡代（代官）、手付和手代在此工作

可以從大廣間和役宅欣賞的日本庭園饒富風情。能享受到四季迥異的景色

玄關附近有待機的導覽人員。能免費接受40～60分的導覽。建議事先預約

陣屋前每天會舉辦朝市。建議早點前往一探究竟

潛入往昔的歷史舞台

陣屋指的是有現今如同身兼公所和法院等的政府機關。德川幕府將飛驒劃分為直轄領地後，把原為高山城主金森氏的下屋敷其中一棟的建築直接作為陣屋使用。

正門・玄關

約180年前所建造，當時的樣貌仍保留至今的珍貴正門。穿過正門後則能見到印有德川家葵紋的布幕的玄關。

（地圖標示）
- 勝手土藏
- 中間部屋跡
- 興跡
- 廚房
- 土間
- 郡代役宅
- 庭
- 御居間
- 元締役宅跡
- 御藏
- 使者の間
- 中ノ口
- 御役所
- 書庫部屋
- 手付手代役宅跡
- 大廣間
- 御白洲（北）
- 五～八番藏跡
- 寺院廻年寄町組頭詰所
- 吟味所・御白洲（南）
- 玄關
- 腰掛
- 帳簿土藏跡
- 休息室
- 門番所
- 正門
- 書物藏
- 陣屋東北廣場

探訪曾經居住於此處的故人們的生活樣貌

高山景點建築指南

高山擁有眾多能傳達從古至今歷史和文化的傳統建築。原為江戶時代公所的高山陣屋是日本唯一現存的古代公所建築。參觀由著名工匠建造的優美木造民宅，遙想往昔的高山歷史故事和生活型態。

御藏

存放多年收繳稻米的倉庫，規模也為日本全國最大最古老。

按照順序參觀保留過往樣貌的倉庫

御役所

從江戶幕府派遣的手付和手代工作的公所。

將幕府的政策傳達於飛驒

依據江戶時代的設計圖進行復原

郡代役宅

管理幕府直轄領地的郡代（代官）的居住場所。茶室、座敷、居間、奧方（妻室）的房間等，重現了當時的生活樣貌。

御白洲

當時進行審判和調查的場所。因鋪設於調查室內的砂礫顏色而得名。

進行刑事案件調查的南側房間

大廣間

使用於正式會議和儀式，被劃分為3間房間。

能見到當時高超技藝的寺院造樣式不容錯過

日本唯一現存的代官所。了解江戶時代的文化

高山陣屋 ★たかやまじんや

於幕末日本全國共有六十多間的郡代・代官所當中，唯一主要建築保留至今的便是高山陣屋，並且被認定為國家史蹟。作為掌管飛驒行政的公所，負責每年徵收稅金等行政工作。超過3000坪的占地內，能見到過往公所的樣貌以及工匠們的建築技術等，讓遊客參觀到傳承超過300年歷史的珍貴建築。

MAP 85C-4

☎0577-32-0643

🕐8:45～17:00（11～2月為～16:30、8月為～18：00）休無休（12月29、31日、1月1日休館）¥430日圓 地高山市八軒町1-5 JR高山站步行10分

壯觀的立體交叉所孕育出的
纖細優美挑高設計不容錯過！

吉島家住宅 ★よしじまけじゅうたく

1907(明治40)年重建的高山代表性民宅建築。被指定為重要文化財，立體的格子美也受到國外的高度評價。被施予漆塗的梁柱等，纖細優美的工藝技術不容錯過。

MAP 84D-1

☎0577-32-0038
🕐9:00～17:00（12～2月為～16:30）　🈳無休（12～2月為週二休）　💴500日圓　📍高山市大新町1-51　🚉JR高山站步行15分

樸素的建造模式令人感受到侘寂的美學

挑高部分的立體交叉是高山的和小屋(縣山)建築的象徵

是誰在這裡…!?

經營釀酒廠的豪商

垂掛於屋簷下、高山僅有的「杉玉」，為曾是釀酒業的代表象徵

優美的**民宅建築**不容錯過！

江戶時代的高山雖有富商傾注財力建造的豪華住宅，但因為嚴格的規定，低矮的屋簷成為高山獨特的民宅建築。明治維新之後禁令解除，工匠們的技術更有所提升，著名建築因此依序誕生。

瞌目！

館內各處可見書法家篠田桃紅的作品

【西田伊三郎】
1854～1907年

在名匠父親底下學習技術，於吉島家完工的同時逝世。吉島家住宅之後被美國建築界的巨擘查爾斯・摩爾稱讚為「我所見過最頂尖的日本建築」。

是我所建造的！

令人目不轉睛的
立體交叉

將水平力強的赤松作為梁，垂直力強的檜木作為柱，格子狀的強韌組織即使冬天的降雪也能批禦的挑高設計，縱橫交錯的優美姿態令人讚嘆！

工 匠所傳授的驚人技術！

想參觀平民的
住宅便建議來此

江戶的生活智慧發揚光大
標準樣式的平民住宅

宮地家住宅 ★みやじけじゅうたく

1875(明治8)年大火後重建的標準型式住宅。能見到經營米商和酒鋪，此外也身兼養蠶和農業的半農半商生活樣式。房屋深處有別具特徵的長型「鰻魚寢床」。

MAP 83B-2

☎0577-32-8208
🕐9:00～16:30　🈳週一～週五（逢假日則開館）　💴免費　📍高山市大新町2-44　🚉JR高山站步行20分

展示農具等物品

⬅低矮屋簷且入口狹小的建築構造。從主屋延伸到中庭和倉庫

不使用一根釘子的屋樑組織值得讚許

是什麼樣的人居住於此？

擔任過幕府的出納，之後成為換錢商的巨賈

擁有幕府御用商人「谷屋」的屋號

【川尻治助】
1835～1915年

進入因攤販和寺院神社的谷口家鍛鍊技術而聞名的谷口家鍛鍊技術，就連雕刻、花費莫大的心血於技巧也十分卓越。民藝館歷經4年的歲月才竣工。

是我所建造的！

本集定鋪木則合屋將挑的**屋樑組織**的建結成以木錯開頂是巨空不使築了竹釘設再是。以大間使用技。固後以將的不一一術日定將薄屋使用根根。建了。板樑一釘的成

工 匠所傳授的驚人技術！

江戶的建築樣式
保持原貌的強力
屋樑組織充滿魄力！

日下部民藝館 ★くさかべみんげいかん

建於1879（明治12）年，為第一座被指定為重要文化財的明治建築民宅。仰望天花板可見長約13m的屋樑所組成的挑高空間，令人體驗到豪爽且厚重的江戶建築美。

MAP 84D-1

☎0577-32-0072
🕐9:00～16:30（12～翌2月為～16:00）　🈳無休（12～2月為週二休）　💴500日圓　📍高山市大新町1-52　🚉JR高山站步行15分

瞌目！

2樓正面設有採光來源的隅切窗

飛驒牛

提到高山人氣度最高的美食，無庸置疑的便是飛驒牛！在此介紹奢侈享受的牛排或是平易近人的漢堡等種類豐富的飛驒牛料理。合乎自己的心情和預算選擇美食吧。

超推薦选品 A5特選飛驒牛牛排套餐
6300日圓
用清爽的和風醬和胡椒等最低所需調味而成牛排套餐。附上的生芥末增添了口感的變化。

勾勒出飛驒牛的美味和甜度
發揮絕佳廚藝的餐廳

在耗時燉煮的燉牛肉也能品嘗到飛驒牛

三町周邊
レストランブルボン

創業超過40年，長久提供優質料理的餐廳。於飛驒牛的烹調上發揮熟練的廚藝，為了能品嘗到美味的牛排肉，建議牛排熟度交由主廚決定。

MAP 85C-1
☎ 0577-33-3175
🕐 11:00～14:00、17:00～20:30　休 不定休　所 高山市本町4-5　🚃 JR高山站步行10分

店內高格調的裝潢帶有沉穩氛圍

飛驒牛菜單
★特選燉飛驒牛套餐 ……………3800日圓
★推薦全餐 …………………7560日圓

何謂飛驒牛？

於岐阜縣飼養超過14個月的黑毛和牛，獲得日本食肉評價協會一定程度的評價（步留A或B，肉質3～5等級）的牛肉才能稱為「飛驒牛」。飛驒牛帶有細膩的油花卻沒有多餘的脂肪，柔軟的口感為最大特色。

追求正宗的滋味，單純提供高品質飛驒牛的專門店

超推薦选品 涮涮鍋
6458日圓～
涮霜降牛肉時，以下鍋稍加涮幾下為最佳的吃法。能搭配自製柚子醋或芝麻醬享用。

櫻山八幡宮
飛驒牛料理店 鳩谷

★ひだぎゅうりょうてんはとや

提供涮涮鍋、壽喜燒和牛排等3種類型的飛驒牛料理專門店。店鋪利用明治初期的民宅，用餐空間皆為和式座位的包廂。請在此仔細品嘗嚴選的正宗飛驒牛。

MAP 83B-2
☎ 0577-32-0255
🕐 11:30～13:00、17:00～19:00（週日僅營業午餐，需預約）
休 不定休　所 高山市大新町3-110
🚃 JR高山站步行20分　🅿 免費

飛驒牛菜單
★壽喜燒 ……6458日圓～
★和風牛排 ……7538日圓～

在隨處各異其趣的建築中，沉浸於奢侈的氛圍

享受飛驒牛的香氣和燒烤聲 在眼前燒烤的極致幸福時光

超推薦选品 飛驒牛極上五花肉 **2030日圓**

帶有細膩油花的飛驒霜降頂級五花肉。以自己喜好的燒烤程度，享受甘甜肉汁和入口即化的口感。

高山站周邊

味蔵天国
★あじくらてんごく

JA飛驒集團所經營的燒肉店，提供的飛驒牛的品質，以及合理的價格為魅力所在。除了有豐富多樣的料理選擇外，在超過100個座位的寬敞店內空間能好好地品嘗美味的燒肉。

能選擇和式座位或桌椅座位。有許多團體客光臨。

飛驒牛菜單
★飛驒牛拼盤(1人份)···2462日圓
★飛驒牛極上里肌肉····2138日圓

MAP 85A-4
☎0577-37-1129
🕐11:00～14:00、17:00～21:00
休週二(逢假日則營業)
🏠高山市花里町4-147
🚃JR高山站即到 P免費

超推薦选品 網架燒烤飛驒牛(里肌肉) **6480日圓**

利用設置於桌上的燒烤網，以自己的喜愛程度燒烤飛驒牛或蔬菜。調味料可選擇原創醬汁或鹽。套餐附贈沙拉、白飯和咖啡。

用五感品味專賣店才有的最高級飛驒牛

三町周邊

飛驒牛食処 天狗
★ひだぎゅうしょくどころ てんぐ

餐廳緊鄰於1927(昭和2)年創業的飛驒牛專賣店。將嚴選最高級的A5等級飛驒牛以網架燒烤、牛排或涮涮鍋等方式享用。能以自己喜好的火候程度品嘗料理令人欣喜。

MAP 84D-4
☎0577-32-0147
🕐11:30～15:00
休週二
🏠高山市本町1-21
🚃JR高山站步行10分
P收費(有1小時免費券)

飛驒牛菜單
★飛驒牛網燒牛排(里肌肉)
·········7560日圓
★飛驒牛涮涮鍋
·········8100日圓

充滿高級感的店內有桌椅座位與和式座位

釀酒商所經營的店內設計別具風格

超推薦选品 飛驒牛壽喜燒御膳 **2300日圓**

壽喜燒美味的秘訣在於湯頭使用飛驒牛味噌。使用酒粕的自製豆腐和飛驒名產酒粕醃紅蕪菁等小菜也應有盡有。

能以實惠價格品嘗到的頂級御膳令人矚目！

三町

味の与平
★あじのよへい

由釀酒廠所經營的餐廳。在設有開放式廚房的寬敞店內，能品嘗到以飛驒牛為主的料理以及公司自行釀造的新鮮日本酒。自製的酒粕豆腐和醃製紅蕪菁也廣受好評。

MAP 84D-4
☎0577-32-0016
(舩坂酒造店)
🕐11:00～14:30、17:00～20:00
(冬季有所變動) 休不定休
🏠高山市上三之町105 🚃JR高山站步行10分 P免費

飛驒牛菜單
★飛驒牛御膳·········2980日圓～
★飛驒牛燉牛肉套餐·····2300日圓～

想輕鬆品嘗**飛驒牛**就選這裡！ 平易近人**飛驒牛**美食

三町

CENTER4 HAMBURGERS
★センターフォー ハンバーガーズ

約提供20種漢堡的專賣店。使用飛驒牛的漢堡肉排能徹底品嘗到肉的美味，因此受到極大的歡迎。豐富的副餐選項和國外產的啤酒也讓人食指大動。

☎0577-36-4527 **MAP** 84E-3
🕐11:00～14:30、18:00～21:30
休週三 🏠高山市上一之町94
🚃JR高山站步行15分 P免費

超推薦选品 飛驒牛漢堡 **2650日圓**

漢堡肉為100%的飛驒牛，尺寸比其他漢堡大1.5倍，是以模擬牛排口感的方式煎製，值得一嘗。

使用飛驒牛與絕佳的奢侈滋味 分量充足的漢堡

美式懷舊風格的店內

三町周邊

本陣平野屋 すし兆
★ほんじんひらのやすしちょう

主要提供由日本海直接運送的海鮮，還有飛驒牛和紅蕪菁等飛驒限定食材的壽司店。以冬季的高山料理而聞名的蒸壽司(2160日圓)也值得品嘗。

☎0577-36-1234 **MAP** 84D-4
🕐11:30～13:30、17:00～22:30
休不定休 🏠高山市本町
1-34本陣平野屋 花兆庵1F 🚃JR高山站步行7分 P免費

和壽司米的絕妙搭配 突顯出廚師的高超廚藝

超推薦选品 飛驒牛握壽司 **2貫 972日圓**

稍加火烤的飛驒牛能吃到飽滿的口感。搭配降低刺激性的自製鹽享用，讓飛驒牛的甜味在口中擴散開來。

中華蕎麥麵(中) 700日圓
能感受到高湯風味的清爽湯頭為特徵。店家於炙烤叉燒和黑胡椒上花費心思與工夫。

被當近開區後夜夜業由
當作區業所常於開於，宵業所以業

年輕店主所創造出的懷舊風格攤販滋味

三町周邊 麵屋 しらかわ
◆めんやしらかわ

即使是2012年創業的新店，卻是重現高山古早攤販滋味的人氣餐廳。店內僅提供中華蕎麥麵，追求簡單卻富影響力的「百年備受愛戴的滋味」。

麵 POINT
直徑1.5mm的細縮麵與湯頭完美結合，美味順口

MAP 85C-3
☎ 0577-77-9289
🕙 11:00～13:30、21:00～湯頭售完打烊、週一為11:00～13:30
🈺 週二 🏠 高山市相生町56-2
🚃 JR高山站步行8分

麵、配料、湯頭皆為自製，提供深奧滋味的拉麵

高山站周邊 豆天狗
◆まめてんぐ

每天早晨自製當天所需的麵條分量，選用3種麵粉追求最佳的口感和香味。使用世代傳承下來的秘傳醬油的湯頭和自製叉燒、筍乾等所融合的深奧滋味頗受好評。

MAP 83B-3
☎ 0577-33-5177
🕙 11:00～19:00
🈺 週二
🏠 高山市八軒町2-62
🚃 JR高山站步行8分
🅿 免費

沾醬麵也很受歡迎的餐廳

醬油湯頭的懷舊滋味

高山拉麵

是怎麼樣的拉麵!?
以昭和初期在攤販能吃得到的「飛驒中華蕎麥麵」為起點。清爽的醬油湯頭和細縮麵為基本條件。

中華蕎麥麵(中) 700日圓
店主每天手工製作的扁平麵條風味絕佳，和自製的湯頭與配料十分搭配！

誘人美食全員大集合♪

鄉土故鄉美食 Trio 3

受惠於豐沛自然的飛驒高山是優質食材的寶庫。從攤販滋味發展而來的高山拉麵、繼承古早飲食文化的鄉土料理、清澈水質和空氣所孕育的飛驒蕎麥麵、以及令人懷念的當地美食等，都是讓老饕也豎起拇指的好味道。

在鄉定食 2500日圓
使用山野菜和醃製物的在鄉燉煮料理總匯，能一次品嘗到自製味噌朴葉燒等多樣的食材。

甘露煮溪魚將香魚和鱒魚煮得甘甜

溪魚

品卷棉的用豆道腐具調腐再(如味使竹讓的食皮筋木簾

朴葉味噌燒
蔥和朴葉上放香菇再燒烤

紫萁

こういも
連皮燉煮馬鈴薯

煮たくもじ意思是食醃將製物去除鹽分的醃漬物燉煮後的也是煮

小豆菜

在名店品嘗山野的手工滋味

鄉土料理

有怎樣的特徵？
由於山野地方於冬季時不易確保食物來源，所以飛驒地區有曬乾食材或醃製食品的習慣。除了有使用醃製物的「煮たくもじ」和山野菜之外，使用朴樹樹葉的朴葉味噌也是自古以來的常見食品。

在屋齡一百六十多年的古民宅享用豐富多樣的山野料理

三町周邊 京や
◆きょうや

使用當季蔬菜的保久食品和飛驒傳統的醃製物、朴葉味噌燒等，在這裡能品嘗到高山口味的各式各樣料理。飛驒牛或富山灣直送的海產爐端燒等單點料理也一應俱全，擁有眾多當地的死忠顧客。對於高山飲食文化瞭若指掌的隨和女店長也充滿魅力。

☎ 0577-34-7660 **MAP 84D-1**
🕙 11:00～21:30 🈺 週二 🏠 高山市大新町1-77 🚃 JR高山站步行15分 🅿 免費

擺放鄉土道具的獨特風格空間

飛驒的水和空氣所孕育的

飛驒蕎麥麵

醬汁 POINT 2
味道深奧的和風醬。能見到各店的巧思

配料 POINT 3
使用在地野菜或飛驒牛等各店有所不同

麵 POINT 1
飛驒產的蕎麥粒以石臼磨碎後手打製成

是怎樣的蕎麥麵!?
將飛驒產的蕎麥粒以石臼磨碎，再由專業廚師手工打製的蕎麥麵。每間店鋪在和風高湯的醬汁上費盡心思，一嘗便能感受到善用食材風味的廚師堅持

蕎麥糕 980日圓
將蕎麥粉加入熱水或冷水加熱後攪拌而成的食品。能品嘗到蕎麥原有的香氣和甜味

山菜竹籃蕎麥麵 1250日圓
擺放於朴葉之上。

由珍貴繪馬裝飾的店內

貫徹三現做原則
品嘗到飛驒的高超廚藝

高山站周邊 名代手打ちそば 寿美久
◆なだいてうちそば すみきゅう

能品嘗到現磨、現打、現煮「三現做」的100%飛驒產玄蕎麥麵。使用岐阜縣產物品的餐廳被認定為「縣產品愛用推進宣言之店」，證明了本店對於食材的品質堅持。

MAP 85C-3
📞 0577-32-0869
🕐 11:00～20:00（售完打烊）
休 不定休　所 高山市有樂町45
🚃 JR高山站步行5分
🅿 有200日圓的補貼

100%使用飛驒產
能享用到Q彈口感的十割蕎麥麵

高山站周邊 手打ちそば うどん 飛驒
◆てうちそば うどん ひだ

能品嘗到天婦羅或是燉煮的山野菜。春季提供山野菜天婦羅拼盤（1000日圓）

從食材到製作方法皆能一窺對於品質的堅持，由特別訂做的石臼所自製的蕎麥麵無論是口感或香味皆獨樹一幟。餐廳提供的山野菜為店長自己前往山區採取當天所需的優良食材。販售數量限定的十割蕎麥麵。

到飛驒，敞開能品嘗蕎麥麵的好店，全面風地當味

📞 0577-32-1820
MAP 85A-3
🕐 11:00～17:00（售完即打烊）　休 不定休　所 高山市花里町5-22　🚃 JR高山站即到　🅿 免費（1輛）

十割蕎麥麵 1100日圓
很有嚼勁又順口的口感為魅力之處。不沾任何醬料，品嘗蕎麥原有的滋味也不錯。

最值得被稱為元祖高山拉麵
的柴魚香味黑色湯頭

三町周邊 まさごそば

1938（昭和13）年創業的老店，從人力推車攤販起源的高山拉麵發祥之店。充滿柴魚香的黑色湯頭和自製的細縮麵長久以來受到許多粉絲們的愛戴。

MAP 85C-3
📞 0577-32-2327
🕐 11:30～17:30　休 週三
所 高山市有樂町31-3
🚃 JR高山站步行8分
🅿 免費

守護創業時的味道至今

配料 POINT 3
叉燒、蔥和筍乾為基本。大多店家使用當地產的飛驒蔥

中華蕎麥麵 700日圓
以豬骨為主再加上香味蔬菜等燉煮的濃味醬油湯頭，和獨特的細縮麵十分相配。

湯頭 POINT 2
使用蔬菜和魚乾等高湯的湯頭，再加上醬油和豬肉煮醬熬煮而成

不僅只有飛驒牛！

歷史所孕育的高山

每道料理沁人心脾
用心製作的滋味和周到服務

三町周邊 蔦
◆つた

擁有知名料亭的修習經驗，廚藝熟練的女店長鑽研料理之道超過60年。店長熟知當地的食材，以頂級食材製作的料理除了美觀，味道更是撼動身心。店內暖心的服務療癒人心。

氣質擁有高雅且沉穩的女店長有眾多粉絲

店內皆為和式座位。
先預約再造訪吧

山菜宴席 4300日圓～
使用於朝市進貨的食材，料理一道道接續上桌。能商量料理的內容或數量，另有免費的自製燉煮料理和醃製物。

📞 0577-33-3549　**MAP** 84D-2
🕐 12:00～14:00、17:00～21:00（需預約）　休 週四
所 高山市下二之町57-2　🚃 JR高山站步行15分　🅿 免費

高山的 自傲**點心美食**

在充滿散步樂趣的三町一帶，
有著眾多能在散步途中外帶的方便食用小點心。
能享受到老字號味道和高超廚藝的和風點心，
可以在旅途結束後一併外帶回家。

輕鬆的品嘗 奢侈的 飛驒牛

串燒飛驒牛
1支 300日圓～

能輕鬆品嘗到飛驒牛的美味。有自製醬料燒烤的紅肉(300日圓)、鹽＆胡椒的霜降(500日圓)、里肌肉(800日圓)等3種。

じゅげむ
MAP 84D-3
☎0577-34-5858
🕐9:00～18:00，週二三和冬季為～17:00 休無休 🏠高山市上三之町72 🚃JR高山站步行10分

御手洗丸子
1支 80日圓

Q彈的口感和清爽的芳香醬油丸子串是高山必吃的點心。親民的價格令人開心。

長久受到愛戴的必吃點心

陣屋だんご店
★じんやだんごてん
MAP 84D-4
☎0577-34-9139
🕐8:30～16:30（12～3月為9:00～16:00）休不定休 🏠高山市支町1-47 🚃JR高山站步行10分

心雀躍滿♪

三町散步的好良伴

能外帶享用的食物類

元祖飛驒牛握壽司
2貫 500日圓～

秘傳的甜醬更突顯出頂級飛驒牛的美味。本店發明以蝦仙貝取代盤子使用。特別推薦稀少部位的特選握壽司（800日圓）。

陶醉於頂級的飛驒牛

御食事處 坂口屋
★おしょくじどころ さかぐちや
MAP 84D-3
☎0577-32-0244
🕐10:30～15:00 休週二 🏠高山市上三之町90 🚃JR高山站步行10分

飛驒牛包子
430日圓

肉包放入壽喜燒口味的飛驒牛和蔬菜。Q彈的外皮和清爽不膩的食材簡直絕配。

壽喜燒口味令人大大滿足！

飛驒牛まん本舖
★ひだぎゅうまんほんぽ
MAP 84D-2
☎0577-36-0264
🕐9:00～17:00 休週三 🏠高山市上二之町53 🚃JR高山站步行15分

可比較口味的一口尺寸

五色饅頭
各118日圓～

提供魁蒿、蕎麥、紫蘇、味噌和栗子等5種的饅頭。加入山藥的Q軟外皮，每種皆風味豐富，內包紅豆粒餡。

◆ **とらや饅頭老舖** ★とらやまんじゅうろうほ
MAP 84D-3
☎0577-32-0050
🕐8:30～17:00 休不定休 🏠高山市上二之町75 🚃JR高山站步行10分

保存期 含購買日的4天內

當季的特選瑞士卷

和風瑞士卷
1條1550日圓（半條800日圓、1片270日圓）

保存期 需冷藏。購買後的2天內

稻豐園的分店，由和菓子師傅所製作的瑞士卷廣受好評。使用當季特選的食材，提供抹茶、新鮮栗子和草莓等口味。

◆ **彩菓 なな草** ★さいか ななくさ
MAP 84D-3
☎0577-36-7793
🕐9:00～17:00 休週二（逢假日則營業） 🏠高山市上二之町64 🚃JR高山站步行15分

特產南瓜的自然甜味

宿儺南瓜的三顆星布丁
350日圓

法式料理「LE MIDI」所推出的主廚特製布丁。添加高山特產的宿儺南瓜，雞蛋和牛奶也是在地特選的食材。

◆ **LE MIDI 宿儺かぼちゃ 三ツ星プリン專門店**
★ル・ミディ すくなかぼちゃ みツぼしプリンせんもんてん
MAP 84D-3
☎0577-57-8686
🕐10:00～15:00、週六日、假日為～17:00 休週四（逢假日則營業） 🏠高山市支町2-3 🚃JR高山站步行10分 🅿免費

保存期 需冷藏。購買後的4天內

私房典藏 甜點伴手禮

給自己，給那個人，外帶品嘗！

飛驒牛 飛驒牛炸排
380日圓

使用飛驒牛肋脊肉、淡路產的洋蔥和麵包粉等高級的食材。由於點餐後才油炸製作，所以能吃到熱騰騰，滿溢的鮮美肉汁令人垂涎三尺。

肉汁的鮮美滿溢嘴內

助春 ★すけはる
MAP 84E-3
☎0577-35-3663
🕙10:00～17:00 休週二
🏠高山市上一之町19
🚃JR高山站步行15分

自選配料霜淇淋
350日圓

能從水果或堅果類等約30種的配料當中選擇2樣放入霜淇淋當中。

能自己選擇搭配令人欣喜♪

咲くやこの花 ★さくやこのはな
☎0577-37-7733 **MAP** 84D-3
🕙9:30～17:00，冬季為10:00～16:00 休無休 🏠高山市上三之町34 🚃JR高山站步行10分

まるっぽ蜜柑
1支100日圓

自製糖漿恰到好處的甜度和酸味十分搭配的冷凍蜜柑。清爽的滋味最適合作為飯後的甜點。

冰涼沙沙的口感

本抹茶100%霜淇淋
500日圓

京都產的碾茶香氣四溢

將經過嚴選的京都產碾茶於店內現磨後使用，能品嘗到微苦的新鮮茶味。有香草和綜合等口味。

茶乃芽 ★ちゃのめ
MAP 84D-3
☎0577-35-7373
🕙9:30～16:30（12～3月為10:00～16:00）休無休 🏠高山市上三之町83 🚃JR高山站步行10分

一口大小的尺寸很可愛

小鯛魚燒
5個 200日圓～

大納言紅豆、巧克力和起司等5種口味任君挑選的迷你小鯛魚燒。週六日和假日限定販售放入紅豆的魁蒿口味。

飛驒的大太鼓
250日圓

大尺寸飽食感十足的仙貝是店家使用備長炭一片片烤成的。秘傳的醬油醬汁和海苔香味讓人笑顏燦開。

直徑15公分的特大尺寸

手燒煎餅堂 ★てやきせんべいどう
☎0577-33-9613 **MAP** 84D-3
🕙9:00～17:00 休無休 🏠高山市上三之町85 🚃JR高山站步行10分

怦然動心的水果大福

由年輕店長所製作不同季節的水果大福。因水果而每顆大福有所不同，柔軟的餅皮和白餡的搭配簡直絕妙。

草莓大福（1月15日～4月中旬）
200日圓

鳳梨大福（4月中旬～10月中旬販售）**200日圓**

保存期 需冷藏。購買後2天內

◆**JAPANESE SWEETS ARTIST SHINYA**
produced by 福壽庵
★ジャパニーズ スイーツ アーティスト シンヤ プロデュース バイ ふくじゅあん
☎0577-57-8160 **MAP** 84D-3
🕙10:00～16:00 休週三 🏠高山市上三之町29 🚃JR高山站步行10分

整顆奇異果大福（1月中旬～11月中旬）**400日圓**

秋季僅有的特別滋味

栗よせ
半條950日圓（1條1900日圓）

◆**分隣堂** ★ぶんりんどう
MAP 84D-2
☎0577-32-1844
🕙8:00～19:00
休不定休
🏠高山市下二之町70
🚃JR高山站步行15分

9月上旬到11月下旬販售的秋季限定商品。將細心剝皮的國產栗子和紅豆餡蒸製而成，高級的甜味和栗子的風味令許多粉絲望穿秋水！

保存期 含購買日的4天內

傳統手藝製作的菓子堪稱絕品

明治時期創業的老字號和菓子店。以巷弄內的貓咪為設計的招福貓子饅頭，詼諧表情引起話題。草饅頭等也美味絕倫。

招福貓子饅頭
185日圓、1200日圓（1盒5個入）

◆**稻豐園** ★とうほうえん
☎0577-32-1008 **MAP** 85C-3
🕙8:30～19:00 休週二，逢假日則營業 🏠高山市朝日町2 🚃JR高山站步行8分

保存期 含購買日的4天內，盒裝則為1星期

在三町咖啡廳度過優雅的休閒片刻

三町擁有別具風情的民家咖啡廳和眾多具有休憩空間的咖啡廳。品嘗各店高水準甜點的同時，一邊度過優雅時光。作為三町散步的重頭戲絕對不容錯過。

休憩的重點
1樓的吧檯座位能隔著格子窗眺望三町景色，增添旅途的愉悅氣氛。悠閒的挑高空間令人印象深刻。

令人鍾愛的日式甜點
あまがさね 950日圓
（附日本茶）
抹茶冰、自製蕨餅、麩菓子、紅豆、黃豆粉和黑蜜等日式食材堆疊成層的樣子十分優美，是店內的招牌日式甜點。

喫茶去かつて ●きっさこかつて

在懷舊摩登的空間內享受咖啡時光

使用屋齡150年建築的店內設有吧檯座位、和式座位和面對挑高空間的2人座位等，擁有奢侈感的店內空間。順口甜味的日式甜點建議和濾布沖泡的原創咖啡一同享用。

☎0577-34-1511 **MAP** 84D-3
🕙10:00～16:30 休週三 所高山市上三之町92 JR高山站步行10分

人氣菜單
◆飛驒蘋果派
（10～4月限定）…550日圓
◆蕨餅
（附日本茶）…450日圓
◆かつて咖啡…500日圓

布簾隨風擺動的日式摩登外觀

令人鍾愛的日式甜點
雪玉紅豆湯圓 600日圓
白、粉紅和綠色的小湯圓玲瓏可愛，特別受到女性的歡迎。放入刨冰的「冰紅豆湯圓」一年四季皆能點。

カフェ青 ●カフェあお

能欣賞庭園的窗邊是特等座！玲瓏甜點令人怦然心動

由高山的熱門雜貨店「青」所經營的咖啡廳。使用富有歷史的建築，店內擺飾令人雀躍的休憩空間。能品嘗到使用飛驒蘋果等當季水果或飛驒牛乳等特選食材的料理。

MAP 84D-2
☎0577-57-9210
🕙10:00～16:30 休不定休 所高山市上三之町67（老田酒造敷地內） JR高山站步行10分

人氣菜單
◆抹茶聖代…800日圓
◆蕨餅（冬季不提供）…500日圓
◆烘焙茶拿鐵…550日圓

擁有寬敞的和式座位空間，能讓人盡情放鬆歇息

休憩的重點
餐具和織品等雜貨店所經營的咖啡廳才有的選物品味，低調時尚營造出舒適空間。

懷舊版畫和咖啡的香氣 瀰漫大正浪漫的咖啡廳

藍花珈琲店

●らんかこーひーてん

擺設松本家具和竹久夢二的版畫，瀰漫著大正浪漫的倉庫建築咖啡廳。從神戶進貨的炭火烘焙咖啡豆所沖泡的咖啡擁有濃厚的香氣，和手工甜點十分搭配。

MAP 84D-3
☎0577-32-3887
⏰8:30～17:50　休週四（逢假日則營業，8月無休）　🏠高山市上三之町93　🚃JR高山站步行10分

休憩的重點
店內播放古典音樂，民藝器具和麥森茶杯讓店內更添優雅氣氛。

令人鍾愛的日式甜點
黑加侖冰淇淋 670日圓
茶布奇諾 670日圓

酸甜的黑加侖醬和冰淇淋甜味的絕佳搭配。使用抹茶的西式飲品是店內招牌商品！

人氣菜單
◆蜂蜜蛋糕…390日圓
◆葛切…880日圓
◆貝特格咖啡（附核桃）…980日圓

白牆倉庫的建築令人印象深刻

休憩的重點
依季節不同而更換建材等，在高格調的擺飾中感受特別的風情度過悠時光！

令人鍾愛的日式甜點
布久聖代 1100日圓

黃豆粉霜淇淋、小湯圓和蕨餅等日式甜品集結的順口滋味。可依個人喜好增添黑蜜。

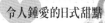
位於離繁華街道稍遠的小巷弄

在高格調的日式擺飾當中 被寂靜包圍享受甜品

茶房 布久庵

●さぼう ふきゅうあん

使用1896（明治29）年創業的吳服屋的店鋪空間和倉庫，提供各異其趣的用餐座位。欣賞讓人感受季節的中庭，在別具情調的日式擺飾當中，品嘗使用高級本葛或蕨粉的甜品。

MAP 84D-2
☎0577-34-0126
⏰10:00～17:00（8月為～17:30）　休週二（逢假日則擇日休）　🏠高山市下一之町17　🚃JR高山站步行15分　🅿免費

人氣菜單
◆飛驒米粉可麗餅…600日圓～
◆蕨餅套餐（附抹茶）…1100日圓
◆鮮奶油湯圓餡蜜…850日圓

在木質溫度的環繞中休憩 熱門家具SHOP的咖啡廳

匠館 La Chaise

●たくみかん ラ シェーズ

位於販售飛驒家具和木工品店鋪中的咖啡廳。在天然大木板桌子令人印象深刻的店內，能品嘗到自製餅乾和三明治等。推薦逛完宮川朝市後順道拜訪此處。

MAP 84D-2
☎0577-36-2511　⏰8:00～16:00　休無休（11月中旬～翌3月中旬為週二休）　🏠高山市下三之町1-22　🚃JR高山站步行10分　🅿30分400日圓，使用店內設施則有折價券

人氣菜單
◆咖啡…400日圓
◆飛驒果汁（蘋果、水蜜桃、番茄）…450日圓
◆手工餅乾…150日圓

令人鍾愛的日式甜點
戚風蛋糕 400日圓
（飲料套餐700日圓）

鬆軟戚風蛋糕帶著恰到好處的甜味在嘴中化開，極受到各界好評。可搭配滑順的鮮奶油享用。

還有餐點！
三明治 400日圓

內有火腿和三明治等受到女性喜愛的三明治。和咖啡十分搭配，分量也足夠。

休憩的重點
店內擺飾以一片大木板的桌子為中心的原創家具，在和煦暖心的空間內休息放鬆。

確立高山新特產的地位！ 散步途中務必順道拜訪

茶乃芽

●ちゃのめ

豐富獨特的霜淇淋和小巧可愛的小鯛魚燒等，適合散步途中品嘗的甜點一應俱全。和風摩登的店內空間能讓人輕鬆地稍作歇息。

MAP 84D-3
☎0577-35-7373
⏰9:30～16:30（12～3月為10:00～16:00）　休無休　🏠高山市上三之町83　🚃JR高山站步行10分

令人鍾愛的日式甜點
CREMIA 600日圓

貓舌餅甜筒和滿滿生奶油的霜淇淋為最大特徵。作為高山的新特產極受歡迎！

人氣菜單
◆本抹茶100%霜淇淋…500日圓
◆小鯛魚燒…5個200日圓～
◆抹茶牛奶…400日圓

休憩的重點
有眾多能外帶的甜品，或是也推薦在寬敞開放的店內空間品嘗。

邂逅令人忍不住想拿在手中的心動雜貨也是高山散步的樂趣之一。使用古布的華麗小物、創作家們的手工藝品等，不妨作為旅行的回憶購買回家，成為居家生活的好良伴。

✦ 讓人隨興想像故事
✦ 手染玩偶的人氣商品

住真商店
★すみしんしょうてん

以十二生肖動物或野鳥為主題再增添色彩繽紛的花彩，木版手染玩偶為招牌商品。每個玩偶顏色和形狀皆有些微的差異，不妨精心挑選看看。

MAP 84D-4
☎0577-32-0980
🕐9:00〜17:00 休週二
📍高山市上三之町8
🚃JR高山站步行10分

木版手染玩偶
母猴1005日圓、小猴885日圓
新登場搭配母猴的小猴，是十二生肖中的猴版本。母猴帶著山葡萄，小猴則是手持紅酒，極富故事性

明信片
規格內140日圓，規格外195日圓
描繪木版手染玩偶的野鳥系列

✦ 手工藝作家夫婦所經營，
✦ 創作家商品一應俱全

kochi ★コチ

木工作家所經營的室內裝潢商品雜貨店。除了販售原創商品外，還有創作家製作的陶瓷器或布製品。寬敞的店內附設工坊，2樓還設有咖啡廳。

MAP 83A-3
☎0577-35-5176
🕐10:00〜18:00
休週四（逢假日則營業）、第3週三 📍高山市西之一色町3-813-7
🚃JR高山站搭さるぼぼ巴士9分，飛驒の里下下車即到 🅿免費

胸針
2484日圓〜
七葉樹、山毛櫸和櫸木等種類個性豐富的木頭樣貌

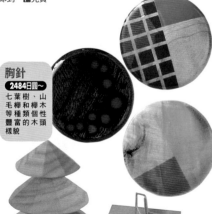

迷你樹（擺飾）
mass（迴紋針架）
傳達木頭溫度的原創商品
S尺寸 3024日圓
1944日圓

兔美手帕
540日圓
兔子的包裝盒很吸引目光，本店獨家商品

兔子手玉
各529日圓
可愛的表情和繽紛的圖案擄獲人心

✦ 兔子愛好者必來！
✦ 應有盡有的商品

高山うさぎ舍 ★たかやまうさぎや

寬敞的店內有著從全國各地收集而來的豐富兔子商品。也販售這裡獨家的原創商品，可愛的兔子雜貨光是欣賞就療癒人心。

MAP 84D-3
☎0577-34-6611
🕐9:30〜17:00（夏季有延長營業）
休無休 📍高山市上三之町37
🚃JR高山站步行10分

高山

飛驒古川

白川鄉

奧飛驒溫泉鄉

下呂溫泉

帶來十足的影響力和幸運!?

逗趣可愛 猿寶寶 商品特輯

何謂猿寶寶?

高山方言中為「猴子的嬰兒」之意。據說是為了寒冬在外玩耍的孩童所製作,作為護身符而受到喜愛。

猿寶寶的立香器

香舖能登屋
★こうほのとや

MAP 84D-4

☎0577-33-0889

🕐9:30～17:00(冬季為10:00～16:00)

休週三(逢假日則翌日休)

所高山市上三之町104

🚃JR高山站步行10分

猿寶寶立香器
950日圓(香盤 600日圓)

猿寶寶拿香的樣子能徹底表現高山特色,是能登屋的獨創商品!

令人驚愕的進化型!

ひだっち さるぼぼSHOP
★ひだっちさるぼぼショップ

MAP 85C-3

☎0577-35-1030

🕐10:00～17:00

休不定休

所高山市相生町19

🚃JR高山站步行10分

ひだっち(左) **760日圓～**
爆炸頭ひだっち(右)
1500日圓～

在地情報誌的吉祥物ひだっち的新商品陸續登場。能彎曲手腳做出喜歡的姿勢。

令人憐愛的襁褓嬰兒!

本舖飛驒さしこ
★ほんぽひだぼさしこ

DATA ▶ P.121

ぼぼくるみ
各560日圓

用刺子布溫柔包裹的手工小型猿寶寶。

+ 能買到獨一無二的
+ 小物和玩偶絹布觸
+ 感和圖案無與倫比

布ら里
★ふらり

販售著使用江戶到昭和初期的絹布小物和玩偶。柔軟的絹布觸感和鮮豔圖案充滿日式美感。由於圖案獨一無二,所以建議細心慢慢挑選。

MAP 84D-3

☎0577-32-1980(飛驒民族考古館)

🕐10:00～17:00(11～3月為～16:30)

休不定休 所高山市上三之町82

🚃JR高山站步行10分

化妝包
小1510日圓
中1950日圓
大2270日圓
特大2600日圓

用良好觸感的絲質古布所製作的化妝包

書套
1400日圓

能將喜愛的書本優雅妝點的懷舊和風圖案。優質的觸感也是魅力所在

+ 獨具特色的
+ 藝術家作品

SAN AI HANDMADE
★サンアイ ハンドメイド

主要販售創作家獨一無二的商品,以及可愛的潮流系和日式的療癒商品等雜貨。請盡早購買自己鍾愛的特色商品。

MAP 84D-3

☎0577-33-0396

🕐9:00～17:00 休無休

所高山市上三之町80

🚃JR高山站步行10分

小巧玲瓏七味粉罐
2160日圓

圓滾滾的瓶身和笑臉療癒人心,木偶形狀的七味粉罐

Carat／夾飾、髮夾
各540日圓

夾飾和髮夾的中央有著閃耀光芒的施華洛世奇水晶

+ 溫柔妝點日常生活
+ 的雜貨店鋪

青
★あお

提倡將和風物品融入日常的生活態度。販售精選的紙製品、布小物和陶器等。距離鬧區稍遠,沉穩寧靜的氛圍令人喜愛。

MAP 84E-3

☎0577-34-9229

🕐10:00～17:30 休無休 所高山市上一之町85

🚃JR高山站步行15分 🅿免費

繪形香
1080日圓
(5張入)

※圖案視季節有所變更

可立於桐箱上,或附於信件或禮物上享受香氣

麻布眼鏡盒
2160日圓

能牢牢保護眼鏡的堅固眼鏡盒。低調韻味的和式圖案品味不凡

當天的行程表？
能在JR高山站前的觀光服務處獲得發放的觀光手冊。春季於高山陣屋前，秋季於櫻山八幡宮前會設置臨時服務處。

能駕車前往嗎？
市區會有交通管制，請事先確認高山市的官網。交通資訊能參考當地的廣播「HitsFM（76.5MHz）」。

如果遇到雨天？
由於神轎是重要文化財所以嚴禁淋濕。即使小雨，曳揃、御巡幸、御神幸等戶外儀式會全部中止舉辦。

洽詢 ☎0577-32-3333
高山市觀光課

何謂 高山祭？
春季「山王祭」和秋季「八幡祭」的總稱。和京都的祇園祭、秩父的秩父夜祭並列為日本三大美祭，已約400年的歷史。2016年12月被登錄為聯合國教科文組織的無形文化遺產，也被指定為國家的重要無形民俗文化財。

高山祭

豪華絢爛
華麗的時代繪卷

高山祭於春秋兩季舉辦，每年會有數十萬人造訪。在此介紹發揮工匠技藝的豪華神轎和精巧的機關表演等特色之處！

3種機關表演必看！
山王祭 春
4月14・15日

在位於舊高山城下町南側的上町所舉辦的日枝神社例大祭。12座神轎將會登場，其中3座會有機關表演。

祭典的舞台
飛驒山王宮日枝神社
●ひださんのぐうひえじんじゃ
舊高山城下町的南半分的氏神。御巡幸以此為起點和終點。
MAP 83C-3
☎0577-32-0520
自由參拜　**所**高山市城山156　**交**JR高山站步行30分　**P**免費（高山祭期間內不可停車）

POINT
春季時，神樂台、三番叟、石橋台和龍神台4座等在旅所前，其他8座神轎首日於神明町通、第2天於本町一丁目和三町通匯集登場。

曳揃 春秋
機關奉納 春秋

POINT
春秋有3座機關神轎登場，在旅所前於上午和下午共有2場的表演。由於人潮擁擠，建議攜帶望遠鏡。圖片為龍神台。

夜祭 春／宵祭 秋
祭典首日的夜晚，點亮燈籠的神轎巡遊於市區。會有約100個燈籠艷麗綻放。

御巡幸 春／御神幸 秋
以神轎為中心，身穿傳統服裝的數百人會巡遊市區。

行程表
4月14日
9:30時	神轎曳揃	(到16:00)
11:00時	機關奉納	
13:00時	御巡幸	(到16:00)
14:30時	機關奉納	
18:30時	夜祭	(到21:00)

4月15日
9:30時	神轎曳揃	(到16:00)
10:00時	機關奉納	
12:30時	御巡幸	
14:00時	機關奉納	

曳迴僅限於秋季！
八幡祭 秋
10月9・10日

在位於舊高山城下町北側的下町所舉辦的櫻山八幡宮例大祭。11座神轎中的4座巡遊於市區的「曳迴」為特徵。

祭典的舞台
櫻山八幡宮
●さくらやまはちまんぐう
舊高山城下町的北半分的氏神。布袋台的機關在此進行表演。
MAP 83C-2
☎0577-32-0240
自由參拜　**所**高山市桜町178　**交**JR高山站步行20分　**P**免費（高山祭期間內不可停車）

POINT
秋祭時，除了布袋台之外所有神轎集結於前往櫻山八幡宮的表參道

POINT
秋祭只有布袋台會進行表演。唐子飛跳到布袋的肩上等，細膩的動作令人佩服

神轎曳迴 秋
曳揃 春秋
機關奉納 春秋

POINT
白天的曳迴僅限八幡祭，共有4座參加。其中神樂台和鳳凰台每年皆會登場，剩餘的2座則是除去布袋台後的8座輪流參加

行程表
10月9日
9:00時	神轎曳揃	(到16:00)
12:00時	機關奉納	
13:00時	御神幸	(到15:00)
13:30時	神轎曳迴	(到16:00)
15:00時	機關奉納	
18:00時	宵祭	(到21:00)

10月10日
8:30時	御神幸	(到11:30)
9:00時	神轎曳迴	(到16:00)
11:00時	機關奉納	
13:00時	機關奉納	
13:30時	御神幸	(到16:00)

能體會高山祭魅力的推薦景點！

高山祭屋台會館　**MAP** 83B-2
●たかやままつりやたいかいかん

將秋季高山祭巡遊的11座神轎，每年3次依序更換展示。一整年都能欣賞到真正的神轎。

☎0577-32-5100
時8:30～17:00（12～2月為9:00～16:30）
休無休　**¥**900日圓（和櫻山日光館共通）
所高山市桜町178　**交**JR高山站步行20分　**P**1小時300日圓

展示著隨處都能見到精湛飛驒工匠技藝的豪華神轎

飛驒高山獅子會館
機關博物館　**MAP** 83C-2
●ひだたかやまししかいかん からくりミュージアム

隨時能見到5種機關人偶的實際表演。同時展示國家指定重要有形民俗文化財的獅子頭。

MAP 83C-2
☎0577-32-0881
時9:05～16:25
休不定休（冬季有休館）　**¥**600日圓
所高山市桜町53-1
交JR高山站步行20分
P免費

由機關師巧妙操縱，日本唯一的機關實際表演場所

※特輯內的行事曆等為2018年的資訊。詳細資訊於祭典前1個月發布。http://kankou.city.takayama.lg.jp

飛驒國分寺

寺院　MAP85B-2

●ひだこくぶんじ　☎0577-32-1395　景點

擁有重要文化財的寺院

746（天平18）年依天武天皇之命於全國建立的國分寺的其中一座。被指定為重要文化財的本尊藥師如來像、占地內的三重塔和大銀杏等景點豐富。

🕐自由參拜（本堂為9:00～16:00）　💴寶物參觀費300日圓　🏠高山市総和町1-83　🚃JR高山站步行5分　🅿免費（限參拜時停車）

➡瀰漫著莊嚴氛圍，飛驒地區唯一的三重塔

飛驒高山歷史美術博物館

博物館　MAP84E-3

●ひだたかやままちのはくぶつかん　☎0577-32-1205　景點

學習江戶時代的歷史和文化

使用江戶時代富商永田家和矢嶋家倉庫的博物館。介紹歷史和文化，其中重現傳統活動和風俗的立體模型不容錯過。

🕐9:00～19:00、庭院、廣場為7:00～21:00（視季節而異）　🏠無休　💴免費　🏠高山市上一之町75　🚃JR高山站步行15分

➡善用10座倉庫，依不同主題介紹高山的魅力

高山市政紀念館

紀念館　MAP84D-4

●たかやましせいきねんかん　☎0577-32-0406　景點
（設施振興公社）

由名工坂下甚吉所興建，於1895（明治28）年完工的高山町公所。展示和市政相關的資料。

🕐8:30～17:00　🏠無休　💴免費　🏠高山市神明町4-15　🚃JR高山站步行15分

飛驒高山美術館

美術館　MAP83A-3

●ひだたかやまびじゅつかん　☎0577-35-3535　景點

飛驒高山優美自然中享受富藝術性的玻璃作品

隨時展示艾米里·加利和勒內·萊利克等代表新藝術和新裝飾運動的作家的玻璃藝術作品和家具。花園咖啡廳也很受歡迎。

🕐9:00～16:30、咖啡廳&餐廳為～16:30（LO）　🏠無休（1月中旬～3月中旬不定休）　💴1300日圓　🏠高山市上岡本町1-124-1　🚃JR高山站搭さるぼぼ巴士10分，飛驒高山美術館下車即到　💴免費

➡能享受到光和水孕育而出的優美藝術和雄壯的北阿爾卑斯景觀

飛驒高山泰迪熊環保村

美術館　MAP83A-3

●ひだたかやまテディベアエコビレッジ　☎0577-37-2525　景點

可愛泰迪熊的人集合

利用屋齡200年的合掌屋，以環保為主題的泰迪熊美術館。展示珍貴的古典熊等約1000隻泰迪熊。

🕐10:00～17:30（1～2月為～16:30）　🏠不定休（1月中旬～3月中旬為第三休）　💴600日圓　🏠高山市西之一色町3-829-4　🚃JR高山站搭さるぼぼ巴士9分，飛驒的里下車即到　🅿免費

➡熊教堂因為有達成戀愛願望的魔力而廣受歡迎

飛驒民俗村 飛驒之里

室外博物館　MAP83A-3

●ひだみんぞくむらひだのさと　☎0577-34-4711　玩樂
（飛驒之里&回憶體驗館共通）

感受懷舊的飛驒生活

位於高山郊外的合掌聚落和體驗之里。移建飛驒地區珍貴的古民宅，還原且重現往昔的生活型態。舉辦稻草工藝和指子織布的實際表演。

🕐8:30～17:00　🏠無休　💴700日圓　🏠高山市上岡本町1-590　🚃JR高山站搭さるぼぼ巴士9分，飛驒的里下車即到　🅿1輛300日圓

➡舊若山家等被指定為國家的重要文化財

小知識！

帶有傳說的大小各異瀑布

附近一帶被規劃為縣立自然公園，有露營場和草坪公園，某些時期還有花園。全長約900m，花費約1小時的健行步道能巡遊瀑布及享受森林浴。

➡因大蛇傳說之地而聞名的神祕瀑布

宇津江四十八瀑布

●うつえしじゅうはちたき

MAP附錄13A-2

☎0577-72-3948（四十八瀑布綜合服務處）

🕐自由入園（綜合服務處8:00～17:00）　🏠綜合服務處為12～3月　💴清掃協力金200日圓　🏠高山市国府町宇津江　🚗中部縱貫道高山IC車程20分　🅿免費

飛驒高山祭之森

博物館　MAP83B-4

●ひだたかやままつりのもり　☎0577-37-1000　景點

隨時展示集結現代技術精髓的豪華絢爛平成祭屋台

可見到使用現代技術創造的「平成的祭屋台」的博物館。能欣賞到用電腦操控的機關表演。

🕐9:00～16:30　🏠無休　💴1000日圓（和世界的昆蟲館的套票1500日圓）　🏠高山市千島町1111　🚃JR高山站搭さるぼぼ巴士17分，まつりの森下車即到　🅿免費

➡陶醉於動態照明的夢幻演出

茶之湯之森

美術館　MAP83B-4

●ちゃのゆのもり　☎0577-37-1070　景點

前往熟悉茶湯文化

收藏以茶道具為主約1600件文物的美術館。其中有日本唯一一件使用玉蟲翅膀的茶道具，以及平成的玉蟲廚子不容錯過。能在茶室輕鬆享受到品茗樂趣。

🕐9:00～16:00（茶室為10:00～16:00）　🏠週三（逢假日則營業，冬季有休館期間）　💴茶之湯美術館800日圓（品茗套餐1500日圓、2000日圓）　🏠高山市千島町1070　🚃JR高山站搭さるぼぼ巴士17分，茶の湯の森下車即到　🅿免費

➡玉蟲的茶道具「玉蟲四季文時繪食籠」

購買高山經典的 伴手禮就交給這裡

小知識！

改建屋齡超過120年的酒窖的複合設施。能品嘗到美食的外帶中心和伴手禮店的高山特產應有盡有。能在此用餐與享用甜點。

↑茶房こと的飛驒牛蓋飯很受歡迎

右衛門橫町 ●うえもんよこちょう
☎0577-57-8081 MAP84D-2

🕐7:30～15:00，週六和假日～16:00;冬季為8:00～14:30，週六和假日為～15:30，可能有所變動 ㊡不定休，天候欠佳時(冬季有臨時休店) 🏠高山市下三之町19 🚉JR高山站步行10分

夢工場飛驒 ●ゆめこうじょうひだ
☎0577-32-2814 　🎵玩樂

自己製作的仙貝有著獨特的味道

能進行膨脹4倍大的手烤仙貝體驗。可以挑戰製作醬油、鹽、芝麻、花枝，甚至心型形狀的仙貝，製作完成後能當作認證證書帶回家，令人欣喜。

🕐10:00～16:30 (視季節而異) ㊡無休 💰體驗400日圓 🏠高山市桜町52 🚉JR高山站步行20分 Ｐ免費

能放心體驗

能接受細心的燒烤方式指導，所以

飛驒高山回憶體驗館 ●ひだたかやまおもいで たいけんかん
☎0577-34-4711 　🎵玩樂
(回憶體驗館&飛驒之里共通)

自己製作專屬的飛驒土產

不需預約便能進行超過10種體驗的體驗設施。除了能製作高山經典伴手禮猿寶寶外，還有手烤仙貝，環保筷等愛地球手工藝體驗。

🕐10:00～16:00 ㊡週四 (繁忙期間開館) 💰猿寶寶製作1500日圓等 🏠高山市上岡本町1-436 🚉JR高山站搭さるぼぼ巴士9分，飛驒的里下車即到 Ｐ免費

能從5種顏色中挑選喜愛顏色製作的猿寶寶。所需時間約60分

匠館 ●たくみかん
☎0577-36-2511 　🛍購物

將飛驒工匠的魅力多元發揮

由飛驒家具公司經營的陳列室，且附設商店、咖啡廳和餐廳。除了原創家具外，還販售家具用的單片木板或簡單的伴手禮等多樣化商品。

🕐8:00～17:00 ㊡無休，11月中旬～翌3月中旬為週二休 🏠條紋橢圓盤3100日圓～ 🏠高山市下三之町1-22 🚉JR高山站步行10分 Ｐ收費(依利用金額有所優惠)

活用木紋魅力的療癒系商品 森人 各2270日圓 ※不含植物

あてや
☎0577-33-6651 　🍴美食

以自製味噌品嘗飛驒牛

能品嘗到石燒牛排、塔吉漢堡肉、咖哩和燉煮牛筋等豐富多樣的飛驒牛料理，盡情搭配在地產酒一起享用。其中朴葉味噌飛驒牛最受到歡迎。

🕐17:30～23:00，週六和假日為12:00～14:00，17:30～23:00 ㊡週三(逢假日則營業) 🏠高山市朝日町9-3 🚉JR高山站步行8分

飛驒牛朴葉味噌燒1680日圓 (午間套餐1980日圓)

---

restaurant le midi-i. ●レストラン・ル・ミディ・アイ
☎0577-32-6202 　🍴美食

使用當地新鮮食材的義大利餐廳

在法國星級餐廳修練廚藝的廚師所經營的「restaurant le midi」的姊妹店。能品嘗到使用當地新鮮蔬菜和飛驒牛的義大利料理。

🕐11:30～15:00、18:00～21:00 ㊡週四(逢假日則營業) 🏠高山市本町2-2 🚉JR高山站步行10分 Ｐ免費

飛驒牛腿肉牛排套餐 (120g) 3780日圓

飛驒地酒藏 ●ひだじざけぐら
☎0577-36-8350 　🛍購物

販售飛驒全造酒廠的酒。能試喝超過20種的酒，和店員商量選酒也是樂趣之一。

🕐8:30～17:30 (有季節性變動) ㊡無休 🏠高山市上三之町48 🚉JR高山站步行10分

原田酒造場 ●はらだしゅぞうじょう
☎0577-32-0120 　🛍購物

因飛驒的在地酒「山車」而知名。雖是1855 (安政2) 年創業的老店，但也積極地挑戰以花酵母製作清酒等嶄新的製法。

🕐8:00～18:00 (11～3月為～17:30) ㊡無休 🏠高山市上三之町10 🚉JR高山站步行10分

高山まちなか屋台村　でこなる橫丁 ●たかやままちなかやたいむらでこなるよこちょう
☎0577-33-0140 　🍴美食

當地人也光顧的攤販村

「でこなる」在飛驒方言中有變大之意。在懷舊古風的攤販村內，有能吃到飛驒虎河豚的天婦羅店和野味餐廳等19間店鋪雲集此處。也設有射擊遊戲攤販。

🕐視店鋪而異 (多為18:00開店) ㊡視店鋪而異 🏠高山市朝日町24 🚉JR高山站步行10分

眾多的店鋪雲集一處

EaTown飛驒高山 ●イータウンひだたかやま
☎0577-57-5788 　🍴美食

集結高山美食的新景點

2017年4月開幕，集結15間店鋪的美食廣場。提供使用飛驒牛或飛驒產的蔬菜水果、朴葉味噌等當地食材的料理。外國遊客的接待應對也OK。

🕐11:00～22:30 (視店鋪而異) ㊡無休 (視店鋪而異) 🏠高山市本町3-38 🚉JR高山站步行10分

有能品嘗飛驒牛蓋飯的「飛驒乃鐵板」與和菓子「ひよこ庵」等店

高山

飛驒古川

白川鄉

奥飛驒溫泉鄉

下呂溫泉

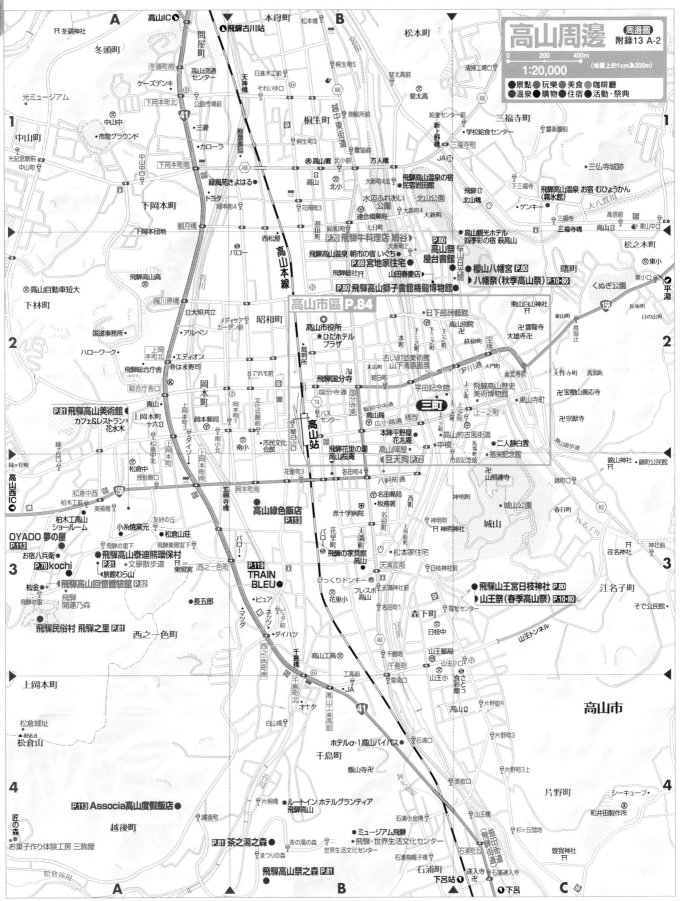

高山周邊 周邊圖 附錄13 A-2

0　200　400m
1:20,000　(地圖上的1cm為200m)

●景點 ●玩樂 ●美食 ●咖啡廳
●溫泉 ●購物 ●住宿 ●活動・祭典

A　**B**　**C**
1
2
3
4

高山市區 **P.84**

飛驒高山美術館 **P.81**
卡菲&餐廳 花水木

OYADO 夢の屋
P.113
お宿八兵衛
P.78 kochi

飛驒民俗村 飛驒之里 **P.81**

飛驒高山泰迪熊環保村
P.81

飛驒高山回憶體驗館 **P.82**

高山綠色飯店 **P.113**

TRAIN BLEU **P.119**

P.113 Associa高山度假飯店

P.81 茶之湯之森

飛驒高山祭之森 **P.81**

飛驒牛料理店 鳩谷 **P.70**

飛驒高山溫泉 朝市の宿 いくち
宮地家住宅 **P.69**

飛驒高山獅子會館機關博物館 **P.80**

高山祭屋台會館 **P.80**
櫻山八幡宮 **P.80**
八幡祭(秋季高山祭) **P.10・80**

飛驒山王宮日枝神社 **P.80**
山王祭(春季高山祭) **P.10・80**

豆天狗 **P.72**

高山站

高山市

83

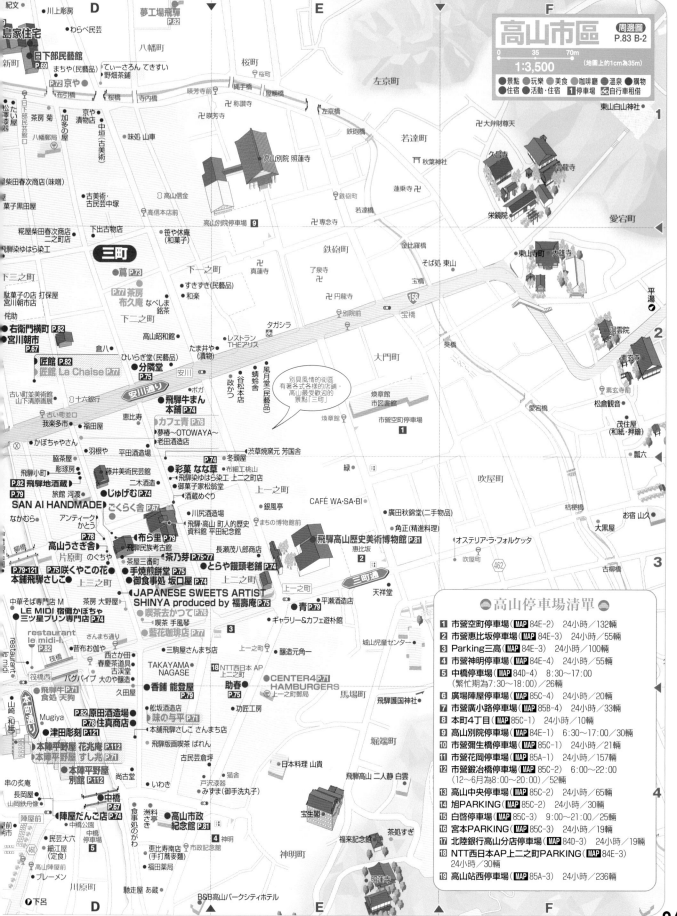

高山市區　周邊圖　P.83 B-2

0　35　70m

1:3,500　（地圖上的1cm為35m）

●景點　●玩樂　●美食　●咖啡廳　●溫泉　●購物
●住宿　●活動・住宿　**1**停車場　**1**自行車租借

別具風情的街區
有著各式各樣的店鋪，
高山最受歡迎的
景點「三町」

◎高山停車場清單 ◎

1 市營空町停車場（**MAP** 84E-2）24小時／132輛
2 市營惠比坂停車場（**MAP** 84E-3）24小時／55輛
3 Parking三高（**MAP** 84E-3）24小時／100輛
4 市營神明停車場（**MAP** 84E-4）24小時／55輛
5 中橋停車場（**MAP** 84D-4）8:30～17:00
　（繁忙期為7:30～18:00）／26輛
6 廣問陣屋停車場（**MAP** 85C-4）24小時／20輛
7 市營廣小路停車場（**MAP** 85B-4）24小時／33輛
8 本町4丁目（**MAP** 85C-1）24小時／10輛
9 高山別院停車場（**MAP** 84E-1）6:30～17:00／30輛
10 市營彌生橋停車場（**MAP** 85C-1）24小時／21輛
11 市營花岡停車場（**MAP** 85A-1）24小時／157輛
12 市營鍛冶橋停車場（**MAP** 85C-2）6:00～22:00
　（12～6月為8:00～20:00）／52輛
13 高山中央停車場（**MAP** 85C-2）24小時／65輛
14 旭PARKING（**MAP** 85C-2）24小時／30輛
15 白啓停車場（**MAP** 85C-3）9:00～21:00／25輛
16 宮本PARKING（**MAP** 85C-3）24小時／19輛
17 北陸銀行高山分店停車場（**MAP** 84D-3）24小時／19輛
18 NTT西日本AP上二之町PARKING（**MAP** 84E-3）
　24小時／30輛
19 高山站西停車場（**MAP** 85A-3）24小時／236輛

孕育專業工匠技術至今的歷史情懷古風街道

飛驒古川
・ひだふるかわ

造訪工匠的技藝
懷舊氛圍的城鎮漫步

◆是這樣的地方！◆

白牆倉庫連綿不絕，縈繞風情的古樸街景仍保留至今的區域。在接觸歷史和傳統技藝的同時，也能享受到知名甜點等嶄新的魅力，可以悠閒地在街區裡散步。

流經城鎮的瀨戶川沿岸是連綿的白牆倉庫，還留著城下町的樣貌。

自古以來的商家林立，能見到當地傳統住宅的古風街區。

屋簷下所見到的「雲」是工匠為了證明自己所建而留下的印記。

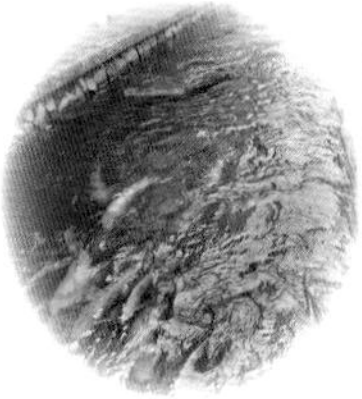

廣域MAP
附錄P.13

洽詢
飛驒市觀光課
☎0577-73-2111

白川鄉 ● ● 飛驒古川
高山 ●
● 下呂

ACCESS

🚃 電車	岐阜	JR特急Wild View飛驒	飛驒古川
		⏱2小時15分 💰5700日圓	

※從高山搭JR高山本線（普通列車）16分240日圓

🚗 開車	中部縱貫自動車道	41	飛驒古川站
	高山IC	🚗約11km	

這就是工匠技藝
每年依照米的狀態調整釀造手法，仍遵循古法釀酒！

地產酒

飛驒名酒「蓬萊」的釀造廠

渡辺酒造店
● わたなべしゅぞうてん

🛍購物

禁斷的大吟醸蛋糕（1620日圓）

蓬萊 超吟しずく（5400日圓）

於1870（明治3）年創業。獲得國際品質評鑑連續15年金牌成績的名酒「蓬萊」，有著圓潤卻強烈的口感令人印象深刻。酒廠參觀（免費、需預約）能進行試喝。

MAP 87A-2
☎0577-73-3311
🕐8:30～17:00
休無休
🏠飛驒市古川町壱之町7-7
🚉JR飛驒古川站步行5分

位於店前的釀酒雕像

這就是工匠技藝
所有的程序皆為手工！平均塗薄需要高超的技術

各式大小的和蠟燭（1支160～5900日圓）

聽取店長的解說時觀摩工作的過程

和蠟燭

傳承超過230年的稀有和蠟燭老店

三嶋和蠟燭店
● みしまわろうそくてん

🛍購物

在全國也很少見的手工和蠟燭老店。以不易產生燃灰、燃燒時間長為特徵，為古川的特產品之一。其中也有大理石圖案的蠟燭，適合作為伴手禮。

MAP 87B-2
☎0577-73-4109
🕐9:30～17:00 休週三（有臨時休業）
🏠飛驒市古川町壱之町3-12 🚉JR飛驒古川站步行5分

資料館

快樂學習工匠的傳統技術

飛驒之匠文化館
● ひだのたくみぶんかかん

📷景點

這就是工匠技藝
加工木材後製作接口，不使用1根釘子組合木材！

設施的建築也是由傳統技術所建

介紹飛驒工匠相關的建築歷史與技術。除了有工匠道具、木材資料、接口和卡榫等展示外，還能體驗木工組合拼圖或千鳥格子製作等，感受當上工匠的感覺。

☎0577-73-3321 MAP 87A-1
🕐9:00～17:00（12～2月為～16:30）休週四（達假日則營業）💰300日圓
🏠飛驒市古川町壱之町10-1 🚉JR飛驒古川站步行8分

高山

飛驒古川

白川鄉

奧飛驒溫泉鄉

下呂溫泉

鄉土料理　MAP87A-1
味処古川
●あじどころふるかわ
☎0577-73-7100
美食

在饒富風情的店內享用在地料理
可以在有沉穩氛圍的民家建築中品嘗鄉土料理。主要為使用飛驒產嚴選食材的餐點，其中又以飛驒牛朴葉味噌排定食最受歡迎。

🕐11:00～16:00（商店為9:00～）
休不定休
所飛驒市古川町壱之町11-3
🚃JR飛驒古川站步行8分

飛驒牛朴葉味噌牛排定食（2160日圓）味道特別

美術館　MAP87A-2
玻璃美術館 駒
●ガラスびじゅつかん こま
☎0577-73-6550
景點

欣賞別具風格的玻璃工藝品
展示約800件從幕末到昭和初期被當作日用品使用的玻璃製品。被鑲入彩繪玻璃的白牆倉庫建築也值得矚目。

🕐10:00～17:00
休不定休（12～2月為限週六日開館）💴300日圓
所飛驒市古川町三之町1-17
🚃JR飛驒古川站步行7分

罕見的展示石油油燈或玻璃時鐘等作品

咖啡廳　MAP87B-2
壱之町珈琲店
●いちのまちこーひーてん
☎0577-73-7099
咖啡廳

咖啡廳改裝自屋齡100年的古民宅。使用的嚴選咖啡豆每週更換，香氣撲鼻味道香醇。

🕐10:00～17:00　休週二
所飛驒市古川町壱之町1-12　🚃JR飛驒古川站步行5分

小知識！
將廢棄的舊神岡鐵道的軌道改建為能騎乘登山自行車的遊樂設施。感受獨特的震動和聲響，欣賞溪谷和神岡街區的同時享受往返約6km的自行車之旅。雖然無需預約也能進行體驗，但以事先預約者優先體驗。

●欣賞美景的自行車之旅超棒！
Rail Mountain Bike Gattan Go!!
●レールマウンテンバイクガッタンゴー
☎090-7020-5852（手機號碼）　MAP附錄13B-1
🕐4月中旬～11月下旬的10:00～14:30，週六日和假日為9:00～16:30、10、11月為～15:30　期間內週三，逢假日則營業　💴乘車費用（1人）1500日圓　所飛驒市神岡町東省1327-2 舊神岡鐵道 奧飛驒溫泉口站　🚃JR飛驒古川站搭濃飛巴士往神岡40分，濃飛巴士神岡營業所下車，搭計程車7分　🅿免費

奔馳於鐵軌上的爽快單車之旅

牛排　MAP87B-1
西洋膳処まえだ
●せいようぜんどころまえだ
☎0577-73-2852
美食

能品嘗到和洋調和的飛驒牛料理
可享用到網燒飛驒牛牛排的餐廳。提供結合和食與西餐的豐富飛驒牛料理。飛驒古川高砂大椀(3250日圓)也頗受好評。

🕐11:30～14:00、17:00～20:30
休週四（逢假日則營業）
所飛驒市古川町金森町11-5
🚃JR飛驒古川站即到　🅿免費

熱門的迷你沙朗飛驒牛排膳（2380日圓）

博物館　MAP87A-1
起太鼓之里
●おこしだいこのさと
☎0577-73-3511
（飛驒古川祭會館）
景點

隨時體驗祭典的興奮和感動
包含飛驒古川祭會館、祭典廣場和瀨戶川等的祭典博物館。祭典會館中展示了古川祭使用的屋台和神轎等。

🕐9:00～17:00（12～2月為～16:30）　休無休
💴免費（飛驒古川祭會館為500日圓）
所飛驒市古川町壱之町14-5
🚃JR飛驒古川站步行5分

除了祭典會館外，集結了各式的設施

蛋糕　MAP附錄13A-2
patisserie Matsuki
●パティスリー マツキ
☎0577-73-2159
美食

當地受歡迎的甜點店
獨棟民宅風，白色外觀令人印象深刻的蛋糕店。也是「羊味紅茶之店」的認定店舖。

🕐9:30～17:30　休週一（逢假日則營業，翌日休）
所飛驒市古川町南成町3-9
🚃JR飛驒古川站步行15分　🅿免費

⤴小甜點370日圓起
（圖片僅供參考）

味噌仙貝　MAP87A-2
井之廣製菓舖
●いのひろせいかほ
☎0577-73-2302
購物

守護從創業時不變的手法至今的味噌仙貝老店
1908(明治41)年創業。特產的味噌仙貝為使用高山產的「櫻蛋」和自製味噌的傳統味道。

🕐8:00～20:00（週日～17:00）　休無休
所飛驒市古川町町弐之町7-12
🚃JR飛驒古川站步行5分　🅿免費

⤴味噌仙貝
（18片，540日圓～）

飛驒古川
1:8,000
周邊圖 附錄13 A-2
0　50　100m

●景點　●玩樂　●美食　●咖啡廳　●溫泉　●購物　●住宿　●祭典

✱ CHECK 白川鄉的聚焦看頭 ✱

茅草屋頂的合掌建築住宅現存的聚落群。其中以白川鄉的荻町合掌聚落為主要的觀光區域，除了能邊散步邊欣賞景色，或是參觀合掌建築住宅之外，也能享受到購物或美食樂趣。

清澈冷冽的水流流經聚落當中

夏季到秋季是田間蔬菜的豐收期

聚焦看頭 2
療癒心靈的慢活主義

初萌新芽的春季會舉行插秧，秋季則是忙於收割稻作。在寒冷的冬季則是製作醃製品或手工藝等的室內工作。和大自然共生的村民生活，至今仍不變地保留下來。

位於荻町合掌聚落的和田家

聚焦看頭 1
充滿懷舊氛圍的合掌建築

約有114棟的合掌建築住宅現存於荻町合掌聚落。能參觀到數量稀少的茅草屋頂和屋內的地爐等，彷彿經歷了場時光旅行。隨處可見並且了解到從前居民的智慧和技術。

秋

從山上到山麓逐漸地染紅

冬

12月下旬～3月上旬被整片的銀白世界環抱

春

從4月中旬到5月下旬是賞櫻季節

夏

可以在村內各處看到樹木和稻米的堅韌生命力

圖片提供：岐阜縣白川村公所

聚焦看頭 3
四季不同的繽紛妝點

和白山連峰的自然與水田景色的變遷共存共生，聚落內有著一年四季不同的繽紛妝點。稍微走遠些到瞭望台俯瞰聚落整體景觀，享受人類和自然共同生活孕育而出的美景。

世界遺產
古樸良善的日本氣息
白川鄉的基本知識

位於岐阜縣白川村，合掌建築故鄉──白川鄉。曾被稱為秘境的豪雪地帶，那優美的原始風貌至今仍被村人們守護著。讓我們先認識一下被登錄為世界遺產的白川鄉基本知識吧。

彷彿訴說過往故事的合掌建築聚落

白川鄉
● しらかわごう

是這樣的地方！

因豪雪地帶僅有的特徵性合掌建築聚落而名聞遐邇。1995年被登錄為世界遺產，一年四季皆吸引了眾多的觀光客從世界各地造訪。

廣域MAP
附錄P.10

洽詢
白川鄉觀光協會
☎05769-6-1013
白川村觀光振興課
商工觀光係
☎05769-6-1311

奧飛驒溫泉鄉
白川鄉 ● 高山
下呂

ACCESS

電車・巴士	JR特急 Wild View飛驒		濃飛巴士	
	岐阜	🕐 1小時57分 💴 4940日圓	高山	🕐 50分 💴 2470日圓	白川鄉BT

開車	東海北陸自動車道	156	
	白川鄉IC	🚗 約4km	白川鄉

讓我們一窺合掌建築的內部結構

因應豪雪地帶風土而生的合掌建築住宅，隱藏著先人們的智慧和技術。在此介紹茅草屋頂和地爐的秘密等不可不看之處。

屋頂

宛如雙手相闔的懸山屋頂造型是合掌建築的名稱由來。由於使用防水的茅草，所以無需擔心漏雨，並具備良好的隔熱和通風性能，能持續保持室內的舒適環境。

厚度可多達80cm以上

這裡是先人的智慧
屋頂的傾斜角度
屋頂之所以建成50～60度的斜角，是為了保護建築不被積雪壓垮，且減輕剷雪時所需耗費的勞力。

沒有隔間的寬敞空間

屋頂內

2樓以上的屋頂內空間是用來經營養蠶等家業。為了保持通風於南北皆有設窗。

的現在為展示養蠶業的道具和資料

這裡是先人的智慧
小屋結構僅使用自然材料
不使用釘子等金屬建材，只用稻草繩等自然建材固定。建築的骨架富柔軟性，能分散超過千噸的積雪重量。

ウシノキ

地爐上方的ウシノキ指的是支撐大黑柱的大樑。ウシノキ的粗細會和住宅規模成正比。

在這裡參觀

屋齡超過300年的合掌建築住宅
和田家 ★わだけ

1樓擁有110坪面積的規模是白川鄉第一，被指定為國家的重要文化財。於江戶時代擔任名主和番所役人，因買賣硝石而發達的和田家，能見到此處獨有的高格調建築樣式。

MAP 95B-2
☎05769-6-1058
🕐9:00～17:00 休不定休
¥300日圓
📍白川村荻町997
🚌白川鄉巴士轉運站步行3分

屋主 和田正人先生
將現在也作為住宅使用的一部分建築開放參觀

通風良好，夏季也過得舒適

請注意建築的面向方位！

所有的住宅皆建於南北的線上。這是為了讓屋頂整體都能曬到太陽，加快融雪和屋頂乾燥的速度。

一年四季皆燒柴升火

這裡是先人的智慧
燻煙的效果讓住宅更加持久
以柴火燒出具有防蟲和防腐效果的燻煙，煙燻住宅內的梁柱讓建築整體更加堅固。現今則使用炭火。

地爐

設於客廳的中央處，一年365天燒柴升火。天花板為挑高樣式，讓煙能進到屋頂內的設計。

守護白川鄉美麗的「結」之心

為了守護優美的自然和傳統的生活，村民以相互扶持的精神互助共生。

何謂結之心？

在**長瀨家**播放影片
能觀看2001年舉行約500人規模的茅草屋頂更換紀錄影片。
MAP 95B-2
☎05769-6-1047
🕐9:00～17:00 休不定休
¥300日圓
📍白川村荻町823-2
🚌白川鄉巴士轉運站步行6分

於1890（明治23）年建造

更換茅草屋頂
約每30年由全體村民實行。茅草的數量甚至可多達十幾輛4噸的卡車。

插秧
5月下旬的田植祭能見到當地女性穿著插秧女服飾插秧。

一齊放水訓練
為了代代傳承優美的山野故里，11月上旬所舉辦的火災訓練。

❶ 野外博物館 合掌建築民家園

★やがいはくぶつかん がっしょうづくりみんかえん

以保存為目的而從村內移建，共有26棟合掌建築住宅對外開放參觀。包含屋齡超過300年的山下陽朗家等，富有歷史的文化遺產數量眾多。其中也有能入內參觀的建築，讓人感受到往昔的生活形態。

☎ 05769-6-1231　**MAP** 95A-3
🕐 8:40～16:40（12～翌2月為9:00～15:40）　休 無休
（12～3月每週四休，逢假日則前日休）　¥ 600日圓
所 白川村荻町2499　🚌 白川鄉巴士轉運站步行5分

為縣重要文化財的中野長治郎家住宅。
有招待蕎麥茶。

也能參與手工體驗！
（4月上旬～10月底，需預約）

打製蕎麥麵　約2小時
1人2000日圓，雙人3000日圓
從蕎麥粉開始打製製麵，完成的蕎麥麵能在現場享用。

草鞋工藝
單腳：1.5小時～
單腳1000日圓、雙腳1500日圓

從附近聚落移建的合掌住宅於戶外展示

學習合掌建築的
歷史和先民們的生活

遊逛一周
荻町聚落

在此確認最推薦的散步路線！

白川鄉散步

在此介紹除了聚落風景和合掌建築的參觀外，還有用餐與添購伴手禮的經典路線。敬請徹底享受白川鄉的魅力吧。

從美景據點的瞭望台
將聚落整體一覽無遺

❷ お食事処天守閣 屋外展望台

★おしょくじどころ てんしゅかく おくがいてんぼうだい

☎ 05769-6-1728（城山天守閣）　**MAP** 95B-1
🕐 自由參觀，餐廳為9:00～16:00　休 無休，餐廳為不定休　所 白川村荻町889
🚌 白川鄉巴士轉運站搭白山計程車接駁巴士10分，終點下車即到　P 免費

位於距離合掌聚落稍遠的高台，餐廳天守閣是對外開放的免費瞭望台。能將荻町合掌建築聚落，以及豐沛自然的白山連峰一覽無遺。

經典路線
所需 **4.5小時**

START
Seseragi
公園停車場
↓ 步行3分

❶ 野外博物館 合掌建築民家園
↓ 步行和巴士20分
到前往瞭望台的接駁巴士乘車處步行10分＋巴士10分
※因為步行需花費30分所以推薦搭乘巴士。1小時行駛3班

❷ お食事処天守閣 屋外展望台
↓ 步行10分

❸ お食事処 いろり
↓ 步行即到

❹ こびき屋
↓ 步行8分

❺ 明善寺鄉土館
↓ 步行即到

❻ 落人

白川鄉IC

荻町城跡展望台

N
白川鄉巴士轉運站

❷ お食事処天守閣 屋外展望台
飛驒

360

❸ お食事処いろり
前往瞭望台的接駁巴士乘車下車處

こびき屋 ❹
每隔20分行駛

156
今藤商店
和田家　**LINK** P.89

庄川

Seseragi公園停車場

（收費）

綜合導覽であいの館

であい橋

荻町合掌聚落

長瀬家 **LINK** P.89

❻ 落人

❺ 明善寺鄉土館

通行車輛限制區間
9:00～16:00

❶ 野外博物館 合掌建築民家園

蛭野高原
●Kan町

周邊圖MAP
P.95・附錄10

停車場資訊

Seseragi公園停車場
8:00～17:00、188輛、1次500日圓
※一般車輛在冬季的夜間點燈期間，14時以後不可停車。欲參加冬季夜間點燈，請事先至「白川鄉觀光協會」填寫申請表。

民藝品和當地美食一應俱全
在伴手禮店享受購物

販售當地依季節不同的農產品

④ こびき屋
★こびきや

MAP 95B-2

☎05769-6-1261

⏰9:00～17:00（有季節性變動）
休無休 所白川村荻町286
🚌白川鄉巴士轉運站步行3分

販售手工製作的工藝品、在地銘菓、醃製物和在地產酒等種類多元的白川鄉伴手禮。以合掌建築和猿寶寶為題材的小物也很受歡迎。從店前的道路往南100m有專賣豆菓子和醃製物的姊妹店。

經典的景色在這裡？

合掌屋頂3棟並排的經典景色，但這番風景卻不易覓得。事實上這裡是被稱為「KAN町（MAP P.95A-3）」，距離荻町聚落稍遠之處。不分四季皆能欣賞到別具風情的景致。

介紹秋季的傳統祭典

白川鄉濁酒祭

在白川鄉作為祈禱豐收的祭典，會於村內的神社醸造濁酒，於每年10月14日到19日的6天舉辦奉納祭。每年會將作為祭典神酒的新醸濁酒招待參拜者飲用。

MAP 附錄10E-1

☎05769-6-1013
（白川鄉觀光協會）
所白川村（白川八幡宮、鳩谷八幡神社、飯島八幡神社等）
※視日期而異
LINK P.10

何謂濁酒？

將炊煮的米加上米麴或酒粕殘留的酵母而醸造出的濁酒。分讓給祭典參拜者的白川村濁酒，是僅在濁酒祭之館（P.94）才試喝得到。

**讓人想邊走邊吃！
熱門的濁酒甜點**

加入飛驒產酒重現濁酒風味。用爆米香表現濁酒的米粒。於4月到11月販售。

今藤商店 ★こんどうしょうてん

MAP 95B-2

☎05769-6-1041

⏰9:00～18:00 休不定休
所白川村荻町226 🚌白川鄉巴士轉運站步行4分

濁酒風的霜淇淋
350日圓

推薦菜色為燒豆腐定食（1296日圓）

山野特有的樸素滋味
讓身心雙倍滿足

③ お食事処
いろり
★おしょくじどころいろり

能品嘗到特徵為口感稍硬的合掌豆腐，以及當地現採野菜的樸素鄉土料理。主要提供定食，蕎麥麵和烏龍麵等麵類也一應俱全。在地爐別具風情的氛圍當中，品嘗當地的滋味。

MAP 95B-2

☎05769-6-1737

⏰10:00～14:00 休不定休 所白川村荻町374-1 🚌白川鄉巴士轉運站即到

善用合掌建築住宅的別具風情店面

---

⑤ 明善寺鄉土館
★みょうぜんじきょうどかん

☎05769-6-1009   MAP 95B-3

⏰8:30～16:45（12～翌3月為9:00～15:45）休不定休 ¥300日圓 所白川村荻町679 🚌白川鄉巴士轉運站步行9分

擁本堂、鐘樓門和庫里等3棟合掌建築的淨土真宗寺院。能進入內部參觀的庫裏，展示著農具、木工家具和煮飯道具等民俗資料。從2樓所見的優美聚落景色是受歡迎的觀景地點。

庫裏為1817（文化14）年所建

造訪約260年前建立
的合掌建築寺院

繼承天台宗建築風格的茅草屋頂鐘樓門

最適合散步結束後的沉穩空間

紅豆湯圓（700日圓）、咖啡（500日圓）
夏季時冰紅豆湯圓很受歡迎

⑥ 喫茶落人
★きっさおちうど

在店內地爐料理的手作紅豆湯圓最為有名。從地爐的鍋內盛裝到自己的碗裡，吃完還能自由續杯。搭配使用天然水沖泡的味道深厚的咖啡，享受沉澱心靈的休閒片刻。

MAP 95B-2

☎05769-6-1603

⏰11:30～17:00 休不定休
所白川村荻町792 🚌白川鄉巴士終點站步行6分

的紅豆湯圓
地爐鍋內裝有充足

在合掌建築的咖啡廳內
大啖手作紅豆湯圓

ます園 文助

（ますえん ぶんすけ）

將悠游於湧水水槽中的紅點鮭、甘子鮭魚和虹鱒等溪魚料理成佳餚。點餐後才打撈溪魚，以鹽燒或生魚片等各式各樣方式烹飪。

MAP 95B-1

☎ 05769-6-1268

🕐 9:00～20:00（11:00～15:00以外需預約） 🈔不定休

📍白川村荻町1915 🚌白川鄉巴士轉運站步行8分

🅿免費

餐廳

將湧水養育的溪魚以多樣料理品嚐的專門餐廳

位於距離聚落稍遠之處，店內充滿著沉穩的氛圍

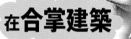

ます園定食 2420日圓

以大量當地捕撈的溪魚入菜。使用店主自己於山區採取的野菜料理也值得推薦。

在合掌建築 用餐或住宿徹底享受白川鄉

慢調生活體驗

品嚐堅持當地生產當地使用的山野料理，
環坐於地爐旁傾聽民謠和當地故事。
在白川鄉度過安詳沉靜的時間吧。

白水園

（はくすいえん）

白川鄉唯一能吃到熊鍋的餐廳。可以品嚐熊肉獨特的滋味。飛驒牛、野菜料理和蕎麥麵等應有盡有。

餐廳

☎ 05769-6-1200 **MAP** 95B-2

🕐 11:00～15:00 🈔不定休 📍白川村荻町354 🚌白川鄉巴士轉運站即到

改建古老合掌屋的建築

老爸和膳 2300日圓

將熊肉和蔬菜搭配味噌而方便實用的火鍋。帶有微甜的味道。

除了招牌的鄉土料理之外罕見的熊鍋更不容錯過

基太の庄

（きたのしょう）

招牌料理的朴葉味噌料理是使用自製麴味噌獨家調味的料理。此外還能品嚐到烏龍麵、蕎麥麵和岩魚定食等鄉下料理。建議事先預約。

餐廳

MAP 95A-3

☎ 05769-6-1506

🕐 11:00～14:00（需確認） 🈔不定休、10月13～15日、12月下旬～翌1月中旬 📍白川村荻町2671-1 🚌白川鄉巴士轉運站步行15分 🅿免費

飛驒牛味噌牛排定食 2300日圓

自製的朴葉味噌和飛驒牛牛排十分契合。附上樸素的野菜料理。
※有時期性變動

店內設置販售工藝品等的伴手禮中心

在屋齡250多年的建築品嚐飛驒牛和山野料理

☾ **遠離喧囂的空間**
位於距離荻町合掌聚落稍遠之處，能在山野原有的靜謐中住宿過夜

簡單構造的房間。夏季即使沒有空調仍涼爽

在明治時期的合掌建築度過寧靜的夜晚

住宿

合掌民宿 わだや

◈ がっしょうみんしゅく わだや

由老經驗的稻草屋頂工匠所經營的旅館。雖只擁有5間客房，最多15人住宿的小規模旅館，但店長和夫人的隨興暖心接待吸引了不少死忠客戶。宛如居家的空間充滿魅力。

☎ 05769-6-1561　　**MAP** 95B-1
IN15:00／OUT9:00　1泊2食9800日圓～（10～4月另收暖氣費400日圓）　白川村荻町1979
白川鄉巴士轉運站步行14分　P免費

穿過布簾後進入合掌建築內

☾ **餐點是鄉土料理**
女主人發揮廚藝的料理是大量使用飛驒牛、當地產的溪魚和當季野菜等的山野滋味

能在此度過沉穩安詳的時光喔

店主
和田利治先生

紅點鮭甘露煮細心燉煮到連骨頭也能食用

聆聽女主人的三味線演奏和民謠，享受鄉下獨有的團圓感

在環坐地爐的客廳內迴盪著女主人的三味線

住宿

十右ヱ門

◈ じゅうえもん

野菜料理和飛驒牛陶板燒等鄉土料理頗受好評。晚餐時女主人會演奏三味線，可環坐於地爐旁在饒富風情的氛圍中品嘗料理。

MAP 95A-3
☎ 05769-6-1053
IN15:00／OUT10:00　1泊2食9000日圓～（10～4月另收暖氣費400日圓）　白川村荻町2653　白川鄉巴士轉運站步行10分　P免費

雖為江戶後期的合掌建築但內部是現代的舒適空間

幸ヱ門　住宿

◈ こえもん

MAP 95B-3
☎ 05769-6-1446

守護江戶後期合掌建築獨有的優美特色，另外再導入近代技術的旅館。館內配備了地暖系統和感應式燈具等舒適住宿的設施。

IN15:00／OUT9:00　不定休　1泊2食8860日圓～（冬季需另收暖氣費）　白川村荻町456　白川鄉巴士轉運站步行8分　P免費

環坐於客廳的地爐旁，品嘗飛驒的鄉村料理。11月上旬到5月上旬會點燃柴火壁爐

白川鄉

推薦的景點

資料館 MAP 95B-3

濁酒祭之館
●どぶろくまつりのやかた
☎05769-6-1655 景點

以人偶和模型重現濁酒祭

在荻町地區於10月14～15日舉辦的「濁酒祭」以影片和實物資料加以介紹。入館者能喝到在神社釀造的珍貴御神酒。

🕐9:00～17:00 🈲10月13～16日、12～3月
💴300日圓 🏠白川村荻町559
🚌白川鄉巴士轉運站步行15分

到神社的寶物

位於白川八幡神社的占地內，能參觀

美術館 MAP 95A-2

合掌建築焰仁美術館
●がっしょうづくりほむらじんびじゅつかん
☎05769-6-1967 景點

合掌建築和藝術的協力合作

在白川鄉設置工坊，持續創造出特色作品的焰仁，將作品和建築捐贈給村落而成的美術館。能在合掌建築內欣賞藝術作品。

🕐9:00～16:00 🈲週三
💴入館費300日圓 🏠白川村荻町2483
🚌白川鄉巴士轉運站步行15分

罕見的合掌建築美術館

鄉土料理 MAP 95B-3

喫茶今昔
●きっさこんじゃく
☎05769-6-1569 美食

合掌建築的店內能嘗到鄉土料理的丸子清湯和自製的丸子紅豆湯（各600日圓）等。

🕐10:00～15:30
🈲不定休
🏠白川村荻町445
🚌白川鄉巴士轉運站步行10分

蕎麥麵餐廳 MAP 95B-2

手打ちそば処 乃むら
●てうちそばどころ のむら
☎05769-6-1508 美食

將白川鄉產的蕎麥以石臼磨粉後手打製麵

受當地顧客支持，僅有吧檯座位17席的小巧蕎麥麵餐廳。8成使用當地產的蕎麥粉，以白山山系清水所手工打製的蕎麥麵以強韌的口感為傲。

🕐11:00～16:00（蕎麥麵售完即打烊）
🈲不定休 🏠白川村荻町779
🚌白川鄉巴士轉運站步行7分
🅿免費

附舞茸菇涼飯的套餐1050日圓

蕎麥涼麵（850日圓）

溫泉 MAP 95B-2

白川鄉之湯
●しらかわごうのゆ
☎05769-6-0026 溫泉

感受世界遺產風情的天然溫泉

日本全國的世界遺產中第一座附天然溫泉的住宿設施。以能欣賞到白山連峰、合掌聚落和庄川的美景露天溫泉為傲。還附有三溫暖和按摩浴池。

🕐7:00～21:00 🈲無休
💴大人700日圓，孩童300日圓 🏠白川村荻町337
🚌白川鄉巴士轉運站即到
🅿免費

泉質為氯化鈉溫泉。能溫暖至身體內部而廣受好評

前往五箇山的交通

從東海北陸道白川鄉IC到五箇山IC約15分
搭加越能巴士從白川鄉巴士轉運站到菅沼約31分

富山縣
南礪市

相倉合掌建築聚落

菅沼
合掌建築聚落

五箇山IC

岐阜鄉
白川村

白川鄉IC

相倉合掌建築聚落
●あいのくらがっしょうづくりしゅうらく

23棟歷史100～200年以上的合掌建築現存於此。包含茅場和雪持林等周圍環境，整個被當作史蹟保存。

MAP 94
🏠富山縣南礪市相倉
🚗東海北陸道五箇山IC車程15分
🅿1次500日圓

能見到和自然環境共存的傳統生活方式

菅沼合掌建築聚落
●すがぬまがっしょうづくりしゅうらく

庄川岸聚落保存了9棟合掌建築，資料館和民俗館介紹原為五箇山重要產業的鹽硝（火藥原料）相關資料。

MAP 94
🏠富山縣南礪市菅沼
🚗東海北陸道五箇山IC車程3分
🅿1次500日圓

被山川環繞的別具風情景致

邂逅日本的傳統故里
另一座的世界遺產

CLOSE UP

五箇山是被深山環繞的山間聚落群。合掌建築住宅眾多保留至今的豪雪地帶，於1995年被登錄為世界遺產中的文化遺產。民謠《こきりこ》所代表的傳統藝能或和紙的生產等獨特的文化存在於此。

五箇山 ●ごかやま
☎0763-66-2468（五箇山綜合服務處）

居民生活於此，令人感到鄉愁的山野鄉間

高山

飛驒古川

白川鄉

奧飛驒溫泉鄉

下呂溫泉

小知識！

感受繽紛四季和 大自然的觀光道路

連結世界遺產白川鄉和石川縣白山市全長約33.3km的山岳道路。能享受到在白山連峰豐沛自然中的兜風樂趣。途中有福部瀑布和姥瀑布等美景景點。

→10月中旬～11月初旬迎來賞紅葉的季節

白山白川鄉白色公路
●はくさんしらかわごうホワイトロード

MAP 附錄10D-1

📞 05769-6-1664（白山林道岐阜管理事務所）
📞 0577-33-1111（岐阜縣森林公社）

🕐 6～8月為7:00～18:00、9～11月為8:00～17:00（9月下旬～10月下旬為7:00～）
🈺 11月中旬～6月上旬
💴 普通車單程費用1600日圓（若於收費站之間迴轉便能以單程費用通行）
📍 白川村鳩谷～石川縣白山市尾添
🚗 東海北陸道白川鄉5km（岐阜・馬狩收費站）
🅿 免費

→福部大瀑布是在落差86m的蛇谷中最大的瀑布

物產品 **MAP** 95A-3

元氣な野菜館
●げんきなやさいかん

📞 05769-6-1377　🛍購物

主要販售現採的蔬菜和手工醃製物等當地食材的商店。手作熟食和甜點也廣受好評。

🕐 1月中旬～11月中旬的11:00～17:00
🈺 期間內週二～週四不定休（逢假日則營業）
📍 白川村荻町2483
🚌 白川鄉巴士轉運站步行12分

民藝品 **MAP** 附錄10E-1

じ・ば工房
●じ・ばこうぼう

📞 05769-6-1330　🛍購物

讓傳統民藝品療癒心靈

販售當地居民以樸素材料製作的草鞋或竹籠等民藝品。草木染的圍巾有著溫和的色調，適合作為伴手禮。

🕐 9:00～17:00
🈺 週一　📍 白川村飯島6
🚌 JR高山站搭濃飛巴士往牧54分，飯島下車即到
🅿 免費

→販售由當地的阿公阿婆們手工製作的商品

餐廳 **MAP** 95B-3

ちとせ

📞 05769-6-1559　🛍購物

飛驒牛肉包（1個500日圓）很受歡迎的店。也販售五平餅和御手洗丸子等樸實的點心。

🕐 8:30～17:00　🈺 不定休
📍 白川村荻町165　🚌 白川鄉巴士轉運站步行18分

伴手禮店 **MAP** 95B-3

恵びす屋
●えびすや

📞 05769-6-1250　🛍購物

販售白川鄉特產、飛驒民藝品和地產酒等豐富商品。濁酒羊羹（1條450日圓）等使用特產濁酒的甜點很受歡迎。

🕐 9:00～17:00（視季節而有所變動）　🈺 不定休
📍 白川村荻町89-2　🚌 白川鄉巴士轉運站步行8分

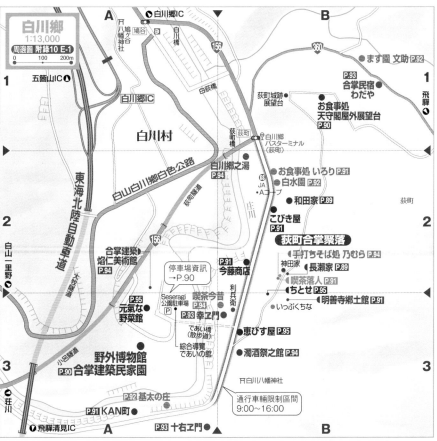

白川鄉 1:13,000
周邊圖 附錄10 E-1
0　100　200m

五箇山IC
白川鄉IC
白川村
白山一里野
東海北陸自動車道
白山白川鄉白色公路

停車場資訊→P.90
Seseragi公園駐車場
喫茶今昔 P.94
元氣な野菜館 P.95
幸ヱ門 P.93
であい橋（散步道）
綜合導覽であいの館

野外博物館 P.90 合掌建築民家園

合掌建築焰仁美術館 P.94

基太の庄 P.92
KAN町 P.91
飛驒清見IC
十右ヱ門 P.93

鳩谷
八幡神社
白川橋
荻町城跡・展望台
白川鄉バスターミナル（荻町）
荻町橋
庄川
白川鄉之湯 P.94
JA
Aコープ

ます園 文助 P.92
合掌民宿 わだや P.93
お食事処 天守閣屋外展望台 P.90
お食事処 いろり P.91
白水園 P.92
和田家 P.89
こびき屋 P.91
荻町合掌聚落
手打ちそば処 乃むら P.94
神田家 長瀨家 P.89
今藤商店 P.91
喫茶落人 P.91
ちとせ P.95
いっぷくちな
明善寺鄉土館 P.91
利兵衛
恵びす屋 P.95
濁酒祭之館 P.94
白川八幡神社

飛驒

荻町

通行車輛限制區間 9:00～16:00

●景點　●玩樂　●美食　●咖啡廳　●溫泉　●購物　●住宿　●祭典

為了徹底享受有特色豐富溫泉所集結的奧飛驒溫泉鄉，讓我們先了解各區域的基本知識吧。除了有享受浸泡各式各樣溫泉的樂趣外，鄉土色彩濃厚的美食和此處僅有的伴手禮更是一應俱全！

5座溫泉集結於此！

奧飛驒溫泉鄉
的基本知識

透過大自然和溫泉讓身心煥然一新

奧飛驒溫泉鄉

●おくひだおんせんごう

是這樣的地方！

因四季繽紛的自然美景和野外情趣的露天溫泉而聞名的溫泉鄉。由5座溫泉所構成，每道源泉的泉質各異其趣，能享受到多樣泡湯樂趣。

奧飛驒溫泉鄉的巡遊方式

如果想巡遊數座溫泉，以自駕車最為方便。駕車之外則可選擇搭乘濃飛巴士。平湯溫泉～新穗高溫泉間的巴士有2日無限搭乘的「奧飛驒溫泉鄉2日自由乘車券」（1540日圓），能在高山濃飛BC、平湯溫泉BT購買得到。

了解溫泉成為泡湯行家！

單純溫泉
無色透明，無味無臭。皮膚觸感滑順，pH值高的鹼性單純溫泉多被稱之為美人湯。

碳酸氫鹽泉
以黏稠的觸感為特徵。也有被分類為重碳酸土類泉的鈣碳酸氫鹽泉等無黏稠感的泉質。

鹽化泉
和單純溫泉一樣是日本全國廣泛可見的泉質。由於泡湯後會有鹽分附著於皮膚上，所以具有保溫不易散熱的特徵。

硫磺泉
以有如臭雞蛋般獨特氣味的「硫化氫型」特別有名。單純硫磺泉中也有無色透明，無味無臭的泉質。

其他還有二氧化碳泉、硫酸鹽泉和含鐵泉等各式各樣的泉質。

何謂源泉放流？

將湧出的溫泉不損及原有成分，以新鮮的狀態注入浴池。有加溫或加水等各式各樣的定義存在。

新穗高溫泉

錫杖岳

新穗高溫泉ロープウェイ
日本唯一的2層樓纜車車廂
新穗高空中纜車

大木場ノ辻

西穗高口

北阿爾卑斯大橋
能眺望到爽朗景色的觀景點

栃尾溫泉
荒神の湯

神岡

奧飛驒溫泉鄉觀光協會
新平湯溫泉

新平湯溫泉
全天候型所以雨天也能玩樂
奧飛驒熊牧場

福地溫泉
福地溫泉
昔ばなしの里

平湯川

白谷山

アカンダナ山

安房峠道路
連結飛驒和信州的隧道

上高地

平湯溫泉
輝山

高山

平湯隧道
平湯溫泉バスターミナル

秋季化身為廣大的波斯菊園

朴木平滑雪場

燒岳

飛驒市 長野縣

廣域MAP
附錄P.12・13
住宿資訊 P.114

洽詢
奧飛驒溫泉鄉綜合服務處
☎0578-89-2458
奧飛驒溫泉鄉觀光協會
☎0578-89-2614
平湯溫泉觀光服務處
☎0578-89-3030

白川鄉　奧飛驒溫泉鄉
高山
下呂

ACCESS

巴士

經由濃飛巴士平湯、新穗高線福地溫泉

高山濃飛BC	⏱58分 💴1570日圓	平湯溫泉
新平湯溫泉	⏱4分 💴200日圓	福地溫泉
	⏱10分 💴370日圓	
栃尾溫泉	⏱3分 💴160日圓	
	⏱15分 💴480日圓	新穗高溫泉

開車

中部縱貫自動車道

高山IC	約38km	平湯溫泉
新平湯溫泉	約2km	福地溫泉 約6km
栃尾溫泉 約2km	約8km	新穗高溫泉

集結 5 座溫泉地

由平湯、福地、新平湯、栃尾和新穗高等5座溫泉集結的溫泉鄉。每座溫泉地都設有足湯或是不住宿露天溫泉等，1天內能輕鬆享受到浸泡各式不同溫泉的樂趣。從高山駕車的話，從距離最近的平湯到福地約10分，接著經過新平湯和栃尾，到達最深處的新穗高約需30分。

源泉數為？
合計5座溫泉地則共有140道源泉。

溫泉的湧出量？
合計5座溫泉地，每分約湧出3萬公升的豐沛溫泉。

※源泉數、溫泉湧出量為2011年11月時，僅計算奧飛驒溫泉鄉源泉所有者協同組織成員的數字。
※各溫泉地的飯店數量為奧飛驒溫泉鄉源泉所有者協同組織成員的飯店數量。

善用折價券雜誌

小道消息

「奧飛驒の達人」(100日圓)附贈能在觀光設施、伴手禮店或餐廳使用的折價優惠券，以及觀光地圖的折價券雜誌，於觀光服務處及各旅館販售。

確認5座溫泉地的特徵！

在充滿野趣的露天溫泉
欣賞北阿爾卑斯的美景

兜風於無垠美景的北阿爾卑斯大橋！

新穗高溫泉

★しんほたかおんせん

作為槍岳、穗高連峰的登山口而知名，奧飛驒溫泉鄉中擁有最多飯店數的溫泉地。能享受北阿爾卑斯的美景，以及優良豐富泉質的溫泉。

溫泉資訊
泉質・泉溫	單純溫泉等，～98.5℃
飯店數	38間
源泉數	43

這1個要確認

充滿野趣的露天溫泉

新穗高之湯
★しんほたかのゆ

蒲田川流經，舊中尾橋下巨岩所形成的露天溫泉。由於能身穿泳裝或浴巾，所以女性也能安心泡湯。

MAP 98B
☎0578-89-2458（奧飛驒溫泉鄉觀光服務處）
🕐8:00～18:00 🈺期間內天候不佳時 🈂泡湯費300日圓左右（清掃協力金） 🚃高山市奧飛驒溫泉鄉神坂 🚌中尾高原口巴士站即到 🅿免費

奧飛驒最具歷史
的溫泉地

飛驒三大名瀑布之一的平湯大瀑布

平湯溫泉

★ひらゆおんせん

交通方便的奧飛驒觀光基地。從平湯溫泉巴士轉運站搭乘巴士前往其他溫泉地十分方便。餐廳和伴手禮店均衡地分布於此。

溫泉資訊
泉質・泉溫	碳酸氫鹽泉等，～98℃
飯店數	22間
源泉數	37

あんき屋

能品嘗到以各式烹飪方式調理飛驒牛的餐廳。提供豐富的鐵板燒肉、陶板燒肉和朴葉味噌燒等定食。

MAP 附錄12D-2
☎0578-89-2755
🕐11:00～22:30（冬季為8:00～，週三為～16:30） 🈺不定休 🚃高山市奧飛驒溫泉鄉768-36 🚌大滝口・キャンプ場前巴士站即到 🅿免費

這1個要確認

あんき屋鐵板燒肉定食
（1250日圓）

新平湯溫泉

★しんひらゆおんせん

多樣住宿設施齊聚的溫泉地，位於溫泉鄉的中央。能感受木頭溫度的咖啡廳、熊牧場等令人雀躍的景點分布於此。

溫泉資訊
泉質・泉溫	單純溫泉等，～92℃
飯店數	30間
源泉數	35

種類豐富多樣的
住宿設施和觀光地雲集

有タルマ水流寫的たるまの滝・親水公園

奧飛驒熊牧場
★おくひだ クマぼくじょう
→P.102

少見的熊專門牧場。除了能餵食熊飼料，和小熊拍紀念照（冬季休）等之外，還能觀察到熊的驚人技藝。

這1個要確認

時而驚訝於熊的驚人魄力！

療癒心靈的氛圍
勾起鄉愁的溫泉地

被蒲田川的潺潺聲所療癒

栃尾溫泉

★とちおおんせん

泉質以無色透明，觸感滑潤為特徵的單純溫泉。有提供大量使用當地食材的家庭料理的民宿等，能感受到居家風的溫泉地。

溫泉資訊
泉質・泉溫	單純溫泉，～94℃
飯店數	8間
源泉數	11

荒神之湯
★こうじんのゆ

位於蒲田川河床的栃尾溫泉共同露天溫泉。邊享受潺潺溪流聲與壯闊山景，邊快樂泡湯。

MAP 99C

☎0578-89-2614
（奧飛驒溫泉鄉觀光協會）
🕐8:00～22:00，週一三五為12:00～ 🈺無休 🈂心意費（200日圓左右） 🚃高山市奧飛驒溫泉鄉栃尾療所前巴士站即到 🅿免費

這1個要確認

欣賞山景的同時休閒放鬆

福地溫泉

★ふくじおんせん

據說平安時代村上天皇在此療養的知名溫泉。保留山野僅有的樸素氛圍，販售當地新鮮蔬菜和特產品的朝市極受歡迎。

溫泉資訊
泉質・泉溫	碳酸氫鹽泉等，～78℃
飯店數	11間
源泉數	14

流傳「天皇泉」傳說
奧飛驒溫泉鄉的秘湯

古民宅建築林立的昔ばなしの里

福地溫泉朝市
★ふくじおんせんあさいち

在福地溫泉每天舉辦的朝市。販售調味醬料等加工品，紫蘇或熊的油等飛驒地區的罕見食材。
→P.103

這1個要確認

在此購買當地名產吧

A 平湯

1cm=130m 1:13,000

0　150m　300m

周邊圖 附錄P.12·13

平湯的足湯

平湯溫泉足湯

●ひらゆおんせんあしゆ

位於平湯溫泉街的中心，能在散步時順便享受泡足湯。由於附有屋頂所以令人安心。

新平湯

高山市

前往上高地時將車停於此處後，再搭乘巴士或計程車前往

あかんだな停車場

平湯

安房峠・上高地

駐車場

松本・上高地

471

穗高莊 山之湯 P.114

平湯館 生粹源泉放流の宿
岡田

平湯プリンスホテル
旅館 湯の平館

•湯の花ふわり湯元館

もずも
P.102 つるや商店
P.114 鴨池草旅莊

中村館
平湯館

•旅館たなか
•奧飛驒山莊 のりくら一休
•山莊瀧乃里
神坂神社

P.114 愛寶館

お宿 栄太郎

158

P.102 平湯之湯 平湯民俗館

阿爾卑斯街道
P.102 平湯
アルプスホルン
アルプラザ

平湯溫泉
バスターミナル

157

P.102 平湯溫泉足湯 P.98
CAFÉ MUSTACHE P.102

平湯溫泉觀光服務處

平湯公共停車場
北アルプス
自然文化センター・
平湯出張診療所

朝市

宝タクシー
90分
免費駐車

設有咖啡廳、輕食和商店等的巴士轉運站。3樓有「全景大浴場」

高山市區
安房峠道路

平湯IC・高山市區

P.15 平湯之森 附錄

奧飛驒溫泉鄉全體圖

新穗高

8km

空新
中穗
纜高
車

栃尾

富山

2km

新平湯

B 岐阜縣

2km

福地

C

8km

長野縣

6km

A

平湯

高山

上高地

高原川

高山市區

平湯大瀑布

資訊→P.102

奧飛驒溫泉鄉 區域指南

用擴大 **MAP** 快速理解

新穗高空中纜車

資訊→P.100

新穗高的足湯

新穗高溫泉中尾高原「足洗之湯」

●しんほたかおんせんなかおこうげんあしあらいのゆ

位於中尾高原，有如公園的足湯。欣賞笠岳和錫杖岳的同時享受足湯。

左俣谷

ワサビ平到笠ケ岳

新穗高空中纜車
喫茶笠ケ岳

ホテル新穗高

收費

新穗高溫泉

右俣谷

P.102 中崎山莊 奧飛驒之湯

P.103

鍋平高原

P.115 深山莊

奧飛驒溫泉鄉觀光服務處

前往深山莊
需渡過深山莊橋

新穗高公共停車場

新穗高溫泉

空新
中穗
纜高
車

鍋平
高原

白樺平

從槍平到槍岳

P.7·100
新穗高空中纜車

新穗高

鍋平

深山莊前

P.115 槍見之湯
槍見館

深山莊別館
槍の郷

475

槍ケ岳公園線

山樂館
新穗高旅客服務中心 P.101

山樂館 P.103

新穗高神寶乃湯

西穗高口

P.97 新穗高之湯

穗高莊 山のホテル

中尾高原口

國立公園線

宝山莊別館

ひがくの湯

北阿爾卑斯瞭望園地

能見到令人驚嘆的笠岳景色

北阿爾卑斯
P.103 大橋

山のホテル前
中尾

奧飛驒
さぼう塾

お宿 かみたから荘

星の鐘前

ゆ宿 おさんぽ日和

蒲田川荘

奧飛驒溫泉菜の宿
白雲荘
寶岳館

蒲田隧道

佳留萱

中郎大學
新穗高山莊

中尾高原口

中尾橋

シャーレ穗高

中尾白山神社

穗高屋

穗高莊 山月
P.115

穗高溫泉口

雪紫

水明館 佳留萱山莊 P.115

谷旅館

旅館鄉の宿

麓庵 民宿たきざわ

うちの酒店のんき村
ペンション山の湯

中尾

蒲田

475

栃尾

蒲田川

高山市

うちの酒店のんき村

焼乃湯

新穗高溫泉中尾高原「足洗いの湯」P.98

焼岳の里

山本館

中尾

沿路有著眾多的溫泉泉源

焼岳

B 新穗高

1cm=260m 1:26,000

0　250m　500m

周邊圖 附錄P.12·13

●景點 ●玩樂 ●美食 ●咖啡廳 ●溫泉 ●購物 ●住宿 ●祭典

98

高山

飛驒古川

白川鄉

奧飛驒溫泉鄉

下呂溫泉

栳尾 地圖

神岡　奧飛驒交番　田頃家　消防署　旅館 おき乃　今見橋　栳尾保育園前　下里　**栳尾**　岳人の宿ジャンダルム　湯の華 宝山荘　上栳尾　栳尾荘　**新穂高**　神坂線道

RIVER亭　今見　御食事処いろすけ　奧飛驒溫泉鄉オートキャンプ場　高原川　奧飛驒溫泉鄉上宝　奧飛驒總合文化中心　奧飛驒溫泉觀光協會　Aコープとちお　トレーニングセンター　村上　●飛驒山椒 P.103　●P.99　螢之湯　檜ケ岳公園線　蒲田川　475

高山市

栳尾　栳尾アリーナ　ふれあい廣場　道祖神　春季有美不勝收的櫻花綻放　荒神社戶　民宿たからすず　黃橋　栳尾橋　民宿おくむら　荒神社戶　隆塔　民宿むらかみ　富久の民　フレッシュフーズ カシキ　栳尾診療所前　栳尾　診療所前　道祖神　FRUSIC P.103　藍橋　河谷橋　13高山信金　三木商店　酒のスーパーゴリラ 奧飛驒店　荒神之湯 P.97　475　喫茶車田他　宝橋　栳尾溫泉　栳尾交差點　由於規劃成散步道，所以能沿著河岸散步　紅橋　471

旅館 飛驒牛の宿　新平湯溫泉口　奧飛驒薬師のゆ本陣　旅館 廣乃湯　奧飛驒藝情歌碑　長作の宿 なかた屋　**P.102 奈賀勢**　村上神社 隆塔　播隆祭　和風旅館 岐山　神明神社　花ごころ 万瓱　禪通寺　岩坪庵 饗和　郷夢の宿 さつき　料理旅館 奧飛驒 山華庵　お宿のざわ　**うな亭 P.103**

P.103 原田酒店　旅情の宿 建治旅館　奧飛驒百姓座敷と源泉の宿 藤屋　ペンション 飛驒野　古屋ヶ根　上地ヶ根高原　舘の舘 松乃井　松宝苑　福地溫泉口　ペンション木の下　奧飛驒溫泉鄉の各間商店販售此處生產的「湯の花」　奧飛驒溫泉之花本舖工場　**新平湯**　N

高原川　471　百合見橋　福地ゆりみ坂　多葉の木　孫九郎　山里のいおり草円　福地　**P.99 福地溫泉 舍湯**　粹泉荘　**P.103 福地溫泉朝市**　奧飛驒の宿 故鄉　**福地**　一宝水亭　御宿 孫九　清水　福地溫泉　**隱庵 飛驒路 P.115**　昔ばなしの里　いろりの宿 かつら木の鄉　**P.103 昔ばなしの里 五平餅村**　**P.102 昔ばなしの里 石動の湯**　福地化石館　亮ぎの舍游　民宿森井　**P.102 奧飛驒熊牧場**　ガーデンホテル焼岳前　奧飛驒ガーデンホテル焼岳　飛驒うつづ橋　平湯

周邊圖 附錄P.13

 福地·新平湯·栳尾

1cm=260m　1:26,000

0　250m　500m

栳尾的足湯

福地的足湯

螢之湯
●ほたるのゆ
位於蒲田川沿岸的河川溫泉。夏季是一片螢火蟲漫天飛舞的夢幻景象。

福地溫泉 舍湯
●ふくじおんせん やどりゆ
只有福地溫泉住宿者能利用，改建於古民宅的足湯。能在設有地爐的客廳休息放鬆。

前往 上高地 吧！

稍微走遠一點

河童橋
架於梓川之上的吊橋，因是穗高連峰的絕佳攝影地點而聞名

想見的景色 No.1

想見的景色 No.2
大正池
因焼岳的噴火而形成的池。聳立枯萎的樹木十分夢幻

想見的景色 No.3
田代濕原
位於原生森林中的廣大濕原，能見到正面的穗高岳

上高地為標高3000m等級的高山，是日本屈指可數的山岳度假勝地。於4月下旬到11月中旬開山。由於有規劃良好的散步道，所以能輕易地感受到大自然的美好。以上高地巴士轉運站為起點的1~5小時散步路線，擁有春到夏季綻開的花卉或秋季的紅葉等，因能輕鬆地欣賞到季節不同的風景而廣受歡迎。

神岡　新穂高　新平湯　栳尾　上高地　福地　平湯　釜隧道之後禁止一般車通行　高山　白骨　松本

事前的洽詢　☎0263-94-2221（阿爾卑斯觀光協會）
當地的導覽　☎0263-95-2433（上高地服務中心）

往上高地的交通指南

搭乘巴士
上高地一整年有自駕車的交通管制。可從平湯溫泉、澤渡搭乘巴士或計程車。巴士人約每隔30分行駛。運行計畫請事先確認。

乘車整理券
從上高地搭乘巴士往新島島、白骨溫泉，乘鞍高原等地，除了乘車券外還需「乘車整理券（免費）」。於上高地巴士轉運站發行整理券。

巴士費用
●平湯溫泉～上高地···1160日圓
●澤渡～上高地······1250日圓
※費用全為單程。行駛時期需洽詢

洽詢
ALPICO交通
http://www.alpico.co.jp/access/
濃飛巴士
http://www.nouhibus.co.jp/

新穂高空中纜車 ●しんほたかロープウェイ

MAP 98B

載運旅客到標高2156m雲上的空中纜車。除了能欣賞到被稱為日本的屋頂北阿爾卑斯雄偉景觀外，還有新綠、紅葉和雪景的四季不同美景。各站設有餐廳、伴手禮店和足湯等豐富的設施。

☎0578-89-2252
⏱8:30~16:00（有季節性變動） 休無休（因維修檢查有臨時休業） 所高山市奧飛驒溫泉鄉新穂高
🚌新穂高ロープウェイ巴士站即到（新穂高溫泉站）
🅿1日600日圓（新穂高溫泉、鍋平高原）

位於奧飛驒溫泉鄉最深處的新穂高空中纜車，除了有能欣賞到北阿爾卑斯爽朗景致的空中散步外，掌握各車站的享樂之道，絕對能讓旅行更加滿足！

首班·末班時刻表

發車站	新穂高溫泉發（第1上行）		白樺平發（第2上行）		西穂高口發（第2下行）	
營業期間	首班	末班	首班	末班	首班	末班
4／1~11／30	8:30	16:00	8:45	16:15	8:45	16:45
8／1~8月第4週日	8:00	16:30	8:15	16:45	8:15	17:15
孟蘭盆節（8／13~8／16）	7:00	16:30	7:15	16:45	7:15	17:15
10月的週六日、假日	8:00	16:00	8:15	16:15	8:15	16:45
12／1~3／31	9:00	15:30	9:15	15:45	9:15	16:15

費用表

乘車區間	單程	往返
第1·2空中纜車連坐	1600日圓	2900日圓
第1空中纜車	400日圓	600日圓
第2空中纜車	1500日圓	2800日圓

空中纜車 **MAP**

━━ 健行路線
━━ 林道
♨ 足湯

西穂山莊

登山道入口

千石園地

西穂高口站
標高2156m

第2空中纜車
2598m（7分）

在鍋平高原站下車，於白樺平站轉乘第2空中纜車。步行約2分

鍋平高原

白樺平站
標高1308m

日本唯一的2層纜車車廂

第2空中纜車的部分車廂為2層構造

新穂高溫泉停車場能停230輛車，步行至新穂高溫泉站3分

鍋平高原站
標高1305m

新穂高旅客服務中心
山樂館

第1空中纜車
573m（4分）

山野草花園

新穂高溫泉站
標高1117m

請注意旺季假日的上午特別擁擠。

巴士站就在新穂高溫泉站正前方。從平湯巴士轉運站搭濃飛巴士約40分

栃尾·新平湯→

鍋平高原停車場
駕車前往此處，能在此搭乘第2空中纜車。最多能停790輛車，步行至白樺平站約2~10分
※11月上旬~4月下旬關閉

100

在山頂的 西穗高口站

感受！
美景

在屋頂瞭望台投遞信件吧

在全年收信的郵筒中為日本海拔最高的山谷回音郵筒

從山頂站的屋頂瞭望台或瞭望餐廳，能享受到西穗高岳、槍岳、笠岳等雄偉山峰的景致。

在山頂站商店販售的木製明信片（380日圓）

盡情享受因季節不同而魅力週異的新穗高美景

春 夏 秋 冬

屋頂瞭望台所看到的360度山脈全景

レストラン マウントビュー

位於車站4樓，從窗戶能欣賞到雄偉的景色。除了咖啡（360日圓）外，還有咖哩和飛驒牛肉包。

用餐同時欣賞阿爾卑斯的景色北

蘋果派和熱咖啡的套餐（770日圓）

在山頂的 新穗高溫泉站

購買
伴手禮！

チョロQ纜車「蟠龍號」1000日圓

以第2空中纜車的2層樓車廂為造型的珍貴玩具車

在位於山麓的發車站購買伴手禮帶回家吧。由於販售眾多空中纜車限定的商品，所以最適合做為旅行的紀念品。

新穗高核桃餅（24個入）650日圓

撒上大量黃豆粉的熱門特產。空中纜車負責人的推薦商品

纜車燒 150日圓（7個1050日圓，盒裝）
Q軟的外皮和裏頭裝滿特產的紫蘇內餡為特徵

在中間的 白樺平站

放鬆悠閒 地度過♪

在設施豐富的白樺平站內，利用空中纜車的轉乘空檔時間享受溫泉或美食等各式樂趣！

山野草花園

位於從鍋平高原站到白樺平站周邊的庭園。由於通道蜿蜒，所以能近距離觀察到山林野草。

山間野草和高山植物綻放色彩繽紛的花朵

アルプスの パン屋さん
●アルプスのパンやさん

因能買到剛出爐的麵包而大受歡迎的麵包店。海帶麵包（180日圓）或香草奶油夾心餅（260日圓）等豐富種類任君挑選。

牛角麵包（180日圓）。酥脆的口感令人一口接一口

テイクアウト パノラマ

販售飛驒牛可樂餅、飛驒牛肉包等，有多種能輕鬆品嘗的外帶美食。泡足湯時享用也是不錯選擇。

使用飛驒牛的究極咖哩麵包（1條400日圓）

胡椒鹽的簡單調味，飛驒牛牛排串（500日圓）

レストラン あるぷす

提供使用手工味噌和飛驒豬的味噌炸豬排飯和飛驒牛咖哩等定食料理。也推薦飛驒蘋果汁（410日圓）。

味噌飛驒豬排飯（1140日圓），附味噌湯和醃製物

個作1的新穗高溫泉蛋（1100製日圓）在的新穗高溫泉製

新穗高旅客服務中心 山樂館 **神寶乃湯**
●しんほたかビジターセンターさんがくかん かみたからのゆ

MAP 98B
位於白樺平站前的新穗高訪客中心內的不住宿溫泉。浸泡於景觀絕佳的露天溫泉，療癒日常生活的疲倦。

能遠眺北阿爾卑斯山脈的露天溫泉

☎0578-89-2254
⏰9:30〜15:00　🈺空中纜車停駛日
￥1日600日圓

足湯

能免費利用的足湯。可以邊仰望頭上的空中纜車邊泡湯。最適合在鍋平高原散步後使用。

位於白樺平站旁

咖啡廳 ☕咖啡廳　MAP 98A

CAFÉ MUSTACHE
平湯 ●カフェ マスタシュ
📞0578-89-2634

種類豐富的聖代極受歡迎

時尚的小木屋風格咖啡廳。除了蛋包飯和咖哩之外，尺寸和種類豐富的聖代很受歡迎。由於鄰近巴士站，所以方便於等待時間時利用。

🕗8:00～20:00、餐點～19:00（LO）、飲品～19:30（LO）　休不定休
所高山市奧飛驒溫泉鄉平湯679
交平湯溫泉巴士轉運站即到
P免費

➡能選擇配料的大分量聖代（800日圓～）

瀑布　📷景點　MAP 附錄12D-2

平湯大瀑布
平湯 ●ひらゆおおたき
📞0578-89-3030
（平湯溫泉觀光服務處）

從斷崖豪邁流瀉的飛驒名瀑布

高約60m，寬7m的飛驒三大名瀑之一，被選為日本的瀑布百選。沿著河川的自然探索路步行，便能近距離看到充滿魄力的大瀑布。

自由參觀
所高山市奧飛驒溫泉鄉平湯
交大滝口・キャンプ場前巴士站步行15分
P無

➡秋天紅葉和冬季凍結等，季節不同的美景，能見到四

伴手禮　🛍購物　MAP 98A

つるや商店
平湯 ●つるやしょうてん
📞0578-89-2605

販售熱騰騰的溫泉蛋はんたい玉子（50日圓）和獨家湯之花（500日圓～）等奧飛驒的名產。

🕗8:00～20:30　休不定休
所高山市奧飛驒溫泉鄉平湯519
交平湯溫泉巴士轉運站即到　P免費

熊牧場　🎵玩樂　MAP 99C

奧飛驒熊牧場
新平湯 ●おくひだクマぼくじょう
📞0578-89-2761

可愛的熊表演不容錯過！

飼養亞洲黑熊等約100頭熊。除了能體驗餵食飼料外，還能欣賞熊騎球或騎三輪車的表演。

🕗8:00～17:00（8月為～18:00、冬季～16:30）
休無休　¥1100日圓
所高山市奧飛驒溫泉鄉一重ヶ根2535
交クマ牧場前巴士站即到　P免費

➡熊的表演有10時30分和15時的1天2場

餐廳　🍴美食　MAP 99C

奈賀勢
新平湯 ●ながせ
📞0578-89-2505

絕頂美味的牛大腸

將牛大腸以自製味噌和高麗菜精心燉煮的料理極受好評。以代代傳承的中華蕎麥麵湯頭為基底。

🕗10:00～14:00、17:00～21:00　休週四
¥飛驒牛大腸880日圓、中華蕎麥麵630日圓、飛驒蕎麥麵630日圓
所高山市奧飛驒溫泉鄉一重ヶ根868-3
交新平湯溫泉巴士站即到　P免費

➡味噌香味促進食欲的牛大腸

資料館　📷景點　MAP 98A

平湯之湯 平湯民俗館
平湯 ●ひらゆのゆ ひらゆみんぞくかん
📞0578-89-3338
（平湯之森）

附設露天溫泉的資料館

將約250年前的合掌建築住宅移建的民俗館。除了農具和民藝品的展示之外，還有露天溫泉與利用大木桶的足湯。

🕗6:00～21:00（冬季為8:00～19:00）※上午進行清掃
休無休（會因建築修繕而休）　清掃協力費（300日圓左右）　所高山市奧飛驒溫泉鄉平湯27-3　交平湯溫泉巴士轉運站即到　P免費

➡占地內設有露天溫泉、足湯和輕食中心

♨ 能輕鬆享受到的不住宿溫泉

以雄偉景觀為傲的不住宿溫泉
平湯 **阿爾卑斯街道平湯**
●アルプスかいどうひらゆ
📞0578-89-2611
MAP 98A

位於平湯巴士轉運站內的不住宿溫泉。能將笠岳一覽無遺的露天溫泉所見的景觀非常壯觀。設施內設有餐廳、麵包工坊、伴手禮店和足湯等。

🕗8:30～17:00（夏季有所變動）、餐廳為9:00～16:00
休無休　¥600日圓　所高山市奧飛驒溫泉鄉平湯628 平湯溫泉バスターミナル內　交平湯溫泉巴士轉運站即到　P免費

➡位於3樓的源泉放流天然溫泉

勾起鄉愁的放鬆之湯
福地 **昔ば無の里 石動の湯**
●むかしばなのさと いするぎのゆ
📞0578-89-2793（昔ば無の里 五平餅村）
MAP 99C

能享受到男女分開的木造內湯，以及模擬山野景色的岩石露天溫泉。泡湯後能品嘗一旁五平餅村的五平餅。

🕗10:00～17:00（11月中旬～4月下旬為～16:00）
¥500日圓
所高山市奧飛驒溫泉鄉福地溫泉110
交福地溫泉巴士站即到
P免費

➡充滿木頭溫度的內湯

被登山客熱愛的名湯
新穗高 **中崎山莊 奧飛驒之湯**
●なかざきさんそう おくひだのゆ
📞0578-89-2021
MAP 98B

新穗高唯一能享受到乳白色溫泉的不住宿溫泉設施。在能眺望日本百名山笠岳的露天溫泉，徹底享受北阿爾卑斯的大自然。

🕗8:00～20:00（冬季的開始時間會有所變更。需洽詢）
休不定休　¥800日圓
所高山市奧飛驒溫泉鄉神坂710
交新穗高溫泉巴士站即到　P免費

➡檜木裝潢的寬敞內湯

使用溫泉熱的
南國水果園

在使用溫泉熱的溫室中栽種火龍果。可參觀溫室內部，6～11月的夜晚能欣賞到大朵的花卉。

FRUSIC ●フルージック
栃尾 MAP99C
☎0574-25-7183（美濃加茂分）
⏰9:00～16:00、20:00～21:30（夜晚需預約）
🈺週四 ￥參觀費400日圓（夜）、200日圓（日）
🚌高山市奧飛驒溫泉鄉栃尾952 🚍栃尾診療所前巴士站即到 🅿免費

展示館 MAP98B
新穗高
新穗高旅客服務中心 山樂館
●しんほたかビジターセンター さんがくかん
☎0578-89-2254
景點

介紹北阿爾卑斯的登山史和動植物資訊的資料館。附設露天溫泉「神寶乃湯」和茶亭「通草亭」。
⏰8:30～16:30（視時期而異，泡湯為9:30～15:00）
🈺空中纜車停駛日 🈺入館免費（泡湯費600日圓）
🚌高山市奧飛驒溫泉鄉新穗高
🚍新穗高空中纜車鍋平高原站即到
🅿1日600日圓（冬季封閉）

鰻魚 MAP99C
新平湯
うな亭 ●うなてい
☎0578-89-2359
美食

使用名水的絕品鰻魚料理
使用奧飛驒名水「タルマ水」而肉質紮實的鰻魚，以關西風細心燒烤的鰻魚料理店。外皮酥脆芳香，厚實的魚肉能吃到滿滿的美味。
⏰11:00～14:15、17:00～19:30（鰻魚售完打烊）
🈺不定休 🚌高山市奧飛驒溫泉鄉一重ヶ根723
🚍禪通寺前巴士站即到
🅿免費

使用完整一隻鰻魚的大份量，特上鰻魚蓋飯（2916日圓）

山椒 MAP99C
栃尾
飛驒山椒 ●ひださんしょう
☎0578-89-2412
購物

清爽的柑橘系香味為特徵
在高地受限的土地栽種，受惠於豐沛土壤和清澈水質的飛驒山椒。麻辣滋味和柑橘系香味增添了料理的風味。
⏰8:30～17:00 🈺週六日
🚌高山市奧飛驒溫泉鄉村上35-1
🚍村上巴士站即到 🅿免費

適合用於烤雞肉串或牛排等各式料理的飛驒山椒（109626日圓）

鄉土料理 MAP99C
福地
昔ば無の里 五平餅村
●むかしば無のさと ごへいむら
☎0578-89-2793
美食

用地爐烤的五平餅大受歡迎
將超過150年前的民宅移建的休息處。能品嘗到在地爐烤的手工五平餅（200日圓）、鹽燒紅點鮭魚和甜點等。緊鄰於石動の湯。
⏰10:00～17:00（冬季為～16:00）
🈺週三（有不定休）
🚌高山市奧飛驒溫泉鄉福地溫泉110
🚍福地溫泉巴士站即到 🅿免費

設有地爐，充滿山野風情的店內

地產酒 MAP99C
新平湯
原田酒店 ●はらださけてん
☎0578-89-2514
購物

販售奧飛驒在地產酒。有夢幻品牌酒「神代 上澄」和生酒、濁酒等，種類十分豐富，也提供試飲。
⏰8:00～20:00
🈺週二（8·10月無休）
🚌高山市奧飛驒溫泉鄉一重ヶ根837-1
🚍禪通寺前巴士站即到 🅿免費

小知識！

連結中尾高原和鍋平高原全長150m的拱橋。能眺望錫杖岳和笠岳等北阿爾卑斯雄偉的山脈。新綠或紅葉等四季不同的景色也是魅力之處。

頂積雪的北阿爾卑斯群峰的連枝演出

10月中旬是賞紅葉的季節。能見到和山

壯觀景致呈現眼前的兜風路線

新穗高
北阿爾卑斯大橋
●きたアルプスおおはし
MAP98B
☎0578-89-2458（奧飛驒溫泉鄉觀光協會）
自由參觀 🚌高山市奧飛驒溫泉鄉神坂
🚍中尾高原（足湯前）巴士站下車步行10分

高原 MAP98B
新穗高
鍋平高原 ●なべだいらこうげん
☎0578-89-2254
（新穗高旅客服務中心）
玩樂

位於新穗高空中纜車中繼點，標高1300m的高原。設有2.3km的散步道，能享受健行樂趣。
⏰8:30～17:00
🚌高山市奧飛驒溫泉鄉新穗高
🚍新穗高空中纜車鍋平高原站即到
🅿1日600日圓（冬季封閉）

朝市 MAP99C
福地
福地溫泉朝市
●ふくぢおんせんあさいち
☎0578-89-3600
購物

福地居民常光臨的朝市。販售無農藥有機栽培的農作物、高原蔬菜、特產品和民藝品等。
⏰6:30～11:00（11月15日～4月14日為8:30～）
🈺無休
🚌高山市奧飛驒溫泉鄉福地110
🚍福地溫泉巴士站即到 🅿免費

下呂溫泉 巡禮

當日往返遊玩

想同時觀光又想泡湯！為了滿足如此貪心的計畫，我們推薦來下呂溫泉。徹底享受名列日本三名泉之一的著名溫泉吧

下呂溫泉

げろおんせん

溫泉巡禮的同時享受飛驒的文化與自然

✦是這樣的地方！

名列日本三名泉之一而聞名的下呂溫泉。有足湯等溫泉街特有的無窮魅力，也設有能學習飛驒文化與自然的體驗型設施。

廣域MAP	附錄P.9
住宿資訊	P.116

洽詢

下呂市觀光課
☎0576-24-2222（代）
下呂市綜合觀光服務處
☎0576-25-4711
下呂市小坂振興事務所
☎0576-62-3111
下呂市金山振興事務所
☎0576-32-2201

白川鄉　奧飛驒溫泉鄉　高山
下呂溫泉

ACCESS

🚃 電車　岐阜 ── JR特急WILD VIEW飛驒 ── 下呂　🕐1小時17分　¥3360日圓

🚗 開車　中央自動車道　中津川IC ── 257 41 ── 下呂市區　🚗約54km

令人不禁流連忘返的溫泉地

和飛驒川溪流調和的優美城鎮景觀

據說開創於平安時代中期，有悠久歷史的下呂溫泉。此處流傳著鎌倉時代溫泉枯竭時，藥師如來化身為白鷺告知人們源泉所在地的白鷺傳說，建議不妨造訪因此傳說而開創的寺院。沿著飛驒川發展的城鎮除了旅館之外，也有觀光設施和伴手禮店，能享受到溫泉巡禮與散步樂趣為魅力所在。足湯的數量也多，在下呂溫泉的愉悅舒適心情令人流連忘返。

因歌火野口雨情而得名的「湯之町雨情公園」。在綠意環繞中悠閒度過

飛驒川河床上湧出的「噴泉池」。需穿泳裝。

勾起旅行情調的風情萬種街區

前往位於下呂富士（中根山）山腰的溫泉寺的173階石梯

下呂溫泉街 MAP

周邊圖▶ P.110

高山站
クアガーデン露天風呂 P.107
鷺之足湯
湯之島館
下呂發溫泉博物館 P.106
溫泉寺
白鷺乃湯 P.107
維納斯之足湯
小川屋 P.117
雅之足湯
離れの宿 月之 Akari P.116
下呂皇家飯店雅亭 P.116
下呂溫泉　足湯の里　ゆあみ屋
さるぼぼ黃金足湯

JR高山本線
噴泉池
いで湯大橋
下呂站
森之足湯
▶下呂市綜合觀光服務處
水明館
飛驒川
湯之町雨情公園
下留磨之足湯
懷石苑水鳳園 P.116
紗紗羅 P.117
こころをなでる静寂みやこ P.117
下呂市役所
下呂溫泉出湯朝市 P.106
田之神之足湯
下呂溫泉合掌村 P.106
飛驒金山站

●足湯注意事項

泡足湯時請安靜泡腳，不要喧嘩騷動將水飛濺潑灑到周圍的人。如果浸泡到腳踝處，據說能改善手腳冰冷和消除疲勞。可自行攜帶較厚的小毛巾或飲料，夏天時準備扇子會更加方便。

●說到下呂便想到青蛙

日文中青蛙的叫聲「Gero」和下呂的發音相同，所以青蛙是下呂的吉祥物。在水溝蓋等各處皆能找到各式各樣的青蛙，散步的同時尋找青蛙也是一大樂趣。

●夜晚的溫泉街充滿魅力

河床的源泉塔點燈後呈現的溫泉街夜晚風貌，和白天是截然不同的景致。泡溫泉後的城鎮漫遊充滿情調。

盡情遊玩下呂吧呱呱♪

饒富情調的溫泉街之夜

徹底攻略日本三名泉之鎮！

享受 名溫泉

因優良的泉質而聞名的下呂溫泉。以「美人湯」而赫赫有名的鹼性單純溫泉，據說有去除老舊角質的功效，泡湯後皮膚會變得吹彈可破！使用溫泉手形徹底享受各式溫泉吧。

能將下呂街景和飛驒山脈一覽無遺的「水明館」的瞭望浴池。溫泉巡禮手形的使用時間為12時到14時
→住宿資訊見P.117

「湯之島館」的瞭望露天溫泉營造出山野的風情。溫泉巡禮手形的使用時間為13時到14時（受理～13時30分，限平日）
→住宿資訊見P.117

湯名人 溫泉巡禮手形

24間的加盟旅館、飯店當中能挑選3間，享受不住宿泡湯的溫泉護照（1張1300日圓）最適合喜歡浸泡各式各樣、各異其趣溫泉的人。有效期限為購買後的6個月內，所以能分好幾次使用。除了加盟旅館、飯店以外，也能在伴手禮店和便利商店購買。

也能當作旅行紀念的湯名人 溫泉巡禮手形 洽詢 ☎0576-25-2541（下呂溫泉旅館協同組合）

加盟旅館‧飯店
湯之島館／水明館／望川館／下呂觀光飯店／下呂溫泉山形屋／小川屋／下呂皇家飯店雅亭／菊半旅館／紗紗羅／吉泉館竹翠亭／奧田屋八峰苑／宮古飯店／木曾屋／冨岳／下呂彩朝樂別館／米諾利山莊／泉莊／睦館／神明山莊／飛驒山莊／白鷺之湯 クアガーデン露天風呂
※宮古飯店‧白鷺之湯、クアガーデン露天風呂不販售溫泉巡禮手形

泡下呂溫泉 化身麗質美人

100%使用下呂溫泉的源泉，不含防腐劑或化學成分的天然化妝水噴霧與美容面膜等熱銷商品，可於下呂市內的飯店或伴手禮店購買。藉由溫泉的美容成分讓肌膚變得水嫩透亮吧。

下呂溫泉面膜
（410日圓）

下呂溫泉噴霧
（1300日圓～）

有知名美食和足湯！

散步的樂趣 無窮無盡

造訪下呂時不得不品嘗的便是以溫泉街特有點子而生的特色甜點。在足湯稍作歇息後繼續散步，不妨走遠些拜訪歷史悠久的寺院吧。

鎮上有無數的青蛙躲藏於各處

被靜寂環抱的寺院

本堂前有溫泉湧出的藥師如來像

在描繪藥師如來和白鷺的繪馬許下心願

景點在這裡！
去造訪與下呂溫泉流傳的白鷺傳說有關的寺吧！

溫泉寺 ●おんせんじ

1671（寬文11）年創建。以化身為白鷺告知村人溫泉湧出地點的藥師如來為本尊所祭祀的寺院。位於山腰處，能從寺內將下呂市區一覽無遺。

☎0576-25-2465 **MAP** 110B-2
自由參拜　下呂市湯之島680　JR下呂站步行15分　免費

下呂溫泉 足湯の里 ゆあみ屋
●げろおんせん あしゆのさと ゆあみや

以店門口的足湯為特徵的伴手禮店。使用嚴選雞蛋製成的溫泉蛋（100日圓），或在霜淇淋擺上溫泉蛋的溫蛋霜淇淋等，品嘗特產的同時也享受足湯吧。

MAP 110B-2
☎0576-25-6040
9:00～20:30（12～翌3月～18:30，足湯為24小時）　無休　下呂市湯之島801-2　JR下呂站步行7分

暖心布丁
360日圓
使用下呂牛奶。能吃到用店門口的源泉加熱後的布丁

這有美食！
泡足湯暖身的同時大啖絕品甜點

寬敞的足湯24小時皆能免費利用

溫蛋霜淇淋
410日圓
推薦和糙米穀片攪拌後更好吃

設有足湯！
散步疲累時在足湯重拾精神

24小時皆能利用的鷺之足湯
（→MAP P.110 B-2）

溫泉街分布著能免費使用的足湯，作為散步途中的休息處十分方便。以白鷺傳說為題材的足湯和西洋風格的足湯等，獨特的造型不容錯過。

→在P104的下呂溫泉街MAP確認足湯的地點！

紀念館 | MAP 110C-4

繩文公園·下呂故鄉歷史紀念館
●じょうもんこうえん·げろふるさとれきしきねんかん
☎0576-25-4174　景點

展示繩文～彌生時代的珍貴資料
公園復原從繩文到彌生時代住家的峰一合遺跡。在紀念館內展示眾多繩文土器等出土品，以及下呂的歷史資料。
⏰9:00～16:30（視時期而異）　休週一（逢假日則翌平日休）　¥免費　所下呂市森1808-37
🚃JR下呂站搭濃飛巴士合掌村線8分，下呂交流会館下車步行15分　P免費

←公園內能見到復原後的繩文住家

博物館 | MAP 110B-1

下呂發溫泉博物館
●げろはつおんせんはくぶつかん
☎0576-25-3400　景點

從科學與文化雙方面介紹溫泉
介紹溫泉湧出的結構、日本全國溫泉泉質和效能、溫泉的發現傳說、溫泉排名等多面向的資料。設有足湯和步行浴的展區。
⏰9:00～16:30　休週四（逢假日則翌日休）　¥400日圓　所下呂市湯之島543-2
🚃JR下呂站步行13分　P1小時免費，之後每30分100日圓（使用共同停車場）

泉的相關資料　展示湯之花　文獻和立體模型等溫

寺院 | MAP 附錄9A-2

禪昌寺
●ぜんしょうじ
☎0576-52-1353　景點

據說於平安時代創建的臨濟宗古剎。有金森宗和所建的風雅亭園和茶室，以及雪舟的「八方にらみ達磨」等。
⏰8:30～16:00　休不定休　¥300日圓　所下呂市萩原町中呂1089　🚃JR禪昌寺站寺步行5分　P免費

溪谷 | MAP 附錄9B-1

小坂的瀑布巡禮
●おさかのたきめぐり
☎0576-62-2215
（NPO法人 飛驒小坂200瀑布）　景點

享受饒富變化的瀑布與自然
小坂是日本最多瀑布的鄉鎮。有包括被選為日本瀑布百選的「根尾瀑布」等超過200座的瀑布，設有輕鬆步行路線及正規路線。
自由參觀　環境維護協力金200日圓，有需導覽隨行的路線（導覽費用因路線而異）　所下呂市小坂町落合 がんだて公園內　🚃JR飛驒小坂站搭計程車10分（がんだて公園）　P免費

下方，被美麗的水景吸引目光　落差14m的「あかがねとよ」瀑布

溪谷 | MAP 附錄9A-3

橫谷峽
●よこたにきょう
☎0576-32-3544
（金山町觀光協會）　景點

巡遊富有特色的四座瀑布
擁有白瀑、二見瀑、紅葉瀑和雞鳴瀑等四座瀑布的豐沛自然溪谷。約2km的散步道需花費1小時，請悠閒地享受散步的樂趣。
自由參觀　所下呂市金山町金山
🚃JR飛驒金山站搭下呂巴士往祖師野、乙原8分·四つの滝口下車步行5分（到白瀑）　P免費

秋天的紅葉季人聲鼎沸

溪谷 | MAP 附錄9A-2

中山七里
●なかやましちり
☎0576-25-4711
（下呂市綜合觀光服務處）　景點

可從車窗欣賞的國道沿路景觀勝地
全長約28m的溪谷，沿著飛驒川從飛驒金山一直延伸至下呂溫泉。深綠的清流和屏風岩與羅漢岩等奇石巨岩的對比堪稱絕佳美景。
自由參觀　所下呂市飛驒川沿岸
🚃JR下呂站搭計程車15分

沿著國道41號的雄偉溪谷美景

博物館 | MAP 110C-3

下呂溫泉合掌村
●げろおんせんがっしょうむら
☎0576-25-2239　景點

在合掌建築體驗鄉下生活
展示從白川鄉等地移建的10棟合掌建築，重現了以往的聚落。建築內能進行陶器著色或陶藝製作、和紙漉紙等廣泛的體驗活動。除了有欣賞皮影劇的「白鷺座」之外，能品嘗到樸素鄉下料理的餐廳也不容錯過。

戶家←被指定為國家重要文化財的舊大

詢　週後寄送（海外寄送費用需洽
※1 1200漉紙體驗～明信片13張
1000日圓 由於乾燥需要時間
無需預約（海外寄送費用需洽

萬古餡蜜
600日圓
加上當地產的蒟蒻生魚片和特產番茄的養生餡蜜，在甜點店的萬古庵吃得到
⏰8:30～16:30（視時期而異，用餐為9:00～16:00）
休無休　入村費800日圓　所下呂市森2369　🚃JR下呂站搭濃飛巴士合掌村線5分，合掌村下車即到　P免費

旅行 PICK UP

\在合掌村的入口下舉辦朝市！/
下呂溫泉出湯朝市
●げろおんせんいでゆあさいち

除了冬季外每天早上舉辦，販售蔬菜、醃漬物、地產酒和民藝品的店鋪在此開設。和店員邊聊天邊購物是早起的樂趣之一。
MAP 110C-2
☎0576-24-1000（下呂溫泉觀光協會）
⏰3月初旬～11月下旬的8:00～12:00
休期間中無休（天候不佳時休）
所下呂市森 下呂溫泉合掌村下　🚃JR下呂站搭濃飛巴士合掌村線3分·いで湯朝市下車即到　P免費

→約10間店鋪，販售食品或日系雜貨

造訪戲劇小屋吧

CLOSE UP

從江戶到明治時代由農民所創造出的地歌舞伎，是農山村唯一的娛樂而受到居民們的喜愛。目前在下呂每年2次會由當地居民演出戲劇。

鳳凰座 ●ほうおうざ MAP附錄9B-2

✆0576-25-4711
（下呂市綜合觀光服務處）
所下呂市御厩野
交JR下呂站搭計程車15分
P免費

戲劇期間每年5月3、4日

白雲座 ●はくうんざ MAP附錄9B-3

✆0576-25-4711
（下呂市綜合觀光服務處）
所下呂市門和佐
交JR下呂站搭計程車18分 P免費

戲劇期間每年11月2、3日

瀑布 MAP附錄9B-2

乘政大滝

●のりまさおおたき

✆0576-25-4711
（下呂市綜合觀光服務處）
景點

岐阜縣名水50選其一

周圍聳立的1600m山脈所集結的水，化為落差約21m的瀑布傾瀉而下。能近距離感受到瀑布的魄力。

自由參觀
所下呂市乘政
交JR下呂站搭計程車30分
P免費

從21m的高度傾瀉而下震懾人心！

小知識！

位於金山町的3處巨石群是考古天文學座調查的首座遺跡。據說原為繩文時代的天文觀測所，能以夏至和冬至為基準觀測太陽。也有現場導覽（需預約）。

3處遺跡的其中1座，從岩屋岩蔭遺跡附近出土了眾多的遺物

金山巨石群

●かなやまきょせきぐん MAP附錄9A-2

✆0576-34-0073（金山巨石群調查資料室）
自由參觀 所下呂市金山町岩瀬
交東海北陸道美並IC 37km

超過10m的巨石排列在天文遺跡感受神秘

煙火 MAP110B-2

冬季下呂溫泉花火物語～花火的歲時記～

●ふゆのげろおんせんはなびものがたりはなびのさいじき

✆0576-25-4711
（下呂市綜合觀光服務處）
景點

享受妝點冬季夜空的煙火

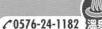

推薦從下呂大橋或阿多野谷沿岸觀賞

1月到3月每週六所舉辦的冬季代表性活動。由日本頂尖的煙火師傅依每次不同的主題做出迥異的煙火，也會有新作煙火的表演。

L20:30～20:40（預定）
所下呂市飛驒川下流河畔
交JR下呂站步行3分

不住宿溫泉 MAP110B-1

クアガーデン露天風呂

●クアガーデンろてんぶろ

✆0576-24-1182 溫泉

享受河川潺潺聲和泡湯

開放寬敞的露天溫泉為魅力之處

位於飛驒川河畔，僅有露天溫泉的不住宿泡湯設施。能享受到源泉放流的沖擊泉、蒸氣箱和泡沫浴等6種的溫泉浴。

L8:00～21:00（受理～20:15）
休週四（逢假日則翌日休）
¥700日圓
所下呂市湯之島894-2
交JR下呂站步行10分
P免費，使用2小時以上則每1小時100日圓

不住宿溫泉 MAP110B-2

白鷺乃湯

●しらさぎのゆ

✆0576-25-2462 溫泉

在歷史悠久的共同浴場享受泡湯

1926(大正15)年延續至今的共同浴場。從檜木建造的內湯能將下呂街景和飛驒川景色一覽無遺。設置在外的免費足湯也很受歡迎。

L10:00～22:00（受理～21:15）
休週三 ¥370日圓
所下呂市湯之島856-1
交JR下呂站步行10分 P免費

在充滿檜木香味的內湯放鬆歇息

以豐富多樣的料理方式
烹調下呂產的食材！

G午餐&G美食

何謂G午餐&G美食？
為了宣傳在南飛驒生產的食材，各間店鋪著手開發新料理。水果番茄、香菇和飛驒納豆喰豬等，以使用至少1種當地食材為條件。

柔軟的雞肉和特製醬料簡直絕配

G重點
使用岐阜縣產的雞腿肉。將雞肉和高麗菜一同快炒的爽快滋味。

鶏ちゃん 杉の子
★けいちゃんすぎのこ

鶏ちゃん
1鍋(2人份)1500日圓
建議最後加點炒蕎麥麵
(320日圓)

能和當地產酒一同品嘗的鄉土料理，擁有居家氛圍的熱門餐廳。知名料理的鶏ちゃん是以秘傳的特製醬料為美味的秘訣。

MAP 附錄9A-2
☎0576-25-7011
🕐11:00～15:00 休週一 (有臨時休業)
🏠下呂市小川1311 🚃JR下呂站搭計程車5分
🅿無休

不只有觀光客，也受到當地居民的愛戴

番茄的甜味酸味和納豆喰豬的美味完美結合

お食事処宴蔵
★おしょくじどころえんぞう

提供使用飛驒牛和納豆喰豬等當地食材的料理。除了下呂番茄蓋飯和鶏ちゃん等當地美食外，獨家料理也應有盡有。

MAP 110B-3
☎0576-24-2883 🕐11:00～14:00、
17:00～22:00 休不定休 🏠下呂市森971-59
🚃JR下呂站步行12分 🅿免費

提供蕎麥麵和咖哩等定食料理

飛驒納豆喰豬番茄蓋飯
1296日圓 (附味噌湯、主餐、小菜和甜點)
以番茄為主角，組合當地食材的下呂特產番茄蓋飯。

G重點
用吃納豆長大的「納豆喰豬」和當地產番茄。

甜味和辣味互相搭配的好手藝
咖哩烏龍麵

G重點
由天下名泉下呂溫泉細心製作的溫泉蛋。

食事処 富喜屋
★しょくじどころ ふきや

1938 (昭和13) 年開業於下呂站附近的餐廳。招牌的咖哩烏龍麵使用數種辛香料，味道帶勁，細心燉煮的咖哩醬和溫泉蛋十分匹配。

MAP 110A-2
☎0576-25-2263
🕐11:00～14:00、17:00～18:30 休不定休
🏠下呂市幸田1185 🚃JR下呂站步行3分
🅿收費

溫泉蛋咖哩烏龍麵
860日圓
辣味咖哩搭配甜味的溫泉蛋非常GOOD！

蕎麥麵

蕎麦料理 仲佐
●そばりょうり なかさ

`0576-25-2261`　美食

MAP 110B-3

用石臼手磨的粗磨蕎麥麵

所有步驟由店長親力親為、堅持品質的逸品。為了能品嘗到使用手轉石臼自製的芳香蕎麥麵，日本各地都有粉絲的知名餐廳。

⏰ 11:30～14:00左右（售完打烊）
🈺 週三（逢假日則營業）、有不定休
📍 下呂市森918-47
🚉 JR下呂站步行15分
🅿 免費

⬆用眼睛或嘴巴都能感受到蕎麥果實的手磨蕎麥涼麵（1100日圓）

餐廳

水明館 欧風レストラン バーデンバーデン
●すいめいかん おうふう レストラン バーデンバーデン

`0576-25-2800`（水明館）　美食

MAP 110A-2

品嘗以法式為基底的創作料理

水明館的餐廳，除了提供全餐外，放入滿滿飛驒食材的漢堡也大受歡迎。能享用到主廚耗費精力和時間製作的頂級料理。

⏰ 7:00～9:00（早餐）、11:00～21:00，午餐為～14:00（LO），晚餐為17:00～20:00（LO）
🈺 無休
📍 下呂市幸田1268
🚉 JR下呂站步行3分
🅿 免費

⬆飛驒牛漢堡（附湯和飲品1620日圓）午餐時段限量供應

醫藥品·化妝品

奧田又右衛門膏本舖
●おくだまたえもんこう ほんぽ

`0576-25-2238`　購物

MAP 110B-4

購買消除疲勞的下呂膏當伴手禮

由在下呂經營接骨院的奧田家所發明的貼布「下呂膏」。以傳統製法製作，將天然和漢植物成分塗於美濃和紙之上的香療貼布是受歡迎的伴手禮。

⏰ 9:00～17:00
🈺 不定休
📍 下呂市森20
🚉 JR下呂站步行7分
🅿 免費

和風的香療貼布
「なごみしーと」
（4片入270日圓）

牛排

吉洋
●きちひろ

`0576-24-2660`　美食

MAP 附錄9A-2

在專門餐廳品嘗飛驒牛的美味

由於想讓客人徹底嘗到高級的飛驒牛，料理只提供飛驒牛牛排（200g5400日圓，附沙拉和烤蔬菜）以及鹽味牛舌（2700日圓）。

⏰ 11:00～13:30、17:00～20:00（需預約）
🈺 週二（逢假日則營業）
📍 下呂市萩原町西上田2059-6
🚉 JR下呂站搭計程車5分　🅿 免費

⬆用備長炭燒烤的牛排，濃厚的肉汁讓人垂涎三尺

義大利料理

LA VITA e bella
●ラヴィータ エ ベッラ

`0576-25-2511`　美食

MAP 110B-3

當地食材和義大利的連袂演出

在拿坡里修練廚藝的主廚所經營的義大利料理餐廳。除了能吃到義大利麵和披薩之外，能眺望到飛驒川的地點也是魅力之處。

⏰ 11:00～14:00、18:00～20:00（晚餐需預約）
🈺 週三、第3週四　📍 下呂市森1001-3
🚉 JR下呂站步行10分
🅿 免費

當地產番茄和莫札瑞拉起司的義大利麵
（1300日圓）

蕎麥麵

ひさご

`0576-25-2214`　美食

MAP 110B-2

品嘗國產蕎麥的豐沛風味

能品嘗到使用國產蕎麥粉的高品質手打蕎麥麵。特別推薦放入當地產的原木香菇的蘑菇蕎麥麵。另有供應烏龍麵。

⏰ 11:00～14:30
🈺 週一（逢假日則翌日休）
📍 下呂市湯之島741
🚉 JR下呂站步行10分　🅿 免費

⬆蘑菇蕎麥麵（1100日圓）放入大量的當地產蘑菇

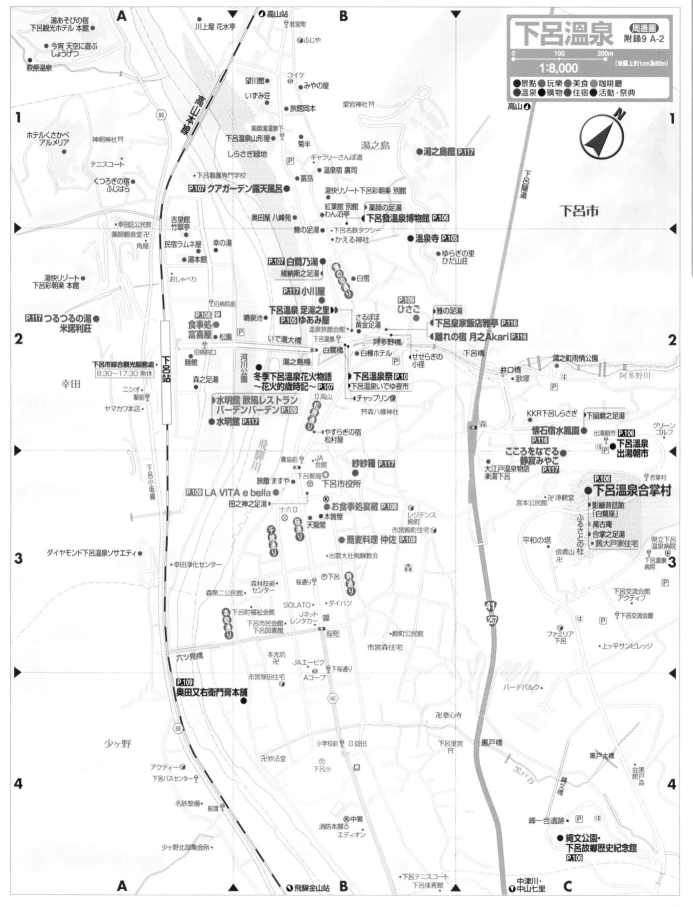

下呂溫泉 周邊圖 附錄9 A-2

0　　100　　200m
1:8,000
（地圖上的1cm為80m）

●景點 ●玩樂 ●美食 ●咖啡廳
●溫泉 ●購物 ●住宿 ●活動·祭典

N

A　　　　B　　　　C

湯あそびの宿
下呂観光ホテル 本館
今宵 天空に遊ぶ
しょうげつ
萩原温泉

湯あそびの宿
川上屋 花水亭
高山駅
若宮町
ふじや

望川館
いずみ荘
コイケ
みやの屋
旅館岡本

愛宕神社

湯之島 湯之島館 P.117

下呂市

ホテルくさかべ
アルメリア
神明神社
テニスコート
くつろぎの宿
ふじはら

下呂看護専門学校
下呂温泉山形屋
しらさぎ緑地
薬師温泉飲泉所下
菊半
富岳
ギャラリーさんぽ道
温泉宿 廣司

P.107 クアガーデン露天風呂

湯快リゾート下呂彩朝楽 別館
紅葉館 別館
奥田屋 八峰苑
わん泊亭
薬師の足湯
鷺の足湯
下呂名鉄タクシー
かえる神社
下呂發温泉博物館 P.106
温泉寺 P.105
ゆらぎの里
ひだ山荘

吉泉館 竹翠亭
薬師観音堂
角屋
民宿ラムネ屋
幸の湯
湯本館
おしゃべり

湯快リゾート
下呂彩朝楽 本館

P.117 つるつるの湯
米諾利荘

P.107 白鷺乃湯
維納斯之足湯
白雪

P.117 小川屋

下呂温泉 足之里
P.105 ゆあみ屋
ひさご P.109
雅の足湯
さるぼぼ黄金足湯
下呂皇家飯店雅亭 P.116
離れの宿 月之Akari P.116

下呂市綜合観光服務處
8:30～17:30 無休

P.108
食事処
富喜屋
噴泉池
旧病院前
松園
いで湯大橋
温泉旅館会館
下呂温泉
白鷺橋
阿多野橋
白樺ホテル
阿多野橋
せせらぎの小径

幸田
ニシオ・
駅前
ヤマカワ本店

睦館
森之足湯
湯之島橋
河川公園

湯之町雨情公園
井口橋
歌塚
阿多野川

冬季下呂温泉花火物語
～花火的歳時記～ P.107

下呂温泉祭 P.10
下呂温泉いでゆ夜市
チャップリン像

水明館 欧風レストラン
バーデンバーデン P.109
水明館 P.117

高山
森八幡神社
やすらぎの宿
松村屋

KKR下呂しらさぎ
懐石宿水鳳園 P.116
こころをなでる
静寂みやこ P.117
大江戸温泉物語
楽湯下呂

下留磨之足湯
出湯朝市 P.106
下呂温泉
出湯朝市
グリーンゴルフ

飛騨川

農協前
JA会館
旅館ますや
下呂郵便局

紗紗羅 P.117
下呂市役所

宮本公民館
浄願堂
平和の塔
信貴山

下呂温泉合掌村 P.106
影繪昔話館「白鷺座」
萬古庵
合掌之足湯
舊大戸家住宅
ふるさとの杜
合掌村

ダイヤモンド下呂温泉ソサエティ

P.109 LA VITA e bella
田之神之足湯

お食事処宴蔵 P.108
木曽屋
天龍閣
レジデンス殿町
市営殿町住宅

蕎麦料理 仲佐 P.109

森

県立下呂温泉病院
下呂温泉病院

幸田浄化センター
森第二公民館
森林技術センター
SOLATO
Jネット
レンタカー
下呂町福祉会館
下呂市民会館
下呂図書館

千燈通り
桜通り
十六匹
桜通り
ダイハツ

下呂
出雲大社飛騨教会
桜通り
殿町公民館
市営森住宅
市営森住宅

下呂交流会館
アクティブ
下呂交流会館
ファミリア
下呂
上ヶ平サンビレッジ

本町通り
六ツ見橋
本光坊
市営塚田住宅
JAエービク
Aコープ
下桜町通り
桜町

下呂小坂線

P.109 奥田又右衛門膏本舗

バーデバルク

41 257

少ヶ野
アクティー
下呂バスセンター
名鉄整備
船渡
少ヶ野北部集会所

妙法堂
小学校前 益田
下呂小
消防本部エディオン
中署

妙泰心寺
下呂里宮
黒戸橋
黒戸大橋
会館森
黒戸

縄文公園·
下呂故郷歴史紀念館 P.106

峰一合遺跡

飛騨金山駅
下呂テニスコート
下呂体育館
中津川·
中山七里

A　　　　B　　　　C

受惠於豐沛水源之地，隨處可見仍在使用的水井

蝙蝠是藝者和遊女所在的「置屋」的標誌，曾有過繁華一時的青樓時代

隨處都是想錯身而過也難的小巷弄！！

飛驒

高山

飛驒古川

白川鄉

奧飛驒溫泉鄉

下呂溫泉

正流行在懷舊風的巷弄散步！

從下呂溫泉稍微走遠一點

飛驒金山
筋骨巡禮
きんこつ

位於下呂溫泉西南方的金山町，散步於狹窄巷弄的「筋骨巡禮」最近十分流行。漫步於錯綜複雜有如迷宮的巷弄，感受冒險的心情。受到當地喜愛的特產美食也不容錯過！

前往飛驒金山筋骨巡禮的交通

🚃 JR下呂站搭高山本線28分（410日圓）於飛驒金山站下車
● 在飛驒金山站的觀光服務處索取MAP吧。步行到筋骨區域約15分

🚗 從下呂溫泉經國道41號約25km
● 據點設在Drive In飛山（00576-32-2080）最方便。有停車場（免費）、餐廳和販售伴手禮。

住家後方的水路，架上連結筋骨的橋形成獨特的光景

餅倖
もちこう

內含完整丹波產大顆黑豆的柔軟麻糬，放入滿滿顆粒紅豆餡的黑豆大福為當地特產。完全不使用任何添加物堅持每天手作。柏餅（150日圓）也很受歡迎。

每天限量100個，所以請盡早選購～

黑豆大福
1個 **180**日圓

MAP 111
📞 0576-32-2228
🕘 9:00～19:00（商品售完打烊）
休 週二　所 下呂市金山町金山1935　🚉 JR飛驒金山站步行10分

何謂筋骨？

在飛驒金山，將細窄巷弄比喻為身體內錯綜組合的筋和骨，所以稱為筋骨。過去曾是繁華鼎盛的宿場町，由於外頭的道路熱鬧發展，所以居民的生活則往裡邊的巷弄發展。雖然是公用道路任何人皆能通行，但由於現今當地居民也在使用，所以不妨打聲招呼，享受散步的樂趣。

城鎮散步觀光導覽
岡戶先生

特別推薦附導覽的散步！

雖然自己隨意散步也OK，但只有當地居民才知道的小路等的觀光導覽更能增添樂趣。可商量選擇60～120分的導覽。1人300日圓（但3位以下統一為1000日圓），需預約。
📞 080-3637-2201（金山町觀光協會）

清酒「初綠」
720ml **1650**日圓

甘酒無酒精的奧飛驒（570日圓）

能免費試飲或參觀酒廠

奧飛驒酒造
おくひだしゅぞう

1720（享保5）年創業的老店。在筋骨巡禮的尾聲造訪，試喝&購買伴手禮是最經典的走法。生原酒「初綠」有著水果香味，十分容易入喉。

📞 0576-32-2033　**MAP** 111
🕗 8:00～19:00（酒廠參觀為9:00～17:00，需預約）　休 不定休　所 下呂市金山町金山1984　🚉 JR飛驒金山站步行10分　P 免費
※國道商店為無休，可免費試飲

懷舊的樸素滋味請務必要來品嘗

可樂餅
1個 **100**日圓

名取天婦羅店
なとりてんぷらてん

超過60年的油炸物店最受歡迎的，是使用北海道產的馬鈴薯製成的天然甜味可樂餅。展示櫃中有天婦羅、炸物和甜甜圈等，除了炸魚之外全部100日圓。

📞 0576-32-2229　**MAP** 111

🕥 10:30～18:00
休 不定休
所 下呂市金山町金山2229
🚉 JR飛驒金山站步行9分

這就是筋骨！

奧飛驒酒造
奧飛驒酒造國道賣店
本町商店街
境橋
武藥三
飛驒川
JR飛驒金山站
金山橋
256
41
ドライブイン飛山 P
上市場
飛驒街道金山宿
清水樓
名取天婦羅店
舊式錢湯
餅倖
十王坂
鎮守山

廣域MAP
附錄9A-3
── 筋骨

CHECK! 城堡型式建築

在宿場町時代原為料理旅館的「清水樓」。現為明治時代修建的建築，在當時是罕見的3層樓木造建築。現在則作為住家使用。

CHECK! 建於河上的住家

由於住家後方有河流經過，所以許多房子直接加蓋在河川上。有時會被訪客稱為彷彿《霍爾的移動城堡》一般。

CHECK! 鎮守山

在能眺望金山城鎮的高台，建有祭祀觀音的祠堂。據說不服從大和朝廷的怪人兩面宿儺曾居住於此。

CHECK! 舊式錢湯

昭和時代結束時也終止營業的錢湯。木製櫃台和貼滿磁磚的浴缸還是原本的樣貌，有如電影的拍攝場景。限男湯能參觀內部構造。

111

能享受美容和溫泉的
女性專用「りらっくす蔵」

飛驒地區 住宿選擇

高山

在被稱為「飛驒的小京都」的高山區域，擁有從居家風宛如隱世小屋的旅社，到豪華的度假飯店等豐富多樣的住宿選擇。

設有床鋪的「和洋式客房」也很受歡迎

三町 本陣平野屋 花兆庵 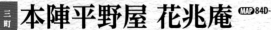 MAP 84D-4
●ほんじんひらのや かちょうあん

用本陣太鼓迎接旅客的別具風情旅館。使用嚴選的飛驒牛和當季食材的料理「美味求真」等，能品嘗到奢侈的美食。大套房或女性專用設施「りらっくす蔵」也廣受好評。

Stay Data
1泊2食 25920日圓〜

僅限男性　需事前預約

☎0577-34-1234
⏰IN14:00　OUT10:00　🚗高山市本町1-34　🚉JR高山站步行7分（高山站有接送服務需確認）P免費
客房數 和20間、和洋6間　信用卡使用 可

抵達旅館後先喝杯抹茶歇息

「美味求真方案」31320日圓的晚餐範例

高山郊外 日本之宿 飛驒高山 倭乃里
●にほんのやど ひだたかやま わのさと

MAP 附錄13A-3

在約15000坪的廣闊占地內，包含別館僅有8間客房的旅館。由豐沛的自然交織而出的四季變遷，還能享受到安寧靜謐。能品嘗到大量使用在地當季食材的山野料理是最大魅力。

岩溫泉活用從繩文時代至今的巨石

Stay Data
1泊2食 32400日圓〜

僅限本館可　需事前預約

☎0577-53-2321
⏰IN15:00　OUT11:00　🚗高山市一之宮町1682　🚉JR高山站搭計程車20分（有接送服務，最晚一日前需預約）P免費
客房數 和4間、別館4間　信用卡使用 可

被沒有人工雕琢的自然風情環繞

將120年前的古民宅移建的別館「臥龍」

距離古風街區極近的絕佳地點方便於觀光

男性專用的露天溫泉「りらっくす蔵露天」

三町 本陣平野屋 別館 MAP 84D-4
●ほんじんひらのや べっかん

從家庭到年輕人等廣泛族群利用的熱門旅館。能在客房內享用每月更換料理內容，附飛驒牛的宴席料理。方便前往古風街區、高山陣屋和著名的朝市等地觀光。

Stay Data
1泊2食 15120日圓〜

僅限男性

☎0577-34-1234
⏰IN15:00　OUT10:00　🚗高山市本町1-5　🚉JR高山站步行7分（有接送服務需預約）P免費　客房數 和26間　信用卡使用 可

善用當季食材的飛驒宴席料理

隱庵 飛驒路（P.115）的露天溫泉

範例 🛁露天溫泉　🛁包租浴池　🛁外來泡湯　🛁可在某些房間用餐　無

112

飛驒

高山 / 飛驒古川 / 白川鄉 / 奧飛驒溫泉鄉 / 下呂溫泉

飯山花扇別邸
高山郊外
●はなおうぎべっていいいやま

 MAP 附錄13A-2

欅樹巨木組成的合掌建築風大廳令人感受到飛驒的旅行情懷。提供附露天溫泉的樓中樓房間等各異其趣的客房。能品嘗到飛驒牛、串燒溪魚和野菜的宴席料理不容錯過。

自家源泉的泉質滋潤滑嫩，受到女性歡迎

放鬆腳步歇息靜養
木造的寧靜旅館

適通成和2室間寬敞雙床連床將放置

Stay Data
1泊2食 24300日圓～
☎0577-37-1616
IN15:00 OUT10:00 所高山市本母町262-2
JR高山站搭計程車7分(高山站有接送服務<14:15～17:15>，需確認) P免費
客房數 和15間 信用卡使用 可

飛驒亭花扇
高山郊外
●ひだていはなおうぎ

 MAP 附錄13A-2

大量使用神代欅木等木材，充滿高雅和式風格的館內空間。餐點使用當地產食材，由廚師創造出優美的宴席料理。在飛驒高山的溫泉旅館當中是少數擁有自家源泉的旅館。

早晚皆在專用包廂用餐，圖片為飛驒牛宴席料理範例

以自家源泉的美人湯和天然木頭溫度為傲

大廳旁附設中庭能放鬆賞的足湯

Stay Data
1泊2食 22680日圓～
☎0577-36-2000
IN14:00 OUT11:00 所高山市本母町411-1
JR高山站搭計程車7分(高山站有接送服務<14:15～17:15>，需確認) P免費
客房數 和48間 信用卡使用 可

飛驒廣場飯店
高山站周邊
●ひだほてるぷらざ

 MAP 85A-1

擁有露天按摩浴缸和木製甲板的瞭望浴場，以及位於地下一樓漆塗牆壁榻榻米地板的和風浴場等，各異其趣的浴場廣受好評。和洋中華料理的道地餐廳和溫水泳池也很受歡迎。

附設按摩浴池和壺湯的瞭望大浴場

「飛天之泉」廣受好評
滑順觸感泉質的自家源泉

位於市區，方便市內觀光

Stay Data
1泊2食 13110日圓～
☎0577-33-4600
IN15:00 OUT11:00 所高山市花岡町2-60
高山站步行5分 P免費
客房數 洋室133間、和間76間、和洋間5間、其他11間
信用卡使用 可

高山綠色飯店
高山站周邊
●たかやまグリーンホテル

 MAP 83B-3

以迴廊式庭園和豐富設施廣受好評。除了發揮飛驒工匠技藝的客房之外，還附設能眺望庭園的露天溫泉、伴手禮店和足湯。晚餐有和食、中式、和洋式料理的自助餐。

附木桶型按摩浴缸的總檜造露天溫泉「本陣大浴殿」

兼具日式風情和機能性的大型溫泉飯店

設置飛驒旅行家具的「一天領閣和風室」感受令人

Stay Data
1泊2食 12030日圓～
☎0577-33-5500
IN15:00 OUT10:00 所高山市西之一色町2-180 JR高山站步行6分(高山站有接送服務，需確認) P免費
客房數 和66間、洋99間、和洋42間 信用卡使用 可

Associa高山度假飯店
高山郊外
●ホテルアソシアたかやまリゾート

MAP 83A-4

擁有歐式風格的客房、溫泉和正統SPA(付費)等能讓人度過優雅時光的度假飯店。因為位於高台，所以全部客房和2座大浴場都能將北阿爾卑斯的雄偉全景一覽無遺，更是其魅力之處。

位於溫泉棟7樓「天之湯」的石樋湯

全部客房能欣賞到全景景觀的高台度假飯店

牛式品嘗到飛驒方、西式或鐵板燒能以

有例外日

Stay Data
1泊2食 17650日圓～
☎0577-36-0001
IN15:00 OUT12:00 所高山市越後町1134
JR高山站搭接駁巴士10分 P免費
客房數 和11間、洋259間、和洋20間
信用卡使用 可

OYADO 夢之屋
高山郊外
●オヤドゆめのや

 MAP 83A-3

能以划算價格品嘗到豪華飛驒牛料理和鄉土料理的飯店。無論是附設能眺望北阿爾卑斯的露天溫泉的浴場，或是包租浴池能24小時利用，敬請徹底地放鬆度假。

洋室全部為雙床房

隨意歇息放鬆的暖心旅館

能享受到薔薇溫泉(6～11月)的包租浴池

Stay Data
1泊2食 9180日圓～
☎0577-36-5511
所高山市上岡本町1-319 JR高山站搭計程車5分 P免費
客房數 和4間、洋5間 信用卡使用 不可

奥飛驒溫泉鄉

由平湯、福地、新平湯、栃尾和新穗高等5座溫泉地所組成的奥飛驒溫泉鄉。保留色彩濃厚的山間溫泉風情，擁有眾多活用豐沛自然美景的飯店旅館。

佇立於奥飛驒的群山深處
溫泉量豐富的療癒旅館

能享受晴朗藍天映照北阿爾卑斯美景的露天溫泉

平湯 ## 匠之宿 深山櫻庵 **MAP 98A**
●たくみのやど みやまおうあん

使用被稱為「飛驒之匠」的工匠技術所建成的溫泉旅館。晚餐能品嘗到以高級飛驒牛為主的和式宴席料理。有泡湯後的飲料和宵夜的拉麵等眾多免費提供的服務。

露天2座、內湯2座共4座包租浴池全部能免費使用

Stay Data
1泊2食 23000日圓～

☎0578-89-2799
🕐IN15:00 OUT11:00 🏠高山市奥飛驒溫泉鄉平湯229 🚌平湯溫泉巴士轉運站步行7分 🅿免費
客房數 和洋61間、洋3間、別館8間 信用卡使用 可

炙燒飛驒牛等奥飛驒料理一字排開

客房 滿溢木頭溫度的沉穩氣氛

平湯 ## 穗高莊 山之湯 **MAP 98A**
●ほたかそう さんがのゆ

除了有奥飛驒最寬廣面積的源泉放流露天溫泉外，還有8座包租露天浴池和岩盤浴等豐富的SPA設施。晚餐能享用到以飛驒牛為主，使用當地食材或加入當地名產鶏ちゃん的繽紛菜色。客房全面禁菸。

享受奥飛驒鄉土滋味和源泉放流的溫泉

Stay Data
1泊2食 12960日圓～

☎0578-89-2306
🕐IN15:00 OUT10:00 🏠高山市奥飛驒溫泉鄉平湯138 🚌平湯溫泉巴士轉運站步行3分 🅿免費
客房數 和58間 信用卡使用 可

源泉放流的大露天溫泉十分寬敞

平湯 ## 鴨蹠草旅莊
●りょそう つゆくさ

MAP 98A

以檜木的屋頂露天溫泉自傲。設有烤肉區、桌球台和投幣式洗衣機等豐富的服務與設施。能品嘗到四季不同的料理，全年皆為8000日圓的合理價格是魅力之處。

大自然中的小巧旅館

3座包租浴池廣受好評的居家風旅館

Stay Data
1泊2食 8000日圓

☎0578-89-2620 🕐IN15:00 OUT10:00
🏠高山市奥飛驒溫泉鄉平湯621-1 🚌平湯溫泉巴士轉運站步行3分 🅿免費
客房數 和9間 信用卡使用 不可

檜木製的屋頂露天溫泉

平湯 ## 愛寶館 **MAP 98A**
●あいほうかん

平湯溫泉巴士轉運站步行3分可到的交通便利旅館。晚餐能品嘗到以飛驒牛陶板燒為主，再加上溪魚和野菜等約9道的山野料理。源泉放流的溫泉能徹夜使用到隔天早上9時。

Stay Data
1泊2食 11880日圓～

☎0578-89-2628
🕐IN15:00 OUT10:00 🏠高山市奥飛驒溫泉鄉平湯650 🚌平湯溫泉巴士轉運站步行3分 🅿免費
客房數 和11間 信用卡使用 不可

親子3代編織出的家庭式和風旅館

晚餐最多6位能在房間用餐

範例 🛁露天溫泉 🈺包租浴池 ♨外來泡湯 🍴可在某些房間用餐 ▨無

いろりの宿 かつら木の郷

福地

享受靜謐的秘湯氣氛

●いろりのやど かつらぎのさと

MAP 99C

附設露天溫泉，可從2層樓建築的5種房型選擇的別館客房共10棟，最適合想隱世隔絕的旅行。能免費使用的包租浴池和在環坐地爐享用山野料理的包廂也充滿魅力。

擁有超過150年屋齡歷史的古民宅風隱世旅館

Stay Data

環坐地爐的晚餐「里山地爐宴席料理」

1泊2食 21600日圓～

📞0578-89-1001 🕐IN15:00 OUT11:00 🚌高山市奧飛驒溫泉鄉福地10 🚏福地溫泉巴士站步行3分(福地溫泉口巴士站提供接送服務，需確認) 🅿免費

客房數 別館10間 信用卡使用 不可

隱庵 飛驒路

福地

充滿奧飛驒風情的大廳

●かくれあん ひだじ

MAP 99C

12間客房全部設有岩石露天溫泉和檜木內湯的奢華旅館。在設有地爐的餐廳能享用到石燒飛驒牛、串燒紅點鮭等味道多元的山野料理。

享受附露天溫泉的客房和山野料理

2人也能悠閒浸泡的寬敞客房露天溫泉

Stay Data

1泊2食 23910日圓～

📞0578-89-2462 🕐IN14:00 OUT11:00 🚌高山市奧飛驒溫泉鄉福地687 🚏福地溫泉巴士站即到 🅿免費

客房數 和12間 信用卡使用 不可

水明館 佳留萱山莊

新穗高

宛如飛奔進大自然中的感覺

●すいめいかん かるかやさんそう

MAP 98B

以約125坪的人型露天溫泉造成話題的旅館。在被自然懷抱、充滿野外情調的溫泉，也能免費使用包租露天浴池。料理提供飛驒牛的朴葉味噌牛排等多樣化的飛驒滋味。

寬敞開放感無可匹敵日本最大規模的大露天溫泉

被蒲田川的潺潺水流療癒，受歡迎的包租露天浴池「河鹿之湯」

Stay Data

1泊2食 14190日圓～

📞0578-89-2801 🕐IN15:00 OUT10:00 🚌高山市奧飛驒溫泉鄉神坂555 🚏佳留萱巴士站步行5分 🅿免費

客房數 和14間 信用卡使用 可

深山莊

新穗高

●しんざんそう **MAP** 98B

蒲田川流經的混浴露天溫泉

和蒲田川僅隔著一塊岩石的混浴露天溫泉是飯店的驕傲。毫無任何遮蔽，在大自然當中能寬敞舒適地泡湯。使用飛驒牛和野菜的鄉土顏色濃厚的料理別具魅力。

彷彿完美融入大自然景觀的和風旅館

渡過架於蒲田川上的吊橋後抵達的獨棟旅館

Stay Data

1泊2食 13110日圓～

📞0578-89-2031 🕐IN14:30 OUT10:00 🚌高山市奧飛驒溫泉鄉神坂720-1 🚏深山莊前巴士站步行3分(新穗高空中纜車站有接送服務，需確認) 🅿免費

客房數 和15間、洋1間 信用卡使用 不可

槍見之湯 槍見舘

新穗高

位於河岸的著名混浴露天溫泉「槍見之湯」

●やりみのゆ やりみかん

隔著蒲田川能遠望槍岳的閑靜溫泉旅館。移建莊園管理所的小館和倉庫建築的別館令人感到暖心。能在地爐旁和客廳內品嘗到奧飛驒美食和享受豐富的露天溫泉。

豐富的溫泉療癒能被木頭溫度和湯量

粗糙的奧飛驒風格客房

Stay Data

1泊2食 18510日圓～

📞0578-89-2808 🕐IN14:00 OUT11:00 🚌高山市奧飛驒溫泉鄉神坂587 🚏中尾高原口巴士站步行5分(中尾高原口巴士站有提供接送服務，需洽詢) 🅿免費

客房數 和12間、和洋室1間、別館2間 信用卡使用 可

穗高莊 山月

新穗高

遠望西穗高岳和蒲田川的混浴露天溫泉

●ほたかそうさんげつ

MAP 98B

使用樹齡超過500年的欅樹大木的挑高玄關迎接來客。能眺望北阿爾卑斯秀峰的客房、配置巨岩的寬敞露天溫泉等，讓人能放鬆歇息。客房全面禁菸。

能感受到奧飛驒溫度的旅館

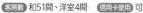

能見到庭園瀑布流瀉美景的大廳

Stay Data

1泊2食 15660日圓～

📞0578-89-2036(預約為0577-37-1515) 🕐IN15:00 OUT10:00 🚌高山市奧飛驒溫泉鄉神坂418 🚏新穗高溫泉口巴士站即到 🅿免費

客房數 和51間、洋室4間 信用卡使用 可

下呂溫泉

名列日本三名湯之一的下呂溫泉。想讓旅行增添些釜份色彩的話，推薦能盡情享受知名溫泉的高品質等級飯店！

提供獨特客房的和風飯店

總檜造的瞭望露天溫泉

可在包廂提供芳療服務

下呂皇家飯店雅亭 MAP 110B-2

●げろロイヤルホテルみやびてい

位於溫泉街中心地，附古董風露天溫泉的客房和古民宅風的客房等設計師客房廣受好評。總檜造的瞭望露天溫泉和榻榻米的大浴場等，溫泉也別具特色。

Stay Data
1泊2食 **13800日圓～**

☎0576-24-1002
📍IN15:00　OUT10:00　🚃下呂市湯之島758-15　JR下呂站步行5分（下呂站提供接送服務需確認）　Ｐ免費

客房數 和25間、和洋7間　信用卡使用 可

和室和古董風格房間的新鮮組合

包租露天浴池饒富風情又寬敞　舒適

離れの宿 月之Akari

●はなれのやど つきのあかり

MAP 110B-2

全8間客房皆為別館的閑靜旅館。所有客房皆能享受到使用自家源泉的寬敞露天溫泉、內湯和足湯。館內有包租露天浴池，別館設有美容服務和包租岩盤浴。

Stay Data
1泊2食 **37000日圓～**

☎0576-24-1005　📍IN15:00　OUT10:30
🚃下呂市湯之島758-15　JR下呂站步行5分（下呂站提供接送服務，需確認）　Ｐ免費

客房數 和洋8間　信用卡使用 可

標準客房的範例。

附設寬廣的露天溫泉　全客房位於別館的旅館

眼前綠意盎然風景的露天溫泉

以寧靜氛圍和料理自傲的和風旅館

大啖特選飛驒牛料理以及富有季節感的用心料理

懷石宿水鳳園

●かいせきやどすいほうえん

MAP 110C-2

建於距離溫泉街稍遠高台的恬靜旅館。使用當季食材和飛驒牛的每月替換菜單懷石料理大受好評。溫泉街的夜景極美，擁有完全無障礙空間的大套房。

被豐沛自然環繞的旅館

Stay Data
1泊2食 **19008日圓～**

☎0576-25-2288
📍IN14:00　OUT10:00　🚃下呂市森2519-1
🚃JR下呂站搭計程車4分（下呂站提供接送服務，需確認）　Ｐ免費

客房數 和14間、和洋3間　信用卡使用 可

範例 🛁露天溫泉 🚻包切 🛁包租浴池 ♨外來泡湯 🏠可在某些房間用餐 無

高山 飛騨古川 白川鄉 奧飛騨溫泉鄉 下呂溫泉

こころをなでる静寂みやこ
●こころをなでるせいじゃくみやこ

MAP 110C-3

有如「寂靜」的字面之意，隨處皆能感受到沉穩寧靜的飯店。每月更換的懷石料理和附別具巧思的露天溫泉的客房獲得好評，鋪設備長炭的露天溫泉浴池有著超群的療癒效果。

浴池中鋪設備長炭的露天溫泉

讓人忘卻日常喧囂的沉靜安穩空間

其趣 擁有摩登氛圍的客房各異

Stay Data
1泊2食 **21600日圓～**
0576-25-3181
IN15:00 OUT10:00 下呂市森2505 JR下呂站搭計程車4分(下呂站提供接送服務，需確認) P免費
客房數 和11間、和洋5間、別館4間 信用卡使用 可

つるつるの湯 米諾利莊
●つるつるのゆ みのりそう

MAP 110A-2

大量使用當地的食材，以費心製作的宴席料理為傲的旅館。能享受到獲得「彷彿浸泡於化妝水般」好評的光滑柔順泉質的溫泉。從瞭望大浴場欣賞的下呂市區景色震懾人心。

住宿的話能24小時使用的3樓大浴場

從瞭望大浴場將下呂市區一覽無遺

在地爐旁享用飛驒牛全餐宴席料理

Stay Data
1泊2食 **10800日圓～**
0576-25-3038
IN15:00 OUT10:00
下呂市幸田1550 JR下呂站步行5分(提供接送服務) P
客房數 和25間 信用卡使用 可

紗紗羅
●ささら

MAP 110B-3

擁有古董風格的大廳等，脫俗富設計感的空間別具魅力。能眺望夜景的瞭望露天溫泉和附露天溫泉的12種客房獲得高度的人氣。集結岩盤浴和美容服務等的「紗紗羅SPA」特別受到女性好評。

夜景絕美的瞭望檜木露天溫泉

令人度過特別時光的藝術風溫泉飯店

Stay Data
1泊2食 **17280日圓～**
0576-24-1777 IN15:00 OUT10:30
下呂市森1412-1 JR下呂站搭計程車3分(提供接送服務，需確認) P免費
客房數 和40間、洋1間、和洋2間、別館1間
信用卡使用 可

有吧檯風格桌子的別緻客房「Ballad」

湯之島館
●ゆのしまかん

MAP 110B-1

1931(昭和6)年創業。被登錄為國家有形文化財的木造建築，以厚重的結構為特徵。觀景絕佳的露天溫泉，連淋浴也是溫泉泉源的附露天溫泉的別館客房等，泡湯樂趣豐富多樣。

能俯瞰溫泉街街區的瞭望露天溫泉

籠罩昭和懷舊氛圍的旅館

Stay Data
1泊2食 **17338日圓～**
0576-25-4126
IN15:00 OUT11:00 下呂市湯之島645 JR下呂站搭計程車5分(下呂站提供接送服務，需確認) P免費
客房數 和67間、和洋1間 信用卡使用 可

立於5萬坪自然庭園內的數寄屋構造建築

小川屋
●おがわや

MAP 110B-2

50坪的榻榻米溫泉和各異其趣共9處的包租浴池大獲好評的旅館。和風摩登裝潢，以及能徹底品嘗到飛驒牛的鄉土宴席料理也是魅力之處。

肌膚觸感柔滑的舒適榻榻米溫泉

以50坪榻榻米溫泉為自傲的旅館

Stay Data
1泊2食 **14190日圓～**
0576-25-3121 IN15:00 OUT11:00
下呂市湯之島570 JR下呂站步行8分(提供接送服務，需確認) P免費
客房數 和77間、和洋1間、特別室10間、洋室(附淋浴間)12間、和室(附淋浴間)8間、其他12間 信用卡使用 可

附半露天溫泉的客房「碌間」

水明館
●すいめいかん

MAP 110A-2

擁有4間住宿建築的老字號溫泉飯店。設有游泳池和健身房等豐富設施和3座大浴場。位於館內的繪畫和參觀能舞台的導覽活動等廣受好評。

充滿野外情調的「野天風呂」

建於飛驒川邊的溫泉度假飯店

Stay Data
1泊2食 **17820日圓～**
0576-25-2800
IN14:00 OUT12:00 下呂市幸田1268 JR下呂站步行3分(下呂站提供接送服務，需確認) P免費
客房數 和162間、洋76間、和洋57間 信用卡使用 可

臨川閣的全部客房設有室內溫泉浴池

精選珍藏的 岐阜伴手禮

融口&柔軟的蕨餅

保存期
合購買日
3日內

本蕨餅
10入 939日圓
（11時起開始販售，售完打烊）

以本蕨粉和種子島的粗糖蒸製的蕨餅，撒上大量香氣撲鼻的京黃豆粉。

值得推薦的特點
顛覆蕨餅概念，能吃到融化於口中的口感！

自古以來受到喜愛的知名菓子、各界矚目的嶄新特產、當地僅有的傳統工藝品等，值得推薦的岐阜伴手禮齊聚一堂！

伴手禮篇

收禮者絕對會欣喜若狂！

岐阜市區
ツバメヤ ➡P.19

堅持使用自然食材，追求製作出男女老幼都愛吃的和菓子為目標。除了最受歡迎的蕨餅外，使用放養雞的受精蛋、種子島的洗雙糖、石臼磨的全粒粉所做的銅鑼燒也有很多粉絲。

值得推薦的特點
恰到好處的硬度，越嚼越能嘗到粉末的甜味

值得推薦的特點
不僅外觀亮麗可愛，味道也實在

懷舊餅乾脫胎成可愛化身

延續140年的老字號油問屋的零食

大地のかりんとう
左・鹽 右・黑糖 80g入 各420日圓

使用石臼磨的十勝產全粒粉和放養雞的受精蛋等，全為精心挑選的食材。

保存期
從製造日
120日

惠那
惠那川上屋 本社惠那峽店 ➡P.58
●えなかわかみや ほんしゃえなきょうてん

因栗金飩而聞名的和洋菓子店。店家聚焦於自古以來的樸素餅乾糖果，可愛的創作餅乾新品牌「むじょか」於2014年發售，受到以女性為主的各界矚目。

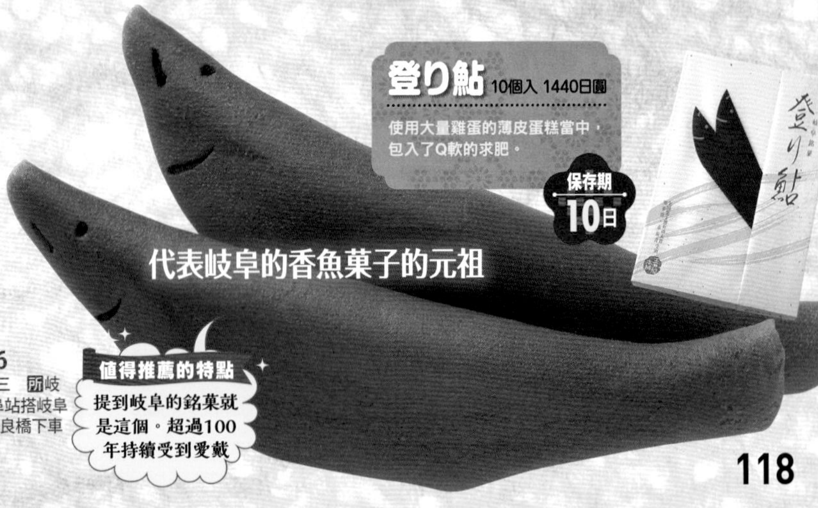

むじょか
保存期
20日

味噌米香6入432日圓、糖漬菓子（杏果）60g入572日圓、焦糖寒天17入357日圓、穀物餅乾7入432日圓（從左下順時鐘）

焦糖寒天為使用當地惠那市產的寒天等，食材皆為一時之選。糖漬菓子的內容依季節而變動。

岐阜市區
山本佐太郎商店
●やまもとさたろうしょうてん

和三重縣出身的和菓子師傅まっちん邂逅而生的和菓子。活用食材特色的餅身，是以東海3縣的米糠所搾的米油細心油炸。提供地瓜或豆渣口味的花林糖種類豐富。

☎ 058-262-0432 **MAP** 22B-3
⏰8:00~19:00 休週日、假日 所岐阜市松屋町17 🚉JR岐阜站搭岐阜巴士往長良橋10分，伊奈波通り下車步行3分 🅿免費

岐阜市區
玉井屋本舖
●たまいやほんぽ

1908（明治41）年創業。以悠游於長良川的香魚幼魚為造型的「登り鮎」，是作為岐阜銘菓受到長久愛戴的香魚菓子的元祖。麵粉混合雞蛋、砂糖和山藥等烤製成的「やき鮎」也很有名。

MAP 23B-1
☎ 058-262-0276
⏰8:00~20:00 休週三 所岐阜市湊町42 🚉JR岐阜站搭岐阜巴士往長良橋15分，長良橋下車即到 🅿免費

登り鮎
10個入 1440日圓

使用大量雞蛋的薄皮蛋糕當中，包入了Q軟的求肥。

保存期
10日

代表岐阜的香魚菓子的元祖

值得推薦的特點
提到岐阜的銘菓就是這個。超過100年持續受到愛戴

118

恰到好處的甜味
讓人吃不停。
最推薦種子芳香
的南瓜仙貝！

酥脆口感的
嶄新仙貝

玉穗堂

保存期
製造日起
60日

抹茶仙貝（上）、咖啡仙貝（下）
45g入各324日圓
南瓜仙貝（中）60g入401日圓

將原料加入雞蛋烤成酥脆易吃的口感。
有花生或芝麻等共8種。

大垣
田中屋せんべい総本家
●たなかやせんべいそうほんけ

除了有創業以來持續製作超過150年
的味噌仙貝，還製作放入花生或芝麻
等特色豐富的仙貝。玉穗堂是堅持酥
脆口感，合乎現代口味的新系列產
品。

📞 0584-78-3583　MAP 44B-2

🕐9:30〜18:00（週日〜17:00）　休無休　所大垣市
本町2-16　🚃JR大垣站步行10分　P免費

惠那
松浦軒本店
●まつうらけんほんてん

1796(寬政8)年創業的
和菓子店。以江戶時代
從葡萄牙傳來的傳統技
術烤製的蜂蜜蛋糕為特
產。此外，還販售使用
當地特產栗子製作的菓
子和當季的生菓子。

MAP 附錄5C-2　📞 0573-43-2541

🕐8:30〜19:30　休無休　所惠那市岩村町本町3-246
🚃明知鐵道岩村站步行15分　P免費

整條烤製的
懷舊風蜂蜜蛋糕

雞蛋和蜂蜜的甘甜
懷舊香氣味擴散
於嘴中

蜂蜜蛋糕

1條 480日圓

保存期
7日

為了製作出細膩濕潤的
口感，而將原料長時間
費工地攪拌。每1條蛋
糕皆為分開烤製。

延續超過130年
的蛋白霜點心

曾經獻上給
宮內廳的
高格調逸品

都鳥・雪たる満

圓木桶裝12個入 1296日圓

保存期
2個月

每一個皆是手工捏製後乾燥而成。點上眼
睛的過程也是由糕點師傳親手繪製。

岐阜市區
奈良屋本店
●ならやほんてん

1830（天保元）年創業的和菓子店。
都鳥・雪たる満是於1886（明治19）
年第3代店長所發明的。僅用新鮮的
蛋白和中雙糖製作的蛋白霜甜點，
現在則是由第6代店長繼承此傳統滋
味。

MAP 22B-3　📞 058-262-0067

🕐9:00〜18:30　休週日、第3週六　所岐阜市今小町18　🚃JR岐阜站搭
岐阜巴士往長良橋9分，メディアコ
スモス・鶯谷高校口下車即到

世界等級的麵包吸引
顧客一再回流

不僅當地居民，
還有遠道而來
的眾多粉絲！

牛角麵包

200日圓

保存期
限當日

美麗層次和發酵奶油特有
的深奧滋味為特徵，在店
內最受歡迎。從12時起
數次烤製出爐，週末時常
售罄。

高山
TRAIN BLEU
●トラン ブルー

麵包世界大會「World Pastry Cup 2005」中代表日本獲
得第3名，2012年以指導一職引領隊伍獲得優勝的廚師的
店。牛角麵包、法國麵包和糕點類廣受好評。

📞 0577-33-3989　MAP 83B-3

🕐9:30〜18:30（售完打烊，繁忙時從6:00起發整理券）　休週三，不
定休　所高山市西之一色町1-73-5　🚃JR高山站步行15分　P免費

還有
還有！ CHECK高山甜點伴手禮特輯 ➡P.74

岐阜市區
Plesic
●プルシック

是孕育「滑嫩布丁」而聞名的廚師——
所浩史開設的店鋪。招牌商品為布
丁和使用當季水果的果凍等，主要販
售裝於玻璃瓶中的瓶裝甜點，也有瑞
士卷和餅乾等。

MAP 附錄2D-2　📞 058-215-9393

🕐10:00〜18:00　休週二三、有不
定休　所岐阜市琴絲2-1-18　🚃JR
岐阜站搭岐阜巴士經由総合医療セン
ター往尾崎団地25分，野一色5
」目下車步行6分　P免費

瓶裝甜點

水果果凍、芒果（左）420日圓、
咖啡果凍（中）400日圓、所布丁（右）380日圓

所布丁是使用2種天然的香
草籽，只用蛋黃凝固而成的
濃厚滋味。

保存期
含購買日
2日內

由製作布丁的專家所推出
的絕品瓶裝甜點

入口即化的
口感和濃厚滋味
令人感動！

本美濃紙
（美濃和紙）
美濃發祥

★ほんみのし（みのわし）

繼承超過1300年的歷史，以傳統技法漉紙的本美濃紙技術，於2014年被登錄為聯合國教科文組織的無形文化遺產。現今使用機器漉的和紙，加工成服飾、壁紙和雜貨等多樣化的商品款項。

裝飾箋言語 432日圓
裝飾包心情 389日圓
祝賀卡片和小袋尺寸的包裝紙。櫻花、菊花和樹葉等5種蕾絲圖案優雅高級。

富設計感的和紙雜貨應有盡有

和紙の店 紙遊 P.29
●わしのみせ しゆう

改裝自和紙的倉庫，店內販售色彩繽紛的豐富和紙雜貨。激發美濃和紙魅力的設計雜貨「かみみの」也在此設櫃。

tate・yoko note 864日圓
能自由橫寫或直寫的筆記本

崭新感覺的和紙雜貨
由販售紙製品的岐阜縣5間企業和10位設計師所創造的「かみみの」。設計和紙製的室內擺飾和雜貨，提倡合乎現代生活方式的美濃和紙使用型態。

襁褓紙袋
嬰兒造型 648日圓
最適合祝賀生產的附小卡金封

兼具美觀
和方便使用
優點的
傳統逸品 篇

關的刀具
關發祥

★せきのはもの

鎌倉時代的刀祖──元重為了追尋適合刀具製作的土壤、松炭和水，選擇移居到關，也吸引了許多刀匠聚集至此，而成為「不易折、不易彎、好切」的刀具產地。現今則是活用其技術的家庭用刀具的著名產地。

MOKA 菜刀系列
麵包刀 5940日圓
小型菜刀 5400日圓　三德菜刀 6480日圓
依日本人的手型特別設計的好拿好握魅力菜刀。全不鏽鋼材質所以能使用於洗碗機

進行體驗吧！ 
研磨師會教導刀具的研磨方式，還有免費的磨刀體驗區能學習技術。

關的刀具齊聚一堂！

岐阜縣刀物會館 P.30
●ぎふけんはものかいかん

除了菜刀外，還販售指甲剪和刮鬍刀等超過2500件的關刀具商品。能以市面上約80%的價格購買是製造商直營店鋪的強項。能付費進行修理或磨刀。

環保加濕器
(M)7560日圓
利用檜木吸水的原理，飄散檜木淡雅香氣的清爽型環保加濕器

大垣的枡酒杯
大垣發祥

★おおがきのきます

大垣於明治中期開始製作枡酒杯。目前則是占日本枡酒杯生產量80%的最大生產地，出貨數1年約高達200萬個。由於使用多餘剩下的檜木木材生產，既環保價格也實惠。

ColorMasu
1個 1296日圓
繪上唇印的「LIP」或市松圖案的「市枡」等，色彩豐富繽紛共8種的POP風枡酒杯

種類豐富的枡酒杯一字排開！

特殊設計的枡酒杯廣受矚目！

枡工房ますや
●ますこぼうますや

販售作為室內擺設也美觀的設計性枡酒杯等，提倡枡酒杯新型態的枡工坊特產直銷商店。不限於枡酒杯，也販售活用枡製作技術而生的雜貨。

MAP 44A-2
☎0584-78-5468
（大橋量器）
🕐9:00～18:00（週六日為～17:00）
休不定休
🏠大垣市西外側町2-8
🚉JR大垣站步行15分

挑戰枡酒杯製作！
能體驗從組合一合枡酒杯，到用烙鐵烙印的完整製作過程。所需時間約45分。需預約（一人800日圓，預約從2名起）。

飛驒家具 ★ひだかぐ 高山發祥

以大正時期木工製作者造訪高山，善用豐富的山毛櫸資源製作家具為肇始。繼承活躍於建造平城和平安都的「飛驒的匠」的技術和知識，高山具備木材豐富等優良條件，讓家具製作產業蓬勃發展。

追求製作高耐久性的家具
木童工房 ●もくどうこうぼう

推廣藉由人手使用道具加工，以及盡量不使用釘鏈的家具組合等能長期使用的家具。以蠶豆為造型的曲線優美人氣Beans系列，販售托盤、桌子和高腳椅等。

MAP 附錄13A-2
☎ 0577-68-2322　🕐 9:00～17:00
休 不定休　所 高山市清見町牧ヶ洞426
🚉 JR高山站搭濃飛巴士往上野々俣公民館前39分，夏蟲下車即到　P 免費

鞍型長腳椅
64800日圓
不使用釘子的「組裝」技術所製作的高腳椅。當作小桌台也很時尚

Beans托盤
含3240日圓
櫻木、黑核桃木等，依木材種類的不同有著迥異的樣貌

來此參觀吧！
由於所有家具皆為客製化，訂購後約花費3個月完成。工匠細心製作家具的工作場所有對外開放參觀。

一位一刀彫 ★いちいいっとうぼり 高山發祥

江戶時代末期由根付雕刻師松田亮長所研發的技法。將飛驒的名木紅豆杉僅以鑿子雕刻，活用木頭內外迥異的色澤及優美的木紋來呈現動植物等。除了根付吊飾或茶道具外，也雕刻七福神等的招運物品。

販售根付吊飾、面具和擺飾等豐富品項
津田彫刻 ●つだちょうこく

1843(天保14)年創業以來，守護一位一刀彫技術至今的老店。繼承亮長的作風，並且引進嶄新技法挑戰製作合乎現代風格的作品。

MAP 84D-4
☎ 0577-32-2309
🕐 8:30～18:30（冬季為～18:00）
休 不定休　所 高山市本町1-10　🚉 JR高山站步行10分　P 1小時300日圓

奶油刀
1支 300日圓
越使用越增加色澤，令人期待使用多年的變化

圓滾滾雀
1600日圓
圓滾滾造型的細膩刀法表現出麻雀的可愛

參觀工作過程！
能參觀傳統工藝士的頂尖雕刻工作。

紋路的祕密！
做出紋路的燒窯道具全以手工製作。

ジュジュ モルティエ JUJU mortier 波紋櫛目研鉢
5寸4320日圓（左）、6寸6480日圓（右） ※研杵另售
藉由有如波紋狀的優美紋路，能將食材研磨粉碎。無論是將研杵左磨或右磨皆和紋路反方向，所以左右撇子皆能使用

美濃燒 ★みのやき 多治見發祥

受惠於優良土壤的多治見市、土岐市、瑞浪市(東濃地區)等，自7世紀開始生產的美濃燒。「志野」、「織部」等頂級陶器所登場的安土桃山時代，將其名氣推廣至了日本全國。現今則發展為大量生產的製陶窯業。

兼備機能性和設計性的研鉢
山只華陶苑 ●やまただかとうえん

歷史悠久的燒窯製作研鉢和磨泥盤已超過200年。所使用的當地土由於粗糙含摩擦力，最適合製作研鉢。原創的紋路「波紋櫛目」，讓搭配皿的好用程度更上一層樓。

MAP 55A-1
☎ 0572-23-6421　🕐 8:00～17:00
休 週日、假日　所 多治見市高田町8-46
🚉 JR多治見站搭東鐵巴士往小名田小滝14分，小名田町1下車步行5分　P 免費

書套
含1190日圓
一針針手縫的圖案，擔任裝飾和補強的功能使書套方便耐用。

指子杯墊
各430日圓
刺繡上幾何圖案的杯墊

來此參觀吧！
除了週六外，能在店內欣賞到工匠表演指子刺繡。

飛驒指子繡 ★ひださしこ 高山發祥

由於位於深山的飛驒地區不易取得織品，而孕育出於深藍、淺黃、茶色的單色服飾，用白線繡上花紋或圖案的習慣。此後運用於商人的包袱巾或柔道服的織物補強，而傳承至今。

愛惜物品的心意與智慧技術
本舖飛驒さしこ ●ほんぼひださしこ

販售從錢包或皮夾等的小物類到布簾和桌巾等，使用圖案優美指子布的原創商品的店鋪。也有特別訂做的指子線和刺繡套組。

MAP 84D-3
☎ 0577-34-5345　🕐 8:30～17:00
休 無休（11月下旬～翌3月中旬休週三）
所 高山市片原町60　🚉 JR高山站步行10分

東京・新宿出發 最推薦的交通方式

往岐阜

🚄 東海道新幹線＋東海道線 🚃
2小時／11310日圓[指]
◎1小時4～9班（希望號）、1小時4班
（東海道線新快速等）
[東京]→希望號→[名古屋]→東海道線新快速等→[岐阜]

🚌 省 高速巴士 🚌
7～8小時／6580日圓～
◎1日各1班
[東京]→JR東海巴士「Dream名古屋3號」→[岐阜]
[Busta新宿]→小田急巴士、岐阜巴士「Papillon號」→[岐阜]

往高山

🚄 東海道新幹線＋Wild View飛驒 🚃
4小時20分／14920日圓[指]
◎1小時4～9班（希望號）、1小時1班（Wild View飛驒）
[東京]→希望號→[名古屋]→Wild View飛驒→[高山]

🚄 北陸新幹線＋Wild View飛驒 🚃
4小時10分／15310日圓[指]
◎1小時1～3班（光輝號、白鷹號），1日4班（Wild View飛驒）
[東京]→光輝號、白鷹號→[富山]→Wild View飛驒→[高山]

🚌 省 高速巴士 🚌
5小時30分／6690日圓
◎1日6～7班
[Busta新宿]→京王巴士、濃飛巴士（經由平湯）→[高山濃飛BC]

大阪方向出發 最推薦的交通方式

往岐阜

🚄 東海道新幹線＋名鐵 🚃
1小時40分／6020日圓[指]
◎1小時2班（東海道新幹線光號、回聲號）、1小時4班（名鐵）
[新大阪]→光號、回聲號→[岐阜羽島・新羽島]→名鐵→[名鐵岐阜]
※名鐵除了部分列車外皆需在笠松轉乘
※岐阜羽島和新羽島互相連通

🚃 快 Wild View飛驒 🚃
1小時54分／5700日圓[指]
◎1日1班（Wild View飛驒）
[大阪]→Wild View飛驒25號8:02發車→[岐阜]

🚃 省 東海道線 🚃
2小時30分／3020日圓（東海道線）
◎1小時2班（東海道新快速大阪→米原、米原→大垣）、1小時4班（東海道新快速大垣→岐阜）
[大阪]→東海道新快速→[米原]→東海道新快速等→[岐阜]
※米原～岐阜除了部分列車外皆需在大垣轉乘

往高山

🚄 東海道新幹線＋Wild View飛驒 🚃
3小時30分／10810日圓[指]
◎1小時6～11班（東海道新幹線希望號、光號），1小時1班（Wild View飛驒）
[新大阪]→希望號、光號→[名古屋]→Wild View飛驒→[高山]

🚃 快 Wild View飛驒 🚃
4小時21分／8300日圓[指]
◎1日1班（Wild View飛驒）
[大阪]→Wild View飛驒25號8:02發車→[高山]

🚌 省 高速巴士 🚌
5小時40分／4700日圓
◎1日4班
[難波]→近鐵巴士、濃飛巴士（經由梅田、京都、郡上八幡）→[高山濃飛BC]

前往 高山 白川鄉 岐阜 搭鐵道・巴士

若駕車前往則 P.124 GO!

做好事前確認！
出發前的事先確認注意事項

交通移動的重點提示（鐵道・巴士篇）

圖解的交通指南 Part 1
首先從各地以岐阜・高山・白川鄉為目標前進

該如何前往當地？

若為搭乘鐵道或巴士前往本書中介紹的區域，基本上先以這裡介紹的岐阜、高山為目標前進。此外，若要前往白川鄉，則是從名古屋、高山、富山等地搭乘巴士。此交通指南特別列舉出給首次前往岐阜縣的旅行者的推薦交通方式。

經典！想早點抵達就選擇搭乘 新幹線

推薦給這樣的人

🚅 **總之想要快點抵達**
搭乘東海道新幹線前往名古屋的話，基本上最快速的是「希望號」，前往岐阜羽島的話則是搭乘「回聲號」。也有停靠岐阜羽島的「光號」。
從東京或大宮等地搭乘北陸新幹線前往高山的話，就搭乘「光輝號」或「白鷹號」。由於所有列車皆會停靠富山所以令人安心。「光輝號」是從東京出發後，抵達富山之前僅停靠上野、大宮和長野的超特急列車。「白鷹號」的停靠站則稍多一些。
（※北陸新幹線光輝號僅有上下行各1班過站不停上野）

🚅 **若攜帶過多的行李，也有寬敞座位舒適度過**
即使是普通列車，腳邊和行李架都十分寬敞。而且幾乎不會晃動，能舒適地乘坐。

🚅 **移動時也想讓手機充電（但依車廂而異）**
東海道新幹線的窗側和兩端（各車廂的最前排和最後排）提供插座使用，但700系僅限兩端的座位。想知道自己乘坐何種列車，可參考時刻表或詢問車站人員。北陸新幹線的E7、W7系則是全部座位皆附有插座。

省錢秘訣在此 回聲號周遊券（ぷらっとごたま）
能以比一般車資更低廉搭乘到東海道新幹線各站停車的「回聲號」的旅行商品。但是，請注意不能當天購買及變更預約等，有著和普通車票不同的限制。可透過JR東海Tours的分店、網站或電話預約（參考右頁）。
TOURS分店則可於出發的前一天才購買。由於座位數有限，建議趁早預約。附贈能在商店兌換的飲料券。

推薦！想省錢前往就選擇 高速巴士

推薦給這樣的人

🚌 **想節省交通費**
除了和新幹線比較起來特別便宜之外，巴士路線還可到達眾多地點。某些路線會因Web預約和來回折扣而更加便宜。

🚌 **若是有較充裕的時間**
適合擁有即使遇到塞車造成到達時間誤點也無所謂、旅行計劃較寬裕的人。此外，某些路線有行駛夜間班車。有著隔天早晨抵達目的地後，能完整一天遊玩的優點。

🚌 **或許比鐵路更加方便、輕鬆**
若是從名古屋或岐阜前往高山或郡上八幡時，雖然可能首先會想到搭乘火車，但巴士路線也豐富方便。

省錢秘訣在此 來回折扣
依路線的不同，所設定的來回折扣會更經濟實惠而受到矚目。例如新宿⇔高山（京王、濃飛巴士所行駛的高速巴士）的單程票價為6690日圓，但購買來回車票時是12040日圓，相當於單程9折的6020日圓。若是已決定回程的日期時間，則建議利用來回折扣。除了能電話預約或購買車票外，還能利用各高速巴士轉運站、便利商店售票機、網站「高速巴士NET」、「Highway Bus.com」、「發車Alright Net」等。

注意事項
●各種資訊為2019年1月時的資料。提供的內容以平日假日為主，但依季節可能有所變動，此外，由於各項事宜而內容可能有所變更，出發前請確認最新的資訊。
●費用原則上為不適用任何折扣的普通時期大人1位的費用。但飛機則是記載上下限的費用，所需時間為包含轉乘時間的預估小時（主要為最快的情況）。請注意依日期和時段，費用和所需時間會有所差異。
●每小時的鐵道或巴士的運行班次，是考慮到觀光上的使用而提供白日的時段資訊。
●此頁面僅介紹轉乘次數最少，簡單易懂的交通方式。列車和巴士的類別以及轉乘方式為最推薦的一般方式。

從日本各地搭乘飛機 前往名古屋的機場

往Centrair（中部國際機場）

福岡 出發
1小時15分
5050～31310日圓
●ANA・SFJ・IBX／GK
12班

新千歲（札幌） 出發
1小時55分
4800～44610日圓
●ANA・ADO・JAL
SKY／GK
15～18班

鹿兒島 出發
1小時15分
5050～38610日圓
●ANA／GK
6班

仙台 出發
1小時15分
9610～34710日圓
●ANA・IBX
6班

沖繩（那霸） 出發
2小時
4800～46110日圓
●ANA・SNA／JTA
SKY／GK
11班

松山 出發
1小時
11010～29110日圓
●ANA
4班

往縣營名古屋（小牧）機場（搭乘富士夢幻航空）

青森 出發
1小時25分
13000～38000日圓
3班

福岡 出發
1小時20分
10000～28500日圓
5班

高知 出發
1小時
9000～30000日圓
2班

熊本 出發
1小時20分
10500～34000日圓
3班

從小牧機場往名古屋市區

往名古屋站
30分／700日圓
1日班2～3班
（名鐵巴士）

往西春站（名鐵犬山線）
20分／340日圓
1日班2班
（葵交通）

航空公司的標記

ADO…AIR DO
ANA…全日本空輸
FDA…富士夢幻航空
GK…日本捷星航空
IBX…伊別克斯航空
JAL…日本航空
JTA…日本越洋航空
SFJ…星悅航空
SKY…天馬航空
SNA…亞洲天網航空

名古屋出發
最推薦的交通方式

往岐阜
（快）東海道線… 20分／470日圓
◎1小時4班（東海道線新快速等）
[名古屋]→東海道線新快速等→[岐阜]

往高山
（快）Wild View飛驒… 2小時25分／6030日圓（指）
◎1小時1班（Wild View飛驒）
[名古屋]→Wild View飛驒→[高山]

（省）高速巴士… 2小時45分／2980日圓
◎1日12班
[名鐵BC]→名鐵巴士、濃飛巴士、JR東海巴士→[高山濃飛BC]

從各地前往白川鄉
巴士交通指南

名古屋出發
（2小時15分／3900日圓 ◎1日3班）
[名鐵BC]→岐阜巴士（經由高速蛭野高原）→[白川鄉]

高山出發
（50分／2470日圓 ◎1日10～11班）
[高山濃飛BC]→濃飛巴士、北陸鐵道巴士→[白川鄉]

富山出發
（1小時20分／1700日圓 ◎1日4班）
[富山]→濃飛巴士、富山地鐵巴士→[白川鄉]

金澤出發
（1小時25分／1850日圓 ◎1日10班）
[金澤]→濃飛巴士、北陸鐵道巴士→[白川鄉]

高岡出發
（2小時10分／1800日圓 ◎1日5班）
[高岡]→加越能巴士→[白川鄉]
※也有其他城市出發的班次

◎交通工具的預約、洽詢處

鐵道
（洽）JR東海
050-3772-3910
（電話中心）
（洽）ぷらっとこだま
Call Center
0120-945-255
（洽）JR東日本
050-2016-1600
（洽詢中心）
（洽）名古屋鐵道
（名鐵客服中心）
052-582-5151
（洽）長良川鐵道
0575-23-3921
（洽）明知鐵道
0573-54-4101
（洽）養老鐵道
0584-78-3400
（洽）樽見鐵道
0581-34-8039

高速巴士
（預洽）JR東海巴士
（名古屋旅行中心）
052-563-0489

（預洽）名鐵高速巴士預約中心
052-582-0489
（※與和鐵路欄的電話相同）
（預洽）岐阜巴士高速巴士預約中心
058-240-0489
（預洽）濃飛巴士預約中心
0577-32-1688
（預洽）京王巴士
03-5376-2222
（預洽）小田急巴士客服中心
03-5313-8330
（預洽）近鐵巴士
近鐵高速巴士中心
06-6772-1631
（預洽）北陸鐵道預約中心
076-234-0123
（預洽）富山地鐵高速巴士預約中心
076-433-4890

當地路線巴士
（預洽）岐阜巴士
058-266-8822
（預洽）濃飛巴士（高山）
0577-32-1160
（預洽）濃飛巴士（下呂）
0576-25-2126

（洽）白鳥交通
0575-82-5081
（洽）ALPICO交通（新島島）
0263-92-2511
（洽）葵交通
0568-79-6464

航空
（預洽）JAL・JTA
0570-025-071
（預洽）ANA（國內線預約、服務中心）
0570-029-222
（預洽）IBEX
0120-686-009
（預洽）AIR DO
0120-057-333
（預洽）星悅航空
0570-07-3200
（預洽）天馬航空
0570-039-283
（預洽）捷星航空
0570-550-538
（預洽）亞洲天網航空
0570-037-283
（預洽）富士夢幻航空
0570-55-0489

（預）預約專用 （洽）洽詢 （預洽）可預約及洽詢

從Centrair搭名鐵往名古屋、岐阜

往名鐵名古屋
28～35分／870日圓

往名鐵岐阜
56～65分／1340日圓

※搭乘μ-SKY、快速特急、特急的特別車時，需另購買
μ車票360日圓。

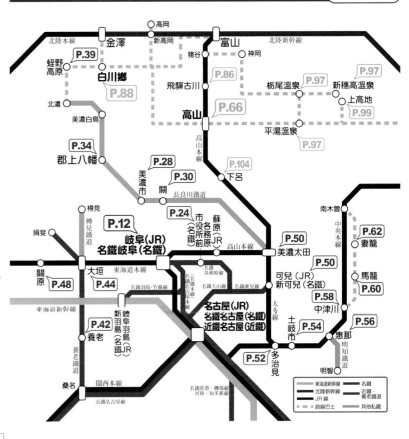

利用此圖掌握岐阜縣內的鐵道和巴士!
透過此圖也能了解到各城市的介紹頁面!

P.12 岐阜

東海道新幹線 北陸新幹線 JR線 名鐵 近鐵・養老鐵道 路線巴士 其他私鐵

◎關於費用的標記和略稱
（指）…普通車指定席（全為一般時期）、（共）…共同運行、BC…巴士中心

駕車前往 岐阜 飛驒高山·白川鄉

利用主要道路前往 本書介紹的觀光區域

ETC折扣

高速公路的通行費用 **ETC折扣**

能活用於假日兜風的ETC折扣主要為下列2類。此外，由於近年來高速道路的費用體系趨向複雜化，使用費用、路線的搜尋網站會更加簡單方便。

假日折扣	最多7折	週六日假日／24小時適用 ●大都市近郊區間除外
深夜折扣	最多7折	全天／0~4時適用 ●包含大都市近郊區間

●大都市近郊區間
設定於東京近郊和大阪近郊的區域。東名高速從厚木IC，中央道從八王子IC算入東京近郊區間，不適用於假日折扣。

大致掌握 時間和距離!

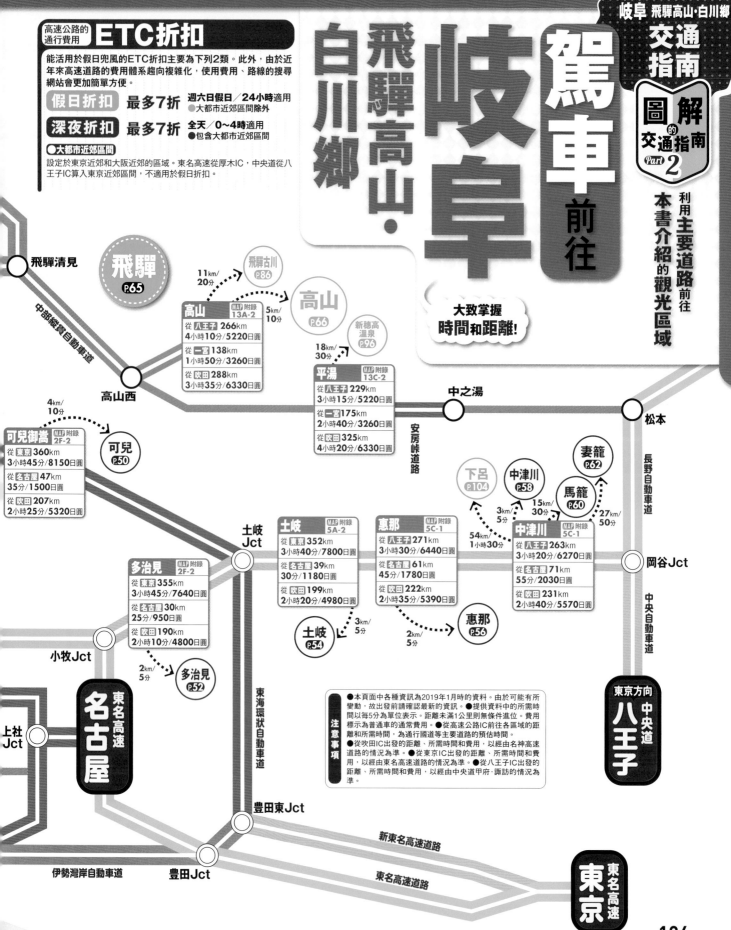

飛驒清見

飛驒 P.65

中部縱貫自動車道

高山西

11km/20分 → 飛驒古川 P.86

高山 MAP附錄 13A-2
從 八王子 266km 4小時10分/5220日圓
從 一宮 138km 1小時50分/3260日圓
從 吹田 288km 3小時35分/6330日圓

5km/10分 → 高山 P.66

18km/30分 → 新穗高溫泉 P.96

平湯 MAP附錄 13C-2
從 八王子 229km 3小時15分/5220日圓
從 一宮 175km 2小時40分/3260日圓
從 吹田 325km 4小時20分/6330日圓

中之湯　安房峠道路　**松本**　長野自動車道

4km/10分
可兒御嵩 MAP附錄 2F-2
從 東京 360km 3小時45分/8150日圓
從 名古屋 47km 35分/1500日圓
從 吹田 207km 2小時25分/5320日圓

可兒 P.50

下呂 P.104

中津川 P.58　妻籠 P.62　馬籠 P.60

3km/5分　15km/30分　27km/50分　54km 1小時30分

土岐 Jct

土岐 MAP附錄 5A-2
從 東京 352km 3小時40分/7800日圓
從 名古屋 39km 30分/1180日圓
從 吹田 199km 2小時20分/4980日圓

惠那 MAP附錄 5C-1
從 八王子 271km 3小時30分/6440日圓
從 名古屋 61km 45分/1780日圓
從 吹田 222km 2小時35分/5390日圓

中津川 MAP附錄 5C-1
從 八王子 263km 3小時20分/6270日圓
從 名古屋 71km 55分/2030日圓
從 吹田 231km 2小時40分/5570日圓

岡谷Jct　中央自動車道

多治見 MAP附錄 2F-2
從 東京 355km 3小時45分/7640日圓
從 名古屋 30km 25分/950日圓
從 吹田 190km 2小時10分/4800日圓

小牧Jct

2km/5分 多治見 P.52

土岐 P.54　3km/5分　2km/5分　惠那 P.56

上社Jct

名古屋 東名高速

東海環狀自動車道

豐田東Jct

新東名高速道路

伊勢灣岸自動車道　**豐田Jct**　東名高速道路

東京方向 中央道 **八王子**

東京 東名高速

注意事項
●本頁面中各種資訊為2019年1月時的資料。由於可能有所變動，故出發前請確認最新的資訊。●提供資料中的所需時間以每5分為單位表示。距離未滿1公里則無條件進位。費用標示為普通車的通常費用。●從高速公路IC前往各區域的距離和所需時間，為通行國道等主要道路的預估時間。
●從吹田IC出發的距離、所需時間和費用，以經由名神高速道路的情況為準。●從東京IC出發的距離、所需時間和費用，以經由東名高速道路的情況為準。●從八王子IC出發的距離、所需時間和費用，以經由中央道甲府·諏訪的情況為準。

事先要確認!

出發前的事先確認注意事項

交通移動的重點提示 [駕車篇]

◎自駕遊的方便洽詢處

日本道路交通情報中心
📞050-3369-6621(岐阜資訊)
📞050-3369-6766(岐阜地方高速資訊)
📞050-3369-6623(中部地方・愛知資訊)

NEXCO中日本客服中心
📞0120-922-229

◎方便的智慧型手機網站

NEXCO中日本
「高速公路費用・路線搜尋」

1. 基本上為東海北陸道

(岐) 阜縣是稍微縱長的縣。連結縱貫縣南北的是東海北陸自動車道(東海北陸道)。路線為岐阜各務原、關、美濃、郡上八幡、蛭野高原(智慧型IC)、飛驒清見(往高山的路徑)、白川鄉成列,正是岐阜旅行不可或缺的大動脈。

2. 某些區域利用 名神道・中央道・東海環狀道

(有) 如上述前往高山等的飛驒方向,幾乎只考慮利用東海北陸道即可。但前往大垣、關原等西濃區域則使用名神高速道路(名神道),前往多治見、土岐、惠那、中津川等東濃區域則使用中央自動車道(中央道),前往美濃加茂或可兒的部分中濃區域則使用東海環狀自動車道(東海環狀道)是更佳的選擇。

3. 從東京前往 中津川・奧飛驒 的話

(如) 果要從東京前往岐阜時,首先會考慮利用東名・新東名。但稍微調查的話,要前往位於岐阜縣東側的奧飛驒和中津川,比起經由名古屋的東名,利用中央道會更加快速。若要前往奧飛驒的話,從中央道經由長野道在松本IC下高速後行駛國道158號往上高地・高山方向。穿過安房峠(安房隧道)則可到平湯。若要前往中津川的話,行駛於中央道往名古屋方向,穿過惠山隧道後中津川IC便近在咫尺。

付費道路的通行費用

- ●安房峠道路　　　　　　　770日圓 附錄12D-2
- ●白山白川鄉白色公路　　　1600日圓 附錄10D-1(本書P.95也有介紹)
- ●伊吹山Drive way　　　　 3090日圓 附錄3A-2

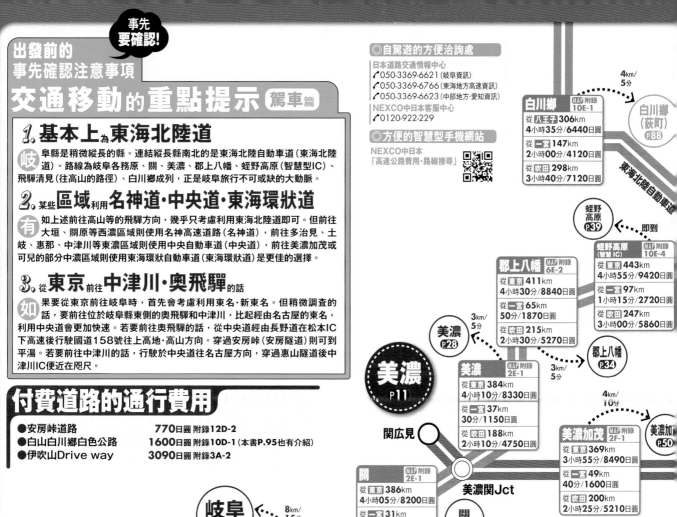

白川鄉 [MAP附錄10E-1]
從 八王子 306km
4小時35分/6440日圓
從 一宮 147km
2小時00分/4120日圓
從 吹田 298km
3小時40分/7120日圓

4km/5分
白川鄉(荻町) P.88

蛭野高原 P.39　即到

蛭野高原(智慧型IC) [MAP附錄10E-4]
從 東京 443km
4小時55分/9420日圓
從 一宮 97km
1小時15分/2720日圓
從 吹田 247km
3小時00分/5860日圓

郡上八幡 [MAP附錄6E-2]
從 東京 411km
4小時30分/8840日圓
從 一宮 65km
50分/1870日圓
從 吹田 215km
2小時30分/5270日圓

3km/5分
美濃 P.28

郡上八幡 P.34

美濃 P.11

美濃 [MAP附錄2E-1]
從 東京 384km
4小時10分/8330日圓
從 一宮 37km
30分/1150日圓
從 吹田 188km
2小時10分/4750日圓

3km/5分

關廣見

美濃加茂 [MAP附錄2F-1]
從 東京 369km
3小時55分/8490日圓
從 一宮 49km
40分/1600日圓
從 吹田 200km
2小時25分/5210日圓

4km/10分
美濃加 P.50

美濃關Jct

關 [MAP附錄2E-1]
從 東京 386km
4小時05分/8200日圓
從 一宮 31km
25分/960日圓
從 吹田 181km
2小時05分/4610日圓

關 P.30

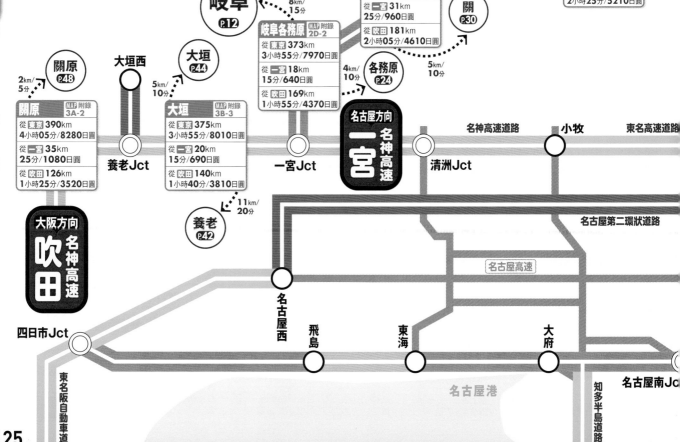

岐阜 P.12

8km/15分

大垣 P.44

岐阜各務原 [MAP附錄2D-2]
從 東京 373km
3小時55分/7970日圓
從 一宮 18km
15分/640日圓
從 吹田 169km
1小時55分/4370日圓

4km/10分
各務原 P.24

5km/10分

關原 P.48

2km/5分

大垣西

5km/10分

名古屋方向 一宮 名神高速

名神高速道路

小牧

東名高速道路

關原 [MAP附錄3A-2]
從 東京 390km
4小時05分/8280日圓
從 一宮 35km
25分/1080日圓
從 吹田 126km
1小時25分/3520日圓

養老Jct

大垣 [MAP附錄3B-3]
從 東京 375km
3小時55分/8010日圓
從 一宮 20km
15分/690日圓
從 吹田 140km
1小時40分/3810日圓

一宮Jct

清洲Jct

名古屋第二環狀道路

大阪方向 吹田 名神高速

11km/20分

養老 P.42

名古屋高速

四日市Jct

名古屋西

飛島

東海

大府

東名阪自動車道

名古屋港

知多半島道路

名古屋南Jc

景…景點　玩…玩樂　溫…溫泉　食…美食　咖…咖啡廳　買…購物　住…住宿　活…活動

【 MM 哈日情報誌系列 23 】

岐阜
飛驒高山·白川鄉

作者／MAPPLE昭文社編輯部
翻譯／武濰揚
校對／翁語歆
編輯／林庭安
發行人／周元白
排版製作／長城製版印刷股份有限公司
出版者／人人出版股份有限公司
地址／23145 新北市新店區寶橋路235巷6弄6號7樓
電話／（02）2918-3366（代表號）
傳真／（02）2914-0000
網址／www.jjp.com.tw
郵政劃撥帳號／16402311 人人出版股份有限公司
製版印刷／長城製版印刷股份有限公司
電話／（02）2918-3366（代表號）
經銷商／聯合發行股份有限公司
電話／（02）2917-8022
第一版第一刷／2019年3月
定價／新台幣320元
　　　港幣107元

國家圖書館出版品預行編目(CIP)資料

岐阜 飛驒高山·白川鄉 / MAPPLE昭文社編輯部作；
武濰揚翻譯. ──
第一版. ── 新北市：人人, 2019.03
面；公分. ──（MM哈日情報誌系列；23）
ISBN 978-986-461-173-7（平裝）

1.旅遊 2.日本岐阜縣

731.7449　　　　　　　　　　　107023504

Mapple magazine GIFU
HIDATAKAYAMA · SHIRAKAWA－GO
Copyright ©Shobunsha Publications, Inc, 2018
All rights reserved.
First original Japanese edition published by
Shobunsha Publications, Inc. Japan
Chinese (in traditional characters only) translation
rights arranged with Jen Jen Publishing Co., Ltd
through CREEK & RIVER Co., Ltd.

●版權所有 · 翻印必究●